다른 곳에서 불합격해도 해커스에선 합격,
시간 낭비하기 싫으면 해커스!

제 친구는 타사에서 공부를 했는데, 떨어졌어요. 친구가 '내 선택이 잘못됐었나?' 이런 얘기를 하더라고요. 그래서 제가 '그러게 내가 말했잖아, 해커스가 더 좋다고.'라고 얘기했죠. 해커스의 모든 과정을 거치고 합격을 해보니까 알겠어요. **어디 내놔도 손색없는 1등 해커스 스타교수님들과 해커스 커리큘럼으로 합격할 수 있었습니다.**

해커스 합격생 은*주 님

아는 언니가 타학원 OOO에서 공부했는데 1, 2차 다 불합격했고, **해커스를 선택한 저만 합격했습니다.** 타학원은 적중률이 낮아서 불합격했다는데, 어쩜 해커스 교수님이 낸 모의고사에서 뽑아낸 것처럼 시험이 나왔는지, 정말 감사드립니다. 해커스를 선택한 게 제일 잘한 일이에요.

해커스 합격생 임*연 님

타사에서 3년 재수.. 해커스에서 해내다.. ^^

어린 아들을 둘 키우다 보니 학원은 엄두도 못내고, 인강으로만 해야했는데, 사실 다른 사이트에서 인강 3년을 들었어요. 그리고 올해 해커스로 큰맘 먹고 바꾸고, 두 아들이 6살 7살이 된 올해 말도 안되게 합격했습니다. 진작 갈아 탔으면 하는 생각이 듭니다. 솔직히 그 전에 하던 곳과는 너무 차이가 났습니다. **특히 마지막 요약과 정리는 저처럼 시간을 많이 못내는 사람들에게는 최고입니다.**

해커스 합격생 김*정 님

타사에서 재수하고 해커스에서 합격!

저는 타사에서 공부했던 수험생입니다. 열심히 했지만 작년 시험에서 떨어졌습니다. 실제 시험에서 출제되었던 모든 문제의 난이도와 유형이 그 타사 문제집의 난이도와는 상상할 수 없이 달랐습니다. 저는 교재 수정도 잘 안되고 난잡했던 타사 평생회원반을 버리고 해커스로 옮겨보기로 결심했습니다. 해커스 학원에서 강의와 꾸준한 복습으로 6주, 정확하게는 **올해 3개월 공부해서 2차 합격했습니다.** 이는 모두 해커스 공인중개사 교수님들의 혼신을 다하신 강의의 질이 너무 좋았다고 밖에 평가되지 않습니다. 저의 이번 성공을 많은 분들이 함께 아시고 저처럼 헤매지 마시고 빠르게 공인중개사가 되는 길을 찾으셨으면 좋겠습니다.

해커스 합격생 이*환 님

해커스 공인중개사

7일완성 핵심요약집

1차 민법 및 민사특별법

해커스 공인중개사

land.Hackers.com

서문

1. 자신에게 적합한 학습 선택이 출발점입니다.

공인중개사 자격시험에서는 다른 사람의 학습경험이 자신에게 적합성을 담보하지 않기 때문에 자신에게 적합한 학습설계가 제일 중요합니다.

이때 학습운용의 기준과 방향성을 본 교재를 중심으로 한다면 만점학습이 아니라 효과적인 코어공략학습이 가능합니다.

2. 모든 것을 학습하는 것이 아니라 중요한 것만 학습하는 전략적 선택이 필수입니다.

투자시간 대비 효율성이 높은 학습이 만점을 받기 위한 학습보다 중요합니다.

따라서 모든 내용을 중요하게 학습하는 방법보다는 보다 적은 시간투자로 코어콘텐츠를 선별적으로 공략하여 결과를 내는 효율성이 높은 교재선택·전략선택이 필요합니다.

3. 민법 과목은 기출문제의 재출제비율이 75~85% 가량 됩니다.

기출문제의 근간을 정리하는 것이 학습의 절대공식입니다. 본 교재는 34년간 기출문제의 맥락을 핵심으로 구성하였습니다.

4. 한 권의 교재를 3번 보는 것이 3권의 교재를 한 번 보는 것보다 월등히 효과적입니다.

한 권의 교재를 여러 번 반복할수록 학습효율성·견고성이 증대되므로 여러 권의 교재를 보는 것을 지양해야 합니다.

많은 수의 동차 합격자가 주로 학습한 교재가 한 권임이 이를 증명하고 있습니다.

본 교재를 중심으로 학습을 설계하고 운영하시면 해커스의 체계적 커리큘럼과의 시너지 효과를 통해 보다 짧은 시간투자로 합격으로 견인하리라 생각합니다.

더불어 공인중개사 시험 전문 **해커스 공인중개사(land.Hackers.com)**에서 학원강의나 인터넷 동영상강의를 함께 이용하여 꾸준히 수강한다면 학습효과를 극대화할 수 있을 것입니다.

2025년 1월
양민, 해커스 공인중개사시험 연구소

이 책의 구성

눈에 쏙! 빈출 파악

공인중개사법령 및 실무 빈출개념 TOP 30

제1편 공인중개사법령		
	용어의 정의	p.14
	중개대상물	p.17
	공인중개사 정책심의위원회	p.21
	자격증 대여 등의 금지	p.24
	등록기준(요건)	p.26
	등록의 결격사유 등	p.31
	중개사무소	p.33
	게시·명칭·광고 등	p.35
	겸업	p.39
	고용인	p.40
	휴업 및 폐업	p.43
	전속중개계약	p.45

① 빈출개념 TOP 30

중점을 두고 학습하여야 하는 과목별 빈출개념을 미리 파악하고, 우선순위를 두어 학습하면 최소의 시간으로 최대의 효과를 낼 수 있습니다.

개념 쏙! 이론학습

TIP

- 복합개념의 부동산(복합개념)은 부동산의 명칭이 아니다.
- '복합개념의 부동산'과 '복합부동산'은 동의어가 아니므로 유의하여야 한다.
- 법률적 개념에 대한 문제가 상대적으로 출제 빈도가 높은 편이다.

01 복합개념의 부

복합개념의 부동산이 개념으로 이해하는 ①부동산의 기술적(준다.
② 부동산의 경제적 준다.

③ Tip

압축된 이론의 이해를 돕고 학습의 길잡이가 되어 필요한 정보와 수험 방향을 친절히 제시함으로써 1:1로 학습하는 효과를 느낄 수 있습니다.

01 토지의 자연적 특성 ◀ 빈출

부동성 · 비이동성 · 위치의 고정성	토지는 물리적·절대적 위치가 고 ① 부동산과 동산을 구별하는 근거 ② 부동산활동(⇨ 임장활동·정보활르게 나타난다. ③ 지역(국지적)시장·부분시장이 ④ 입지분석(입지론)의 근거를 제킨다.

② 빈출

빈출개념 TOP 30에서 제시된 본문페이지를 바로 확인하여 빈출내용을 쉽게 찾아 연계학습 할 수 있습니다.

★ 암기 PLUS | 한국표준산업분류상 부동산업(세분류)
- 부동산임대업
- 부동산개발 및 공급업
- 부동산관리업
- 부동산중개, 자문 및 감정평가업

★ 개념 PLUS | 기준시점(「감정평가에 관한 규칙」)
- '기준시점'이란 대상물건의 감정평가액을 결정하는 기준이 되는 날짜를 말한다.
- 기준시점은 대상물건의 가격조사를 완료한 날짜로 한다. 다만, 기준시점을 미리 정하였을 때에는 그 날짜에 가격조사가 가능한 경우에만 기준시점으로 할 수 있다(제9조).
- 부동산의 가치형성요인이 변동하므로 기준시점의 확정이 중요하다. ⇨ 변동의 원칙

1/20	감정평가 의뢰일	⇩
2/2	가격조사 개시일(시작일)	⇩
3/2	가격조사를 완료한 날짜(기준시점)	

④ 암기/개념 PLUS

핵심이론 중에서도 확실하게 암기하면 좋을 내용은 암기 PLUS로 선별하였고, 이론학습에 도움이 되는 부가적인 내용은 개념 PLUS로 구성하여 설명하였습니다.

⑤ 기출

기출지문 괄호넣기/○×문제를 통하여 본문 내용을 이해하
였는지 바로 점검할 수 있어 학습한 내용을 효과적으로 확
인할 수 있습니다.

공인중개사 시험안내

공인중개사 시험은 어떻게 접수하나요?

● 국가자격시험 공인중개사 홈페이지(www.Q-Net.or.kr/site/junggae) 및 모바일큐넷(APP)에 접속하여 소정의 절차를 거쳐 원서를 접수합니다.
 * 5일간 정기 원서접수 시행, 2일간 빈자리 추가접수 도입(정기 원서접수 기간 종료 후 환불자 범위 내에서만 선착순으로 빈자리 추가접수를 실시하므로 조기 마감될 수 있음)
● 원서접수 시 최근 6개월 이내 촬영한 여권용 사진(3.5cm×4.5cm) JPG파일이 필요하므로 미리 준비해 두세요.
● 제35회 시험 기준 응시수수료는 1차 13,700원, 2차 14,300원, 1·2차 동시 응시의 경우 28,000원입니다.

공인중개사 시험과목과 시험시간이 어떻게 되나요?

공인중개사 시험은 1년에 1회 시행하며, 1차 시험과 2차 시험을 같은 날에 구분하여 시행합니다.

차수		시험과목	시험범위	시험시간
1차 2과목 과목당 40문제		부동산학개론	• 부동산학개론: 부동산학 총론, 부동산학 각론 • 부동산감정평가론	09:30~11:10 (100분)
		민법 및 민사특별법 중 부동산 중개에 관련되는 규정	• 민법: 총칙 중 법률행위, 질권을 제외한 물권법, 계약법 중 총칙·매매·교환·임대차 • 민사특별법: 주택임대차보호법, 상가건물 임대차보호법, 집합건물의 소유 및 관리에 관한 법률, 가등기담보 등에 관한 법률, 부동산 실권리자명의 등기에 관한 법률	
2차 3과목 과목당 40문제	1교시	공인중개사의 업무 및 부동산 거래신고에 관한 법령 및 중개실무	• 공인중개사법 • 부동산 거래신고 등에 관한 법률 • 중개실무(부동산거래 전자계약 포함)	13:00~14:40 (100분)
		부동산공법 중 부동산 중개에 관련되는 규정	• 국토의 계획 및 이용에 관한 법률 • 도시개발법 • 도시 및 주거환경정비법 • 주택법 • 건축법 • 농지법	
	2교시	부동산공시에 관한 법령 및 부동산 관련 세법	• 부동산등기법 • 공간정보의 구축 및 관리 등에 관한 법률 (제2장 제4절 및 제3장) • 부동산 관련 세법 (상속세, 증여세, 법인세, 부가가치세 제외)	15:30~16:20 (50분)

* 부동산공시에 관한 법령 및 부동산 관련 세법 과목은 내용의 구성 편의상 '부동산공시법령'과 '부동산세법'으로 분리하였습니다.
* 답안은 시험시행일 현재 시행되고 있는 법령 등을 기준으로 작성합니다.
* 시험시작 30분 전 입실합니다.

공인중개사 시험 당일 챙겨야 할 준비물이 있나요?

인정 신분증

필기구
(검정색 사인펜,
수정테이프 포함)

시계

수험표

최종 정답과 합격자 발표는 어떻게 확인하나요?

최종 정답 발표	인터넷(www.Q-Net.or.kr/site/junggae)을 통하여 확인 가능합니다.
합격자 발표	최종 합격자 발표는 시험을 치른 약 한달 후에 인터넷(www.Q-Net.or.kr/site/junggae)을 통하여 확인 가능합니다.
합격자 결정 방법	• 1 · 2차 시험 공통으로 매 과목 100점 만점으로 하여 매 과목 40점 이상, 전 과목 평균 60점 이상 득점자를 합격자로 합니다. • 1차 시험에 불합격한 사람의 2차 시험은 무효로 합니다. • 1차 시험 합격자는 다음 회의 시험에 한하여 1차 시험을 면제합니다.

목차

학습플랜

7주완성 플랜 – 7일마다 한 과목씩 끝낸다!

- 한 과목씩 집중적으로 공부하고 싶은 수험생에게 추천합니다.
- 7일마다 한 과목씩 회독하고 마지막 7주째에는 전체 과목을 한 번 더 회독할 수 있어 7주 동안 2회독을 할 수 있는 플랜입니다.
- 마지막 주에는 과목별 취약 파트를 중점적으로 학습해 주세요.

	월	화	수	목	금	토	일
[1주] 부동산학개론	1~2편	3편	4편	5편	6편	7편	8편
[2주] 민법 및 민사특별법	1편 1~3장	1편 4장~ 2편 1장	2편 2~4장	2편 5~6장	3편 1~2장	4편 1~2장	4편 3~5장
[3주] 공인중개사법령 및 실무	1편 1~3장	1편 4~6장	1편 7~10장	2편 1~2장	2편 3~5장	3편 1~2장	3편 3~4장
[4주] 부동산공법	1편 1~5장	1편 6~9장	2편	3편	4편	5편	6편
[5주] 부동산공시법령	1편 1~2장	1편 3~4장	1편 5장~ 2편 1장	2편 2~3장 02	2편 3장 03~4장	2편 5장 01~04	2편 5장 05~08
[6주] 부동산세법	1편	2편 1~2장	2편 3~4장	3편 1~2장	3편 3장 1~3절	3편 3장 4~7절	3편 3장 8~12절
[7주] 전 과목	부동산학개론	민법 및 민사특별법	공인중개사 법령 및 실무	부동산공법	부동산 공시법령	부동산세법	약점과목

7일완성 플랜 – 하루에 한 과목씩 끝낸다!

- 시험 직전 반복적으로 회독하고 싶은 수험생에게 추천합니다.
- 1차를 3일, 2차를 4일 만에 1회독하는 방법으로 요약집의 모든 내용을 꼼꼼하게 회독하는 것이 아닌 자주 틀리는 파트, 정확하게 이해하지 못하고 있는 파트를 중심으로 학습해 주세요.

	월	화	수	목	금	토	일
[7일]	부동산학개론	민법 및 민사특별법	1차 약점파트	공인중개사 법령 및 실무	부동산공법	부동산 공시법령 / 부동산세법	2차 약점파트

출제경향분석

최근 7개년 동안 민법 및 민사특별법은 어떻게 출제되었나요?

7개년 편별 출제비중

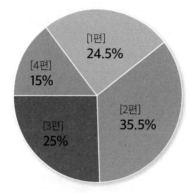

[1편] 24.5%
[2편] 35.5%
[3편] 25%
[4편] 15%

장별 출제문제 수 *평균: 최근 7개년 동안 출제된 각 장별 평균문제 수입니다.

구분		평균*	제35회	제34회	제33회	제32회	제31회	제30회	제29회
민법총칙	권리변동	0.1		1					
	법률행위	1.1	1	2		2	1	1	1
	의사표시	2	5	1	2	1	2	2	1
	법률행위의 대리(代理)	3.3	2	3	4	4	3	4	3
	법률행위의 무효와 취소	2.5	1	2	3	2	3	2	4
	조건과 기한	1	1	1	1	1	1	1	1
	소계	10	10	10	10	10	10	10	10
물권법	총설	1.1	1	2	1	1	1	1	1
	물권의 변동	2.3	3	2	1	2	3	3	2
	점유권	1.45	1	1	2	2	1	1	2
	소유권	2.4	2	2	3	3	2	3	2
	용익물권	3.1	3	3	4	3	3	3	3
	담보물권	3.65	4	4	3	3	4	3	4
	소계	14	14	14	14	14	14	14	14
계약법	계약총론	5.1	8	3	5	5	6	4	5
	계약각론	4.9	1	7	5	5	4	7	5
	소계	10	9	10	10	10	10	11	10
민사특별법	주택임대차보호법	1.45	2	1	1	2	2	1	1
	상가건물 임대차보호법	1.1	2	1	1	1	1	1	1
	가등기담보 등에 관한 법률	1	1	1	1	1	1	1	1
	집합건물의 소유 및 관리에 관한 법률	1.35	1	2	2	1	1	1	1
	부동산 실권리자명의 등기에 관한 법률	1.1	1	1	1	1	1	1	2
	소계	6	7	6	6	6	6	5	6
총계		40	40	40	40	40	40	40	40

제35회 시험은 어떻게 출제되었나요?

출제유형	분석	
민법총칙	사례형 문제: 3개	난이도 중
	박스형 문제: 4개	
물권법	사례형 문제: 3개	난이도 중
	박스형 문제: 5개	
계약법	사례형 문제: 4개	난이도 중
	박스형 문제: 2개	
민사특별법	사례형 문제: 6개	난이도 상
	박스형 문제: 0개	

* 제34회 사례형 문제 총 개수: 12문제 / 박스형 문제 총 개수: 12문제
  제35회 사례형 문제 총 개수: 16문제 / 박스형 문제 총 개수: 11문제

제36회 시험을 어떻게 대비해야 할까요?

편별 수험대책

1편	1편 민법총칙은 사례형 문제의 출제비율이 높기 때문에 많은 기출문제 풀이를 통한 대비가 필요합니다. 1. 주로 10문제가 출제되는데, 법률행위의 종류·단속규정·제103조·제104조·이중매매에서 2문제가 출제되며, 2. 의사표시 2문제, 법률행위의 대리 3문제, 법률행위의 무효 1문제, 법률행위의 취소 1문제, 조건과 기한 1문제가 출제됩니다. 3. 특히 사례형 문제는 이중매매·허위표시·제3자의 사기·무권대리·유동적 무효 부분에서 출제비율이 높습니다.
2편	2편 물권법은 주로 출제되는 판례의 개념을 확실하게 학습하는 것이 중요합니다. 1. 물권의 총론에서 5문제, 물권의 각론에서 9문제가 출제됩니다. 2. 총론에서는 주로 물권법정주의 1문제, 물권적 청구권 1문제, 물권변동의 등기여부 1문제, 등기청구권 1문제, 등기제도 1문제가 출제됩니다. 3. 각론에서는 주로 점유권 1문제, 소유권에서 취득시효 1문제, 공동소유 1문제, 용익물권에서 특수지상권 1문제, 지역권 1문제, 전세권 1문제, 담보물권에서 유치권 1문제, 저당권 1문제, 근저당권 1문제가 출제됩니다.
3편	3편 계약법은 개념을 학습한 뒤, 사례형 문제 풀이 연습이 필요합니다. 1. 계약총론에서는 주로 6문제가 출제되는데, 계약의 종류 1문제, 계약의 성립 1문제, 동시이행항변권 1문제, 위험부담은 사례형으로 1문제, 제3자를 위한 계약은 사례형 문제로 1문제, 계약의 해제에서 1문제가 출제됩니다. 2. 계약각론에서는 주로 4문제가 출제되는데, 매매에서 예약·계약금 1문제, 담보책임·환매 1문제, 임대차에서 2문제가 출제됩니다. 임차권의 양도·전대는 특히 사례형으로 매년 출제되고 있습니다.
4편	4편 민사특별법은 주로 출제되는 유형을 파악하여 해당 개념을 위주로 학습하는 것이 좋습니다. 1. 「주택임대차보호법」에서 1문제가 출제되고, 「상가건물 임대차보호법」에서는 환산보증금을 초과할 때 혹은 미만일 때를 사례형으로 1문제 출제하며, 2. 「가등기담보 등에 관한 법률」과 「집합건물의 소유 및 관리에 관한 법률」에서 1문제, 3. 「부동산 실권리자명의 등기에 관한 법률」에서는 2자간 명의신탁과 3자간 명의신탁 중 1문제가 사례형으로 출제됩니다.

민법 및 민사특별법 빈출개념 TOP 30

▌ 민법 및 민사특별법에서 자주 출제되는 개념 중 우선순위가 높은 개념들을 〔빈출〕로 정리하였습니다.

본문에서 ◀〔빈출〕 표시가 되어 있는 부분을 중점적으로 학습하세요.

* 이 외에 빈출내용은 〔빈출〕로 정리하였습니다.

제1편

민법총칙

제1장 | 권리변동

기본서 p.21~26

「민법」의 구성 및 출제 비중

민법총칙(10문제)	1. 권리변동 2. 법률행위 3. 의사표시 4. 대리 5. 무효와 취소 6. 조건과 기한
물권법(14문제)	1. 물권법 총론 2. 물권법 각론(8개의 물권) ⇨ 점유권, 소유권, 지상권, 지역권, 　　　　　　　　　　　　　　　　　　전세권, 유치권, 질권, 저당권
계약법(10문제)	1. 계약총론 2. 계약각론(매매, 교환, 임대차)
민사특별법(6문제)	1. 「주택임대차보호법」 2. 「상가건물 임대차보호법」 3. 「가등기담보 등에 관한 법률」 4. 「집합건물의 소유 및 관리에 관한 법률」 5. 「부동산 실권리자명의 등기에 관한 법률」

01 권리의 취득[득]

원시취득	최초로 권리를 취득하는 것 [기출] 시효취득, 건물신축, 가공으로 소유권취득, 매장물의 발견, 유실물의 습득, 무주물의 선점
승계취득	① 이전적 승계(권리가 이전 = 양도) 　㉠ 특정승계(매매, 증여, 경매로 부동산의 소유권이전등기) 　㉡ 포괄승계(상속, 회사합병) ② [기출] 설정적 승계: 아파트에 전세권, 저당권을 설정한 경우 제29회

⚡ 기출

01 소유자가 집에 저당권을 설정한 것은 (이전적 승계/설정적 승계)이다.

02 권리의 변경[변경]

주체의 변경	집을 매매한 경우 주인이 바뀌는 것(이전적 승계)
내용의 변경	[빈출] '본래의 채무'가 '손해배상채무'로 변경되는 것[1] (본래의 채권이 채무불이행으로 인한 손해배상채권으로 변경)
작용의 변경	[기출] 1번 저당권의 소멸로 2번 저당권의 순위가 승진한 것

[1] 전보배상
채무자의 귀책사유로 이행불능이 될 때 본래의 채무이행에 대신하는 손해배상이다.

03 권리의 소멸[실]

절대적 소멸	건물이 멸실하여 소멸하는 것
상대적 소멸	건물을 매매하여 전 주인은 소유권을 상실하고 새 주인은 소유권을 얻는 것

> ⊞ **개념 PLUS ㅣ 매매로 집소유권의 취득을 권리변동에 대입하여 분석한 경우**
> 1. 권리의 승계취득(이전적 승계)
> 2. 권리 주체의 변경
> 3. 권리의 상대적 소멸(= 이전적 승계)

기출정답

01 설정적 승계

(1) 권리의 변동을 일어나게 하는 전제조건(원인)을 "법률요건"이라 하고, 그 법률 요건을 구성하는 재료를 "법률사실"이라고 한다.

(2) 예컨대 집을 5억원에 팔려고 매물로 내놓은 것은 청약(법률사실)이라고 하고, 매수자가 사겠다는 승낙의 의사표시를 하여 매매계약(법률요건)이 성립되면, 매도인은 소유권이전의무를 부담하고 매수인은 대금지급의무를 부담한다(이를 법률효과라고 한다).

법률사실	법률요건	법률효과(권리발생)
5억원에 매도 청약 의사표시 5억원에 매수 승낙 의사표시	① [매매계약] 법률행위	소유권이전채권, 대금지급 채무
아버지의 의사표시 없이 사망	② 법률규정	재산권의 이전

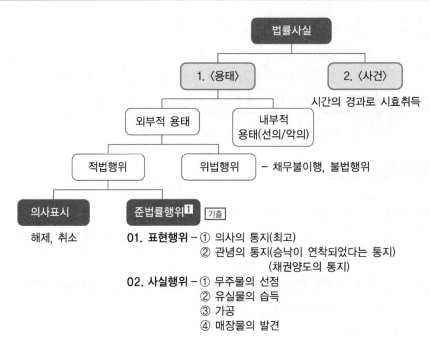

■
준법률행위는 법률의 규정대로 효과가 발생한다.
1. 표현행위
2. 사실행위[비표현행위]

제2장 | 법률행위

제1절 법률행위의 개념

01 법률행위

법률행위란 '의사표시'를 필수요소로 하는 법률요건으로서 매매계약, 교환계약, 임대차계약, 저당권설정, 전세권설정 등을 총칭하여 법률행위라 한다.

02 [기출] 법률행위와 준법률행위

법률행위는 당사자의 의사대로 효과가 발생하고, 준법률행위는 법률의 규정대로 효과가 발생한다는 점에서 구별된다.

제2절 법률행위의 요건

일반 성립요건	일반 효력발생요건
① 당사자	의사능력, 행위능력을 가질 것
② 목적	확정성, 가능성, 적법성, 사회적 타당성, 공정성
③ 의사표시	의사와 표시가 일치하고 하자가 없을 것

특별 성립요건	[빈출] 특별 효력발생요건 제20·24·29회
① 혼인에서 신고 ② 법인설립시 설립등기	① 조건부 법률행위에서 **조건의 성취** ② 기한부 법률행위에서 **기한의 도래** ③ 토지거래허가구역에서 토지거래**허가** ④ 대리행위에서 **대리권의 존재**

[빈출] 1. 농지취득자격증명은 농지매매의 **효력발생요건이 아니고 등기요건**이다.
2. 토지거래허가구역에서 토지거래의 허가는 효력발생요건이다. 제24회
3. 법률행위의 적법성은 효력발생요건이다.

⚡ 기출

01 농지취득자격증명은 농지매매의 효력발생요건 (이다/아니다). 제27회

기출정답

01 아니다

01 단독행위와 계약

단독행위	① 기출 상대방 **있는** 단독행위 = 취소, 추인, 수권행위의 철회, **해제, 해지,** 동의, 상계, 시효이익의 포기, 공유지분의 포기 ② 기출 상대방 **없는** 단독행위 = 소유권의 포기, 재단법인의 설립, 유증
계약 (쌍방행위)	① 매매계약, 증여계약, 계약금계약, 매매의 예약 ② 기출 합의해제, 합의해지는 단독행위인 법정해제와 달리 계약이다.

02 요식행위와 불요식(不要式)행위

요식행위	법률이 정한 일정한 방식을 갖추어야 하는 것(혼인에서 신고)
불요식행위	① 방식에 아무런 제한이 없는 것(「민법」🔳은 불요식이 원칙이다) ② 매매, 교환, 임대차, 증여, 사용대차는 불요식이다.

03 유상행위와 무상행위

유상행위	매매처럼 쌍방이 대가적 출연을 하는 것
무상행위	증여처럼 일방은 출연을 하나 상대방은 대가를 출연하지 않는 것

04 빈출 의무부담행위와 처분행위

의무부담 (채권행위)	① 개념: 장차 이행하겠다는 약속(약정)을 할 때 성립 ② 의무부담행위의 사례: 매매계약, 임대차계약, 매매예약, 분양계약 ③ 특징 – 처분권이 없어도 매매, 교환, 임대차약정은 유효이다. 제25 · 29회

처분행위	① 처분행위 즉시 권리이전이 일어나고 이행해 줄 의무(채무)가 없다.
	② 종류
	  ㉠ 물권행위: 빌라의 소유권을 이전하는 것, 저당권설정
	  ㉡ 준물권행위: 채권양도, 채무면제
	③ 특징: 처분권한 없는 자의 처분행위는 효력이 없다. 제23 · 25회

01 [빈출] 확정성

매매계약에서 매매대금과 목적의 확정은 계약 당시에 반드시 구체적으로 확정해야 하는 것은 아니고 사후에라도 확정할 수 있는 기준이 정해져 있으면 된다.

02 [빈출] 가능성

계약의 목적이 실현불가능한 것을 '불능'이라 한다. 여기서 불능여부는 사회통념을 기준으로 판단한다.

✚ 계약법과 연계학습!!

원시적 불능 (계약 당시부터 불능)	① **객관적 전부 불능인 경우**: 계약체결상의 과실 책임이 성립한다. ② **주관적 불능, 수량부족**: 담보책임이 성립한다.
후발적 불능 = 유효 (계약체결 후 불능)	① **일방의 책임 있는 사유로 이행불능**: 채무불이행책임 ② **쌍방의 책임 없는 사유로 이행불능**: 위험부담의 문제

03 적법성

효력규정을 위반한 때 무효이다.	단속규정을 위반하여도 처벌은 받으나 계약은 유효이다.
1. 부동산실명법상 명의신탁 금지규정 2. 공익법인이 기본재산의 처분에 주무관청의 허가를 요하는 규정 3. 국토계획법상의 토지거래허가규정 4. 「공인중개사법」상 초과중개수수료 금지 규정을 위반한 경우 5. 「이자제한법」상 최고이자율 제한규정	1. 「부동산등기 특별조치법」상의 중간생략등기 금지규정을 위반한 때 2. 국민주택규모의 전매를 제한하는 규정 3. 중개사와 의뢰인간의 직접거래 금지 규정(중개사법 제33조 제6호)❶

(1) 강행법규를 위반한 법률행위는 절대적, 확정적 무효이고, 추인에 의해 유효로 할 수 없다.

(2) 중개사 자격이 없는 자가 **우연히 단 1회 중개를 한 경우**, 중개를 업으로 한 것이 아니므로 강행법규에 위배되어 무효화할 수 없다(대판).

⚡ **기출**

01 계약시 성립된 후 채무이행이 불능으로 된 경우 그 법률행위는 (무효다/무효가 아니다).
제23회

02 공인중개사와 의뢰인 간의 직접거래 금지규정을 위반한 경우 이는 (효력/단속)규정 위반으로 (유효/무효)이다.
제33회

❶
중개사와 의뢰인간의 직접거래금지를 위반?
3년 이하 징역이나 3천만원 이하 벌금형

기출정답
01 무효가 아니다
02 단속, 유효

04 사회적 타당성 〈빈출〉

제103조 【반사회적 법률행위】 선량한 풍속 기타 사회질서에 위반한 사항을 내용으로 하는 법률행위는 (절대적) 무효로 한다.

```
┌──────────┐      ┌──────────────┐      • 절대적 무효
│ 계약체결  │ ──→ │ 내용이 반사회적 │ ──→  • 불법원인급여
└──────────┘      └──────────────┘
```

계약서의 형식은 갖추었으나 계약서의 내용이 사회질서에 위반할 때 계약내용을 통제하고자 무효로 함(공동체에서 용인할 수 없는 행위를 규제).

TIP
1. 강행법규 위반 — 무효
2. 반사회적 행위 — 무효
1. 2.의 차이는?
반사회적 행위만 불법원인급여가 적용된다는 점

(1) 반사회적 법률행위의 판단기준(판례) 〈빈출〉

첫째, '내용'이 사회질서에 위반하는 경우(첩 계약, 도박 빚의 변제약정)
둘째, [기출] 반사회적 조건(불법조건)이 붙은 법률행위
셋째, [기출] 반사회적인 동기의 불법이 표시된 경우 제31회

> **⚖ 판례 | [기출] 반사회적 법률행위의 판단시기는?**
> 반사회성 여부는 부단히 변천하는 가치관념으로서 이는 '법률행위의 효력발생시가 아니라 성립 당시(이루어진 때)'가 기준이다(대판 2015다200111, 전원합의체).

⚡ 기출

01 (   )에서 변호사와 의뢰인간의 성공보수약정은 무효이다. 제29회

02 반사회적인 법률행위의 동기의 불법이 (   )된 경우 그 법률행위는 무효이다. 제23회

(2) [빈출] 반사회적 법률행위에 해당하여 무효인 경우

① 형사사건에서 성공보수약정	민사사건이 아니라 **형사사건에서 의뢰인과 변호사간의 성공보수약정**은 형사재판의 결과를 금전적 대가와 결부시켜서 인권과 정의 실현을 목적으로 하는 변호사 직무의 공공성을 저해하고 시민의 사법제도에 대한 신뢰를 떨어뜨릴 위험이 있어 사회질서 위반으로 무효이다(대판 2015다200111 전원합의체).
② 변호사가 아닌 자에게 승소 대가 임야 지급 약정	소송 당사자가 '**변호사 아닌 자**'에게 소송에서 승소하면 소송물 일부인 임야를 대가로 지급하기로는 약정은 제103조에 위반하여 무효이다.
③ 허위진술하고 대가 제공약정	수사기관에서 참고인으로서 자신이 잘 알지 못하는 내용에 대한 허위진술을 하고 대가를 제공받기로 하는 약정
④ 보험금을 부정 취득하려고 체결한 보험계약	보험금을 부정 취득할 목적하에 보험사고를 가장하여 보험계약을 체결한 경우 합리적 위험의 분산을 해치는 것으로 반사회적 행위로서 무효이다.
⑤ 불법조건이 붙은 법률행위	부첩관계의 종료를 해제조건으로 하는 증여계약은 불법조건으로서 조건만 분리하여 무효로 할 수 없고 증여도 무효이다.

기출정답

01 형사사건 02 표시

⑥ 이중매매에서 2매수인이 적극 가담한 때	매도인의 배임행위에 2매수인이 적극 가담(적극 기망)한 경우, 이미 매도된 부동산임을 알면서 저당권자의 적극 가담하에 저당권 취득한 경우
⑦ 과도한 위약벌 약정	과도하게 중한 위약벌 약정은 사회질서 위반으로 무효이다. 제27회
⑧ 노름빚을 대물변제하기로 하는 약정	• 노름빚을 대물변제하기로 하는 약정 • 도박채무의 변제를 위하여 저당권설정행위
⑨ 첩계약	1부1처제에 반하는 첩계약은 본처가 동의해도 무효이다.
⑩ 어떤 일이 있어도 이혼하지 않는다는 약정	어떤 일이 있어도 이혼하지 않는다는 약정은 반사회적 행위로서 무효이다.

(3) 빈출 반사회적 법률행위에 해당하지 않는 경우

① 다운계약서	양도세를 회피할 목적으로 실거래가보다 낮게 기재하는 경우는 반사회적 법률행위가 아니다. 제26회
② 중간생략등기	단속규정 위반으로 처벌될 뿐 반사회적 법률행위가 아니다. 제26회
③ 명의신탁행위	부동산의 명의신탁행위는 반사회적 법률행위가 아니다. 제19·22회
④ 양도세를 인수	매수인이 양도세를 인수하는 조건으로 매수한 경우 그 자체가 불법조건이 아니고 사회질서에 반한다고 할 수 없다.
⑤ 허위로 근저당을 설정하는 행위	빈출 강제집행을 면할 목적으로 '허위의 근저당권을 설정'하는 행위는 의사표시를 허위로 한 것이고, 내용이 반사회적 법률행위에 해당하지 않는다.
⑥ 비자금을 소극적으로 임치한 때	불법으로 조성한 '비자금을 소극적으로 임치'하는 행위는 반사회적 법률행위가 아니다. 제23회
⑦ 강박에 의한 증여	증여의 '성립과정'에 강박이 있었던 경우 의사표시의 형성과정의 하자로서 취소 문제일 뿐이고 반사회적 법률행위라고 할 수 없다(판례). 제21·24회
⑧ 무허가 건물 임대	무허가 건물 임대는 반사회적 법률행위가 아니다.
⑨ 도박빚 변제를 위해 처분권을 위임하여 매매	채무자가 도박채무의 변제를 위하여 채권자에게 부동산의 처분에 관한 대리권을 수여하여 채권자가 매매하는 행위
⑩ 소송에서 증언대가로 과도하지 않은 급부 약정	소송에서 증언대가로 통상적으로 용인되는 수준, 즉 과도하지 않은 급부(예 일당이나 여비지급)의 제공 약정은 반사회적 행위가 아니다.

⚡ **기출**

01 강제집행을 면할 목적으로 '허위의 근저당권을 설정'하는 행위는 반사회적 법률행위에 (해당한다/해당하지 않는다). 제33회

기출정답

01 해당하지 않는다

(4) 중요 반사회적 법률행위의 효과

⚡ 기출

01 반사회적 법률행위는 선의의 제3자가 당사자에게 유효를 주장할 수 (있다/없다). 제33회

02 반사회적 행위로 급여를 한 자는 스스로 무효를 주장하여 부당이득반환청구할 수 (   ), 소유권에 기하여 반환청구를 할 수 (   ). 제27회

① 절대적 무효	⊙ 빈출 선의의 제3자에게 무효를 대항할 수 (**있다**/없다). ⓐ 선의의 제3자가 당사자에게 유효를 주장할 수 **없다**. ⓑ 이익이 있는 자는 누구든지 무효를 항변할 수 있다. ✚ 반사회적 행위를 원인으로 소유권등기를 마친 경우, 이 등기는 말소될 운명에 있으므로 등기명의자가 소유권에 기한 물권적 청구권을 행사할 때 **권리행사의 상대방**은 무효를 항변할 수 (**있다**/없다). 제30회 ⓒ 빈출 당사자가 추인해도 유효로 되지 않고 효력이 없다.
② 불법원인급여 (제746조)	**이행 후** ⊙ 빈출 반사회적 행위로 급여를 한자는 불법원인급여물을 부당이득으로 반환청구할 수 없고, 소유권에 기한 반환청구도 할 수 없다(전합). ⓛ 甲이 첩 乙에게 첩계약의 대가로 아파트의 소유권을 이전해준 후에는 첩계약의 무효를 주장하여 아파트를 부당이득으로 반환청구할 수 없게 되며, 그 결과 아파트의 소유권은 상대방의 소유로 귀속된다. ⓒ 반사회적 원인으로 급여를 한 자는 그 급여물을 소유권에 기하여 반환청구할 수 (있다/**없다**). 제30회

[비교]
1. **강행법규를 위반한 경우**: 무효이고, 이미 이행한 것은 부당이득이므로 반환해야 한다.
2. **제103조를 위반한 경우**: 무효이고, 이미 이행한 것은 부당이득으로 반환청구할 수 없다.

★ 개념 PLUS | 빈출 부동산의 이중매매

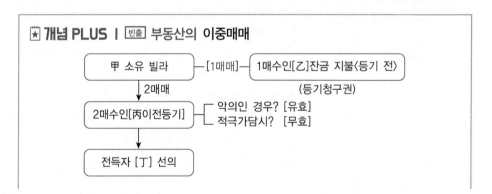

1. 원칙 (유효)	2매수인이 甲·乙간의 매매사실을 **알면서** 매수한 경우(악의)
	① 이중매매는 계약자유의 원칙상 **유효**하다.
	㉠ 1매수인은 아직 등기를 하기 전이므로 소유권을 취득할 수 없고, 등기청구권이라는 채권만 보유한 상태이다.
	㉡ 먼저 소유권등기를 경료한 자(형식을 갖춘 자)가 **유효**하게 소유권 취득한다. 제34회
	② **1매수인의 손해배상청구권**
	㉠ 매도인 甲이 중도금까지 받은 상황에서 乙과의 계약관계를 배신하고 '2매수자에게 등기를 경료하여 주는 시점'에 매도자 甲의 1매수자에 대한 소유권이전의무는 '**이행불능 상태**'로 된다. 제21회
	㉡ [급소] 1매수인은 甲에게 **이행불능을 이유로 최고 없이 매매계약을 해제**하고 **전보배상청구**할 수 있다. 제24회
	③ 만약 매도인이 계약금만 받은 상태라면 매도인은 계약금의 2배를 상환하고 甲·乙간의 계약을 해제할 수 있다. 제28회

2. 2매수인이 적극 가담 (무효)[1]	① **매도인 甲과 2매수인 丙간의 관계는?**
	㉠ 2매매행위는 반사회적 행위로서 **절대적 무효**이다. 따라서 甲이 甲·丙간의 매매를 **추인**하여도 **효력이 없다**. 제30·31회
	㉡ **甲과 2매수인 丙 상호간의 급부**: 불법원인급여물이므로 매도인 甲은 2매매의 무효를 주장하여 丙에게 **소유권에 기해 반환청구도 할 수 없다.**
	② **1매수인 乙과 2매수인 丙의 관계는?**
	㉠ 1매수인 乙이 부동산을 어떻게 회복할 수 있는가? 1매수인은 매도인을 대위하여 2매수인의 등기를 말소할 수 있으나 **직접말소 청구할 수 없다**(판례). 즉, 1매수인은 직접 2매수인에게 소유권이전등기를 청구할 수 없다.
	㉡ [주의] 1매수인 乙은 제3자 丙에 대하여 채권침해를 원인으로 '2매수인에게' 직접 **불법행위로 손해배상을 청구할 수 있다**(판례). 제29회
	㉢ [기출] 1매수인이 자신의 **등기청구권을 보전하기 위하여 채권자 취소권을 행사할 수 없다**(채권자 취소권은 금전채권을 보전할 때만 가능).

⚡ 기출

01 2매수인이 적극 가담한 경우 1매수인은 2매수인의 등기를 직접말소 청구할 수 (   ). 제29회

02 2매수인 丙의 대리인 A가 이중매매에 적극 가담한 것을 2매수인 본인이 모른 경우 2매수인은 소유권을 유효하게 취득할 수 (있다/없다).

[1]
丙의 대리인 A가 이중매매에 적극 가담한 것을 2매수인 본인이 모른 때, 이중매매는 무효이다.

TIP

1매수인이 주장할 수 없는 것은?
1. 직접 등기말소 ×
2. 진정명의회복 ×
3. 채권자 취소 ×
4. 유치권 ×

기출정답

01 없다   02 없다

3. 빈출 1매수인이 주장할 수 있는 카드

① 소유권이전등기 청구권(채권)	매수인은 소유권이전등기 전이므로 소유권을 취득할 수 없고, 소유권이전청구권(채권)을 취득할 뿐이다.
② 채권자 대위권	1매수인은 채권자이므로 매매당사자가 아닌 2매수자 丙을 상대로 **직접 소유권이전등기 말소를 청구할 수 없고** 매도자 甲을 대위하여 말소등기를 청구할 수 있다.
③ 손해배상청구권	⊙ **'매도인 甲에게' 주장할 수 있는 것**: 매도인의 소유권이전의무가 이행불능이므로 **채무불이행으로 손해배상청구**할 수 있다. ⓛ **'2매수인에게' 주장할 수 있는 것**: 2매수인이 이중매매에 적극 가담한 경우 제3자의 채권침해를 원인으로 '직접 2매수인에게' **불법행위로 손해배상을 청구**할 수 있다(판례).

4. 빈출 2매수인으로부터 전득자 丁(제3자)의 지위는?

甲, 丙간의 매매는 절대적 무효이므로 2매수인으로부터 전득자 丁은 이중매매가 유효임을 믿어 선의이어도 유효하게 소유권을 취득할 수 없다(판례).

5. 이중매매 법리의 유추적용 여부

① 기출 제1매매, 제2매매는 **이중매매, 이중임대차뿐만** 아니라 **근저당권설정, 가등기 설정**에도 유추적용된다. 이미 매매계약이 체결된 부동산을 제3자의 적극 가담하에 근저당권을 설정하는 행위도 반사회적 법률행위로서 무효이다(판례).

제27회

② **명의신탁에 유추적용**: 명의신탁된 부동산을 수탁자가 처분하는 행위에 제3자가 적극 가담하는 경우, 이는 사회질서에 위반하므로 무효이다(판례).

⚡기출

01 이중매매가 무효인 경우 1매수인은 직접 2매수인에게 (　　　)로 손해배상을 청구할 수 있다.

제29회

02 이중매매가 무효로 된 경우, 丁이 이중매매가 유효임을 믿어서 선의이어도 유효하게 소유권을 취득할 수 (있다/없다). 제33회

기출정답

01 불법행위
02 없다

05 공정성(불공정한 법률행위 = 폭리행위)[제103조의 예시]

제104조【불공정한 법률행위】 당사자의 궁박, 경솔 또는 무경험으로 인하여 현저하게 공정을 잃은 법률행위는 무효로 한다.

⚡ **기출**

01 급부와 반대급부의 현저한 불균형 여부는 일반인의 사회통념을 기준으로 (　　)로 판단한다.
제26회

02 현저한 불균형의 판단시기는 법률행위의 (　　)가 기준이다. 제28회

03 대리인을 통한 법률행위의 경우 궁박은 (　　) 기준이고 경솔, 무경험은 (　　)기준이다. 제32회

성립 요건	① **객관적 요건**: 급부와 반대급부의 현저한 불균형 　⑦ 현저한 불균형의 판단은 일반인의 사회통념을 기준으로 '객관적 가치로 판단'하고 당사자의 주관적 가치로 판단하지 않는다(전합). 　ⓛ [기출] 현저한 불균형의 판단시기: 법률행위 당시가 기준이고 그 후의 시가의 변동으로 인한 사정은 고려하지 않는다(전합). ② **주관적 요건**: 궁박, 경솔, 무경험 중에서 한 가지 　⑦ 궁박이란? 급박한 곤궁을 말하고 경제적, 정신적 궁박을 포함한다. 　ⓛ 무경험이란? '어느 특정분야에서 경험부족을 말하는 것이 아니라 거래일반에 대한 경험이 불충분한 것'을 말한다(판례). 제24회 　ⓒ [빈출] 대리인을 통해 매매? 궁박은 본인을 기준으로 판단하나 경솔, 무경험은 대리인을 기준으로 판단한다.**❶** ③ **폭리자의 악의**: 상대방은 궁박이나 무경험에 대한 인식으로 부족하고, 이를 알면서 이용하려는 악의가 필요하다. 폭리자에게 악의가 없으면 불공정한 행위는 성립하지 않는다(대판). 　[주의] 폭리의 악의 없이 실수로 커다란 이익을 취한 경우에는 불공정한 법률행위가 성립할 수 없다. 제33회 ④ **입증책임**: 객관적 + 주관적 요건 모두 입증하여야 한다. 　급부와 반대급부의 현저한 불균형만을 입장하였다면? 주관적 요건인 **궁박, 무경험이 추정되는 것이 아니므로** 무효를 주장하는 자가 이를 모두 입증하여야 한다.
효과	① [빈출] **절대적 무효** 　⑦ 불공정행위를 당사자가 추인해도 효력이 없다. 　ⓛ 당사자는 선의의 제3자에게도 무효를 주장할 수 있다. 따라서 제3자가 선의라도 유효하게 소유권을 취득할 수 없다. 제21·33회 　ⓒ **부제소 합의**: 불공정행위로서 무효이면 소송을 제기하지 않는다는 부제소 합의를 하여도 무효이다(판례). ② [주의] **불공정한 법률행위도 무효행위의 전환이 인정**: 당사자의 거래금액이 과다하여 불공정행위로 무효인 경우 예외적으로 당사자가 무효를 알았더라면 다른 금액으로 거래하였으리라고 인정될 때에는 무효행위 전환이 인정된다(판례). ③ **일방불법**: 폭리자의 일방불법이므로 급여자는 급여물을 반환청구할 수 있으나 수익자(불법원인의 제공자)는 매수자금을 부당이득으로 반환청구할 수 없다.
적용 범위	① [빈출] '증여'같은 무상행위에는 불공정한 법률행위가 적용되지 않는다. 제32회 ② [빈출] '강제경매'에는 불공정한 법률행위가 적용되지 않는다. 제22·26·29·31회

❶
경/무/대[대리인]로 암기!!!

기출정답

01 객관적 가치
02 성립 당시
03 본인, 대리인

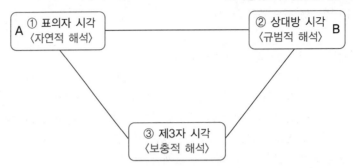

01 해석의 기준

(1) [기출] 선량한 풍속 기타 사회질서에 관계없는 규정과 다른 의사를 표시한 경우 당사자의 의사(목적)에 의한다(제105조).

(2) 법령 중의 선량한 풍속 기타 사회질서에 관계없는 규정과 다른 관습이 있는 경우
첫째, 당사자 의사가 명확하지 않는 경우 사실인 관습에 의한다(제106조).
둘째, 당사자 의사가 분명한 경우 관습이 아니라 의사에 의한다.

02 해석의 방법

(1) 자연적 해석(표의자의 시작에서 진의를 탐구하는 방법)

① 표의자의 진정한 의사를 상대방이 알 수 있는 경우: (진의)대로 해석
② [빈출] 오표시 무해의 원칙(잘못된 표시는 해가 되지 않는다)

> **📖 사례 I**
> 매도인과 매수인간에 甲토지(969 - 36번지)를 매매목적물로 합의하고 둘러보았으나 잘못하여 乙토지(969 - 63번지)로 계약서에 표시하여 매수인에게 乙토지에 대하여 소유권이전등기가 경료된 경우 상호간에 법률관계는?
>
> > ㉠ 자연적 해석이 적용된다.
> > ㉡ 쌍방간의 진의가 공통인 경우 쌍방의 진의대로 甲토지에 대해 계약이 성립한다. 매수자는 甲토지에 대하여 등기청구권을 가진다.

© 乙토지로 매수자에게 이전등기 경료된 것은 서로 합의 없이 이루어진 원인 무효의 등기다.
② 쌍방 당사자는 착오를 이유로 매매계약을 취소할 수 있는가? 서로가 원하는 진의대로 계약이 성립되었으므로 착오로 취소할 수 없다.

(2) 규범적 해석

① 빈출 표의자의 진의를 상대편이 알 수 없을 때에는? 표의자의 내심적 효과의사(진의)가 아니라 표시상의 효과의사로 해석한다(판례).

② 빈출 960만원으로 표시할 의도였으나 690만원으로 표시한 경우, 상대방의 시각에서 표시된 대로 690만원으로 계약이 성립한다고 해석한다.

③ '회사 합병시 인수자는 고용승계에 **최대한** 협조하기로 한다'는 문언이 기재된 경우 이는 '법적 의무가 아니라' 사정이 허락하는 한 이행하겠다는 의미이다.

기본서 p.54~83

일반적으로 표의자가 의사를 표현하는 경우 의사와 표시는 일치하는 것이 정상적이나 이하에서는 비정상적 의사표시로서 첫째, 의사와 표시가 불일치하거나 둘째, 의사와 표시는 일치하나 의사표시의 형성과정에 흠이 존재하는 하자 있는 의사표시를 다룬다. 이를 총칭하여 의사의 흠결이라 한다.

1 비진의표시
= 단독 허위표시(제107조)

⚡기출
01 상대방이 표의자의 진의 아님을 알았을 경우, 진의 아닌 의사표시는 (무효/취소)이다.   제27회

제1절 진의 아닌 의사표시(비진의표시)1

제107조【진의 아닌 의사표시】
① 의사표시는 표의자가 진의 아님을 알고 한 것이라도 그 **효력이 있다.** 그러나 **상대방이 표의자의 진의 아님을 알았거나 이를 알 수 있었을 경우 무효로** 한다.
② 전항의 의사표시의 무효는 **선의의 제3자에게 대항하지 못한다.**

표의자	상대방
진의 아닌 의사표시	① **원칙:** 상대방이 선의이고 무과실이면 표시한 대로 유효이다. ② **예외:** 상대방이 진의 아님을 알았거나 알 수 있었을 경우 무효이다.

01 성립요건

진의와 표시의 불일치를 '<u>알고</u>' 단독으로 허위표시를 한다(혼자서 거짓 표시).
반면, 착오는 의사와 표시의 불일치를 착오자가 **모르고** 표시한 경우이다.

> 📖 **사례 I 진의 아닌 의사표시 [진의가 결여된 의사표시] = [비진의 표시]**
> 1. 甲이 '증여의사 없이' 빌라를 증여한다고 표시하여 乙에게 소유권이전등기를 마친 경우 이는 진의 아닌 의사표시에 해당한다.
> 2. 甲이 '기부의사 없이' X토지를 관할 시장에게 기부한다고 표시한 경우

기출정답
01 무효

02 진의

진의란 특정한 의사표시를 하고자 하는 표의자의 생각을 말한다.

> 빈출 진의란 표의자가 진정으로 마음속에서 바라는 사항을 뜻하는 것이 아니다.
> ① **강박에 의한 증여행위**: 증여를 하는 자가 재산을 강제로 뺏기는 것이라고 생각하더라도 어쩔 수 없이 증여할 의사를 가지고 증여표시를 하였다면(증여의 내심적 효과의사가 결여된 것이라고 할 수 없다), 진의 아닌 의사표시가 성립하지 않는다(비진의표시가 아니다).
> ② **자의로 중간퇴직**: 근로자가 중간퇴직금을 수령하고 심사숙고하여 자의로 사직서를 제출한 경우, 비진의표시가 아니다.
> [비교] 기출 사직의사가 없는 근로자가 사용자의 지시로 일괄사직서를 제출한 경우, 이는 비진의표시에 해당한다.
> ③ **명의대여 사례**: 사실상의 장애로 자기 명의로 대출을 받을 수 없는 자를 위하여 명의를 빌려준 경우, 명의자가 채무부담의사를 가지고 서명하였다면 비진의표시가 아니다(판례).
> [비교] 명의자에게 법적 책임을 지우지 않기로 상대방과 명백한 합의하에 명의자가 대출약정서에 서명한 경우, 이는 통정허위표시에 해당한다.

03 효력

> (1) 빈출 **원칙** – 상대방이 표의자의 진의 아님을 모르고(선의이고) 무과실이면?
> – 진의 없는 의사표시는 표시된 대로 유효가 원칙이다.
>
> (2) 빈출 **예외**
> ① 상대방이 표의자의 진의 아님을 알았거나 알 수 있었을 경우 무효다.
> ② **입증책임**: <u>무효를 주장하는 표의자</u>가 상대방의 악의에 대한 입증책임을 부담한다.
> 주의 상대방 <u>스스로</u> 선의, 무과실을 증명하여야 한다(×).
>
> (3) **상대적 무효**
> 비진의표시의 무효는 「선의 제3자」에게 주장하지 못한다. 제23회

04 적용 여부

⚡**기출**

01 비진의표시 규정은 단독행위에도 (적용된다/적용되지 않는다).

제22회

(1) 공법행위 – 공무원의 사직의 의사표시와 같은 공법행위에는 진의 아닌 의사표시에 관한 규정이 준용되지 않는다(판례).

(2) 주의 단독행위에도 적용된다. 표의자가 상대방 없는 단독행위를 비진의표시한 경우 항상 유효하다(상대방이 존재하지 않으므로 진의 아님을 알 수 있는 길이 전혀 없기 때문이다).

(3) 주의 대리권 남용의 경우에도 적용된다. 제16·19·25회
대리인이 대리권의 남용 사실을 상대방이 알았거나 알 수 있었을 경우 비진의표시 단서를 유추 적용하여 본인에게 효력이 없다.

05 [기출] 사례의 해결

甲이 기부할 진의 없이 자기 소유의 X건물을 乙에게 증여계약한 경우?

(1) 상대방 乙이 기부의사 없음을 몰랐고(선의), 무과실인 경우라면?
① 乙은 유효하게 X건물의 소유권을 취득한다.
② 乙로부터 건물을 매수한 제3자 丙은 선의·악의를 불문하고 유효하게 소유권을 취득한다[건물의 진정한 소유자로부터 매수한 것이므로].

(2) 상대방 乙이 甲에게 기부의사 없음을 알았거나 알 수 있었을 경우라면?
① 乙 명의 소유권이전등기는 무효이다.
따라서 甲은 乙로부터 X건물의 소유권을 회복하여 찾아올 수 있다.
② 乙로부터 X건물을 매수한 丙이 선의인 경우라면?
제107조 제2항에 근거하여 丙은 선의라는 조건하에 X건물 소유권을 취득한다.

제2절 통정허위표시(제108조)[가장행위]

제108조 【통정한 허위의 의사표시】
① 상대방과 **통정한 허위의 의사표시**는 무효로 한다.
② 전항의 의사표시의 무효는 **선의의 제3자**에게 대항하지 못한다.

기출정답

01 적용된다

01 요건

(1) 표의자와 상대방이 서로 공모(상대방과 명백한 합의)할 것. 일방의 인식만으로는 통정허위표시는 성립하지 않는다. 제33회

> ### 📖 사례 I
>
> 1. 채권자의 강제집행을 면하기 위하여 서로 통정하여 가장양도한 경우
>
> 2. 채권자의 강제집행을 면하고자 통정하여 허위로 근저당권설정한 경우
>
> 3. 동일인에 대한 대출액 한도를 제한한 법령의 적용을 회피하기 위하여 금융기관의 **양해(은행과 명백한 '합의'가 존재)**하에 제3자를 형식상의 주채무자로 내세우고, 제3자 명의로 되어 있는 대출약정은 통정허위표시에 해당하여 무효이다(판례).

(2) 빈출 **사례 해결**

02 효과

(1) 당사자 관계

① 당사자 사이에서는 무효이므로 처음부터 효력이 없다.

  기출 따라서 허위표시를 한 당사자 일방이 상대방에게 <u>채무를 이행하지 않은</u> 때에도 **채무불이행으로 인한 손해배상책임**을 물을 수 없다. 제24회

② 빈출 허위표시는 의사표시를 짜고 허위로 한 것일 뿐 내용이 **반사회적인 법률행위라고 할 수 없으므로** <u>불법원인 급여가 적용되지 않는다.</u>

기출정답

01 하지 않는다

⚡ 기출

01 허위표시의 제3자가 선의이나 과실 있는 경우 유효하게 소유권을 취득할 수 (있다/없다).

제27회

02 허위표시의 제3자는 스스로 선의임을 증명하여야 한다(○/×).

(2) 제3자 관계

① 허위표시의 무효는 선의의 제3자에게 대항하지 못한다(선의의 제3자 보호 특별 규정). 따라서 제3자가 선의면 소유권을 유효하게 취득한다.
   ⊙ 기출 제3자가 보호받기 위하여는 선의, 무과실이 요건이 아니므로 제3자가 '선의이거나 과실이 있어도' 유효하게 보호된다. 제22 · 27회
   ⓛ 기출 제3자의 선의는 추정된다. 따라서 가장양도인이 제3자의 악의를 입증하여야 한다.
      주의 통정허위표시의 무효에 대항하려는 제3자는 자신이 선의라는 것을 증명하여야 한다(틀림). 제32회
   ⓒ 제3자가 선의이면 그로부터 전득자는 설령 악의여도 보호받는다(엄폐물의 법칙). 반대로 제3자가 악의여도 전득자가 선의면 유효하다.
② **여기서 제3자는?**
   ⊙ 허위표시에서 제3자란 허위표시의 외형(가장행위)을 믿고 실질적으로 새로운 이해관계를 맺은 자로 한정된다(대판 2002다72125). 제30회
   ⓛ 제108조 제2항에 따라 보호받는 선의의 제3자에 대해서는 그 누구도 통정허위표시의 무효로써 대항할 수 없다. 제33회

★ 개념 PLUS | 허위표시의 제3자 해당여부 제24 · 26 · 30 · 31 · 34회

1. 허위표시의 제3자에 해당하는 자
   ① 가장매매의 가장양수인으로부터 목적부동산을 다시 양수한 자
   ② 가장양수인으로부터 매매의 예약을 하여 가등기를 취득한 자
   ③ 가장저당권설정행위에 의한 저당권실행으로써 부동산을 낙찰받은 자
   ④ 가장소비대차에 기한 대여금채권(가장채권)의 양수인
   ⑤ 가장채권(허위채권)을 믿고 가압류한 채권자
   ⑥ 가장전세권에 기한 전세금반환채권을 가압류한 채권자
   ⑦ 가장채무를 보증하고 이를 이행한 보증인
   ⑧ 가장소비대차의 대주가 파산선고를 받았을 때의 파산관재인

2. 허위표시의 제3자에 해당하지 않는 자
   ① 가장양수인의 포괄승계인(상속인)

   ② 제3자를 위한 계약에서 수익자

기출정답

01 있다
02 X

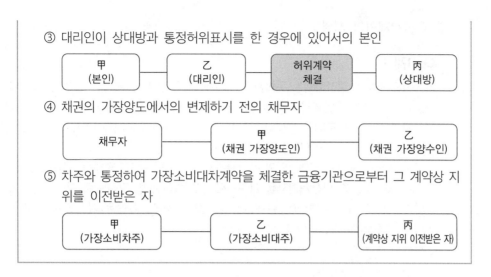

③ 대리인이 상대방과 통정허위표시를 한 경우에 있어서의 본인

| 甲
(본인) | 乙
(대리인) | 허위계약
체결 | 丙
(상대방) |

④ 채권의 가장양도에서의 변제하기 전의 채무자

| 채무자 | 甲
(채권 가장양도인) | 乙
(채권 가장양수인) |

⑤ 차주와 통정하여 가장소비대차계약을 체결한 금융기관으로부터 그 계약상 지위를 이전받은 자

| 甲
(가장소비차주) | 乙
(가장소비대주) | 丙
(계약상 지위 이전받은 자) |

(3) 채권자 취소권

가장양도인의 금전채권자는 금전채권을 보호하기 위하여 무효인 가장행위를 사해행위로 취소할 수 있다[무효인 허위표시도 채권자 취소의 대상].

(4) 빈출 판례

① 빈출 강제집행을 면할 목적으로 허위의 근저당권설정등기를 경료하는 행위는 사회질서에 위반한 사항을 내용으로 하는 법률행위로 볼 수 없다(대판 2003다70041).

② 가장소비대차에 따른 대여금채권의 선의의 양수인은 제108조 제2항에 따라 보호받는 제3자에 해당(한다/하지 않는다). 제33회

③ **가장전세권부 전세금반환채권을 가압류한 자**: 허위표시로 생긴 **가장채권을 가압류한 채권자**가 있는 경우 가압류채권자가 선의인 경우 당사자는 제3자에게 허위표시의 무효를 주장할 수 없다(대판 2003다70041).

④ 대리인이 본인 몰래 대리권의 범위 안에서 상대방과 통정허위표시를 한 경우, 본인은 선의의 제3자를 이유로서 대리행위의 유효를 주장할 수 (있다/없다). 제33회

⚡기출

01 대주가 파산한 경우에 파산관재인은 총파산채권자 중 일부가 악의이고 일부는 선의인 경우에 ( )로 추정된다.
제30회

02 대리인이 본인 몰래 대리권의 범위 안에서 상대방과 통정허위표시를 한 경우, 본인은 선의의 제3자로서 그 유효를 주장할 수 (있다/없다). 제33회

기출정답

01 선의   02 없다

⑤ 파산관재인의 지위?

03 은닉행위의 사례 쟁점 정리 제19 · 21 · 30 · 32회 빈출

⚡ 기출

01 당사자가 통정하여 증여를 매매로 가장하여 빌라를 소유권이전한 경우, 증여는 (   )이고 매매는 (   )이다.
제30회

📑 사례 | 은닉행위

甲과 乙이 내부적으로 증여 의사를 가지고 계약을 체결했으나 세금을 적게 내기 위하여 매매계약의 형식을 빌려 甲 소유 X부동산을 乙에게 소유권이전등기를 마쳤다. 그 후 乙은 이를 알고 있는 丙에게 처분하여 등기를 경료하였다. 이들의 법률관계는?

1. 증여행위는 유효이다(은닉행위라고 한다). 제32회
2. 가장매매는 무효이다(통정허위표시이다).
3. [주의] 乙 명의로 소유권이전등기는 유효이다.
   왜냐하면 실제는 증여이나 매매를 가장하여 등기를 마친 경우 이는 실제와 다른 원인에 의한 등기라도 등기원인을 허위기재하여 처벌받는 것과는 별개로 실체와 부합하는 등기로서 유효하다.
4. 제3자 丙이 악의이어도 유효하게 소유권을 취득한다.
   [비교] 소유 권한을 가진 乙로부터 丙이 인수한 것이니까(엄폐물의 법칙).
5. 甲과 乙은 악의인 제3자 丙에게 등기 말소를 청구할 수 없다.

TIP

1. **은닉행위**
   甲은 乙 명의의 등기말소청구를 할 수 없다.
2. **가장매매**
   甲은 가장양수인 乙 명의의 등기말소를 청구할 수 있다.

★ 개념 PLUS | 가장매매와 은닉행위의 차이점

1. 가장매매에서 제3자는 선의이어야 유효하게 소유권을 취득한다.
2. 은닉행위에서 제3자는 선의 · 악의 불문하고 유효하게 취득한다.

기출정답

01 유효, 무효

> **제109조【착오로 인한 의사표시】**
> ① 의사표시는 법률행위의 내용의 **중요부분에 착오**가 있는 때에는 취소할 수 있다. 그러나 그 착오가 표의자의 **중대한 과실**로 인한 때에는 취소하지 못한다.
> ② 전항의 의사표시의 취소는 선의의 제3자에게 대항하지 못한다.

01 성립요건

(1) 의사와 표시의 '불일치'를 모르고 한 것(알고 하면 비진의표시이다)

(2) 중요부분의 착오일 것 + 중과실이 아닐 것(경과실이어야 취소할 수 있다)

02 착오의 유형

(1) 현황의 착오

논으로 알고 매입하였으나 실제는 절반이 하천인 것을 모르고 매수한 경우

(2) 서명 날인의 착오(표시상의 착오)

> **⚖ 판례 |** 기출
> '신원보증서류'라는 말을 믿고 연대보증서류를 읽지 않고 서명한 경우 판례는 제3자의 사기로 취소할 수 없고, 서명의 착오 또는 표시상의 착오로 취소할 수 있다.

(3) 법률의 착오

양도소득세를 매수인이 부담하기로 하고 이를 매수인이 계산하여 따로 지급하였는데 후에 양도소득세가 더 많이 부과된 경우 법률의 규정이나 의미를 잘못 인식한 경우 중요부분의 착오이면 취소할 수 있다(대판 93다24810).

⚡기출

01 의사와 표시의 불일치를 표의자가 모르고 하면 (   )이고, 알면서 하면 (   )이다. 제32회

⚡기출

02 '신원보증서류'라는 말을 믿고 연대보증서류를 읽지 않고 서명한 경우, 판례는 (제3자의 사기/착오)로 취소할 수 있다. 제25회

기출정답

01 착오, 비진의 표시
02 착오

(4) 빈출 동기의 착오

① **의사표시를 형성하는 동기의 착오로서 그 동기가 실현되지 않는 것**

　㉠ 동기를 상대방에게 표시하지 않는 한 취소할 수 없음이 원칙이다.

　㉡ 기출 매수인이 매수동기를 표시하지 않고 건물신축을 목적으로 매수한 토지가 **법령상의 제한**으로 토지를 의도한 목적대로 사용할 수 없는 경우 동기의 착오에 해당한다(부동산에 대한 법적 규제의 착오).

> 🔎 **판례 |**
>
> 기출 '장차 도시계획이 변경되어 공동주택, 호텔 등의 신축에 대한 인·허가를 받을 수 있을 것이라고 생각하였으나 그 후 생각대로 되지 않은 경우', 이는 **장래의 미필적 사실의 발생에 대한 기대나 예상이 빗나간 것**에 불과할 뿐 착오라고 할 수는 없다 (대판 2006다15755).

② **문제의 해결**

> ㉠ **원칙**: 동기가 표출되지 않고 표의자의 내면에 머무른 이상 취소할 수 없다.
> ㉡ **예외**: 동기를 표시하여 계약 내용으로 삼은 때에 한하여 착오로 취소할 수 있다. 주의 동기의 착오로 취소하려면 동기를 계약 내용으로 삼는 **합의까지 필요는 없다.**
> ㉢ 빈출 **상대방이 동기를 유발한 경우**: 동기가 표시되지 않아도 착오로 취소할 수 있다.
> 　– 판례는 귀속재산에서 해제된 땅인데 공무원의 말을 믿고 토지소유자가 귀속 해제된 토지를 국가에 증여한 경우, 표의자의 증여하려는 동기를 공무원(상대방)이 제공하였으므로 표의자의 동기가 **표시되지 않아도** 착오로 취소할 수 있다. 제25회
> 　– 매도인이 매매대상 토지에서 매실나무 부분은 포함되고 도로부분 40평은 포함되지 않는다고 경계를 잘못 알고 잘못된 설명을 하여 매매계약을 체결하게 되어 매수인에게 착오를 유발한 경우

03 중요부분의 착오

(1) 개념

표의자(주관적 입장)는 물론이고 보통 일반인(객관적 입장)도 표의자의 처지에 있다면 그러한 의사표시를 하지 않았으리라고 생각될 정도로 중요한 것이어야 한다. 여기서 착오자는 중요부분의 착오에 해당한다는 사실, 그 착오가 의사결정에 결정적 영향을 미쳤다는 점에 관하여 **입증하여야** 한다.

(2) 중요부분의 착오에 해당하는 사례

① 근저당권설정계약에 있어서 채무자의 동일성(채무자를 甲으로 알았으나 실제는 乙인 경우)에 관한 착오는 중요부분의 착오이다.

② 토지의 현황·경계에 관한 착오는 중요부분의 착오이다.

(3) 빈출 중요부분의 착오에 해당하지 않는 경우

① 매매에서 소유자의 동일성에 대한 착오

② 토지매매에서 다소의 시가·면적에 관한 착오

③ 빈출 표의자가 '경제적 불이익'을 입지 아니한 경우

> **판례 |**
>
> (ㄱ) 신용보증기금이 주 채무자 소유의 부동산에 가압류등기가 없다고 믿고 보증하였으나 가압류가 존재하는 것을 모른 경우, 후에 **가압류등기가 부당하게 집행되어 원인무효로** 밝혀졌다면, 신용보증기금입장에서는 가압류가 없다고 믿고 보증했는데 실제는 가압류가 존재하지만 실질상 없는 것과 동일하므로 중요부분의 착오가 아니다(대판 98다23706). 제17·23회
>
> (ㄴ) 양도소득세에 관한 법률의 내용에 착오를 일으켜 토지의 매도를 하였으나 **그 후 법률의 개정으로 그 불이익이 소멸된 경우** 착오자에게 경제적 불이익이 없으므로 중요부분의 착오가 아니다(대판 94다44620).

⚡기출

01 표의자에게 경제적 불이익이 존재하지 않는 경우, 중요부분의 착오로 취소할 수 (있다/없다).
제23회

기출정답

01 없다

04 중과실

> (1) 표의자가 중과실이면 착오로 취소할 수 없다. 다만 상대방이 착오임을 알고 이용한 경우 착오자에게 중과실이 있어도 착오로 취소할 수 있다(착오임을 알고 이용한 상대방을 보호해 줄 필요가 없으니까).
>
> (2) 입증책임 - 착오자가 아니라 상대방이 진다. 제19·25회
>
> 주의 매매의 효력을 부인하는 자(착오자)가 중과실을 입증하여야 한다(×). 제25회
>
> (3) 중과실 여부
> ① 공인중개사를 통하지 않고 개인적으로 토지거래를 하는 경우, 토지대장 등을 확인하지 않은 매수인은 매매목적물의 동일성에 착오가 있더라도 착오를 이유로 매매계약을 취소할 수 없다. 제23회
> ② 공장을 경영하던 자가 공장 설립할 목적으로 토지를 매입하면서 **토지상에 공장을 건축할 수 있는지를 알아보지 않은 경우 중과실이 인정되므로 착오로 취소할 수 없다.**
> ③ 토지매매에서 매수인에게 측량을 하거나 지적도와 대조하는 등의 방법으로 매매목적물이 지적도상의 그것과 정확히 일치하는지 여부를 미리 확인하여야 할 주의의무가 있다고 볼 수 없다.

05 착오와 관련 문제 〔빈출〕

⚡**기출**

01 경과실로 인한 착오로 의사표시를 취소한 경우 상대방은 착오자에게 불법행위책임을 물을 수 (있다/없다). 제31회

02 계약을 해제한 후에도 착오로 취소할 수 (있다/없다). 제32회

03 매도인이 매수인의 채무불이행을 이유로 계약을 적법하게 해제하였다면, 착오를 이유로 한 매수인의 취소권은 (소멸한다/소멸하지 않는다). 제33회

> (1) 빈출 상대방이 경과실로 인한 착오로 취소한 자에게 불법행위로 손해배상을 청구할 수 있는가?
>
> 경과실로 인한 착오로 의사표시를 취소하여 상대방이 재산상 손해를 입은 경우, 상대방은 착오자에게 불법행위책임을 물을 수 있는가?
>
> 착오에 빠져 취소한 행위가 위법한 것은 아니므로 상대방은 불법행위를 이유로 착오자에게 손해배상을 청구할 수 없다(대판 97다13023).

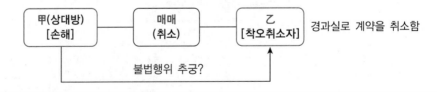

甲(상대방) [손해] — 매매 (취소) — 乙 [착오취소자]   경과실로 계약을 취소함

불법행위 추궁?

(2) 빈출 계약해제 후 다시 취소할 수 있다.

매도인이 매수인의 잔금불이행을 이유로 계약을 해제한 후라도 매수인은 해제로 인한 불이익을 면하거나 계약금을 돌려받기 위하여 계약을 착오로 취소할 수 있고 매매계약 전체를 무효로 돌릴 수 있다.

기출정답

01 없다 02 있다
03 소멸하지 않는다.

[쟁점] 甲이 채무불이행으로 해제 후 乙이 착오로 취소?

(3) 빈출 쌍방의 진의가 공통인 경우 착오로 취소할 수 없다.

의사표시의 상대방이 표의자의 진의에 동의하거나 쌍방간에 진의(쌍방의 합의)가 서로 공통인 경우 잘못된 표시가 존재하여도, 서로 원하는 진의(합의)대로 계약이 성립하므로 착오로 취소할 수 없다(오표시 무해의 원칙).

(4) 하자담보책임과 착오취소의 요건을 모두 충족한 경우, 착오를 이유로 한 매수인의 취소권은 배제되지 않는다[계약법과 연계됨].**

주의 담보책임과 착오취소의 요건을 모두 충족한 경우 매수인은 담보책임만 주장할 수 있고 착오로 인한 취소는 주장할 수 없다(틀림).

필수 기출문제

> **01 착오에 관한 설명으로 옳은 것을 모두 고른 것은? (판례에 따름)** 제31회
>
> ⊙ 매도인의 하자담보책임이 성립하더라도 착오를 이유로 한 매수인의 취소권은 배제되지 않는다.
> ⓒ 경과실로 인해 착오에 따진 표의자가 착오를 이유로 의사표시를 취소한 경우, 상대방에 대하여 불법행위로 인한 손해배상 책임을 진다.
> ⓒ 상대방이 표의자의 착오를 알고 이용한 경우, 표의자는 착오가 중대한 과실로 인한 것이더라도 의사표시를 취소할 수 있다.
> ⓔ 매도인이 매수인의 채무불이행을 이유로 계약을 적법하게 해제한 후에는 매수인은 착오를 이유로 취소권을 행사할 수 없다.
>
> ① ⊙, ⓒ   ② ⊙, ⓒ   ③ ⊙, ⓔ
> ④ ⓒ, ⓒ   ⑤ ⓒ, ⓔ

해설

01 옳은 것은 ⊙ⓒ이다.
   ⊙ 매도인의 하자담보책임의 성립여부와 관계없이 착오를 이유로 매수인은 취소권을 행사할 수 있다.
   ⓒ 상대방이 표의자의 착오를 알고 이용한 경우, 표의자는 착오가 중대한 과실로 인한 것이더라도 의사표시를 취소할 수 있다.   답: ②

제4절 사기, 강박에 의한 의사표시(하자 있는 의사표시)

> **제110조 【사기, 강박에 의한 의사표시】**
> ① 사기나 강박에 의한 의사표시는 취소할 수 있다.
> ② 상대방 있는 의사표시에 관하여 제3자가 사기나 강박을 행한 경우 상대방이 그 사실을 알았거나 알 수 있었을 경우에 한하여 의사표시를 **취소**할 수 있다.
> ③ 전2항의 의사표시의 취소는 **선의의 제3자**에게 대항하지 못한다.

01 사기

(1) 의의

① 고의로 허위사실을 고지하거나 사실을 은폐함으로써 착오에 빠져서 한 의사표시를 말한다.

② 의사와 표시는 일치하지만 의사형성과정에 흠이 존재하는 것이다. 따라서 사기로 인한 의사표시의 취소를 위하여 피기망자의 재산상 손해발생은 성립요건이 아니다.

(2) 2단의 고의

① 표의자를 착오에 빠지게 하려는 고의와 다시 그 착오에 기하여 의사표시를 하게 하려는 2단의 고의가 필요하다.

② 일부러 속이려는 고의가 있어야 하므로 **과실에 의한 기망은 사기가 성립하지 않는다.**

(3) 기망(적극적 기망과 부작위에 의한 기망)

① **방법:** 공동묘지가 아파트 옆에 있는 것을 고지하지 아니하고 아파트를 분양한 경우 이는 부작위에 의한 기망이며 매수자는 '사기로 취소'하거나 '취소하지 않고 불법행위로 손해배상을 청구'할 수 있다.

② **고의(2단의 고의)에 의한 기망일 것:** 상대방을 속이려는 고의와 착오에 빠뜨려서 상대방에게 계약을 체결하게 하려는 2단의 고의가 필요하다.

TIP

기망이 위법할 때 구제수단
1. 사기로 취소 ○
2. 착오로 취소 ○
3. 불법행위로 손배청구 ○

⚡ **기출**

01 공동묘지가 아파트 옆에 있는 것을 고지하지 아니하고 아파트를 분양한 경우, 이는 (   )에 의한 기망으로 취소할 수 있다.

기출정답

01 부작위

(4) 기망의 위법성 - 신의칙상 허용한도를 넘을 때는 위법성이 인정된다.

① 기출 상가 분양시 수익률 과장광고, 과대광고를 한 경우: 상품의 선전·광고에서 다소의 과장이 수반된 경우 사기를 이유로 취소할 수 없다.

② 빈출 교환계약의 당사자가 목적물의 시가를 묵비, 허위고지하는 것은 위법한 기망행위에 해당하지 않는다(대판 2000다54406).

02 강박

(1) 강박

강박이란 해악을 끼칠 것을 고지하여 공포심을 일으키는 행위이다.

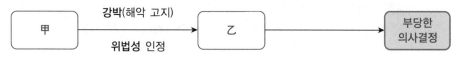

① 구체적인 해악을 고지하여야 한다.

② 기출 '구체적인 해악을 고지'하지 않는 경우 위법한 강박이 아니다. 단지 '각서에 서명 날인할 것을 강력히 요구'한 행위는 구체적인 해악의 고지가 없으므로 위법한 강박행위가 아니다(대판 78다1968).

(2) 강박의 위법성

① 해악의 고지로써 추구하는 이익 달성을 위한 수단으로 부적당한 경우 강박행위의 위법성이 인정된다(대판 99다64049).

② 부정행위에 대한 고소, 고발은 **부정한 이익을 목적으로 하지 않는 한** 정당한 권리행사가 되어 위법하다고 할 수 없다.

③ 빈출 반면에 부정행위에 대한 고소, 고발도 '부정한 이익의 취득을 목적'으로 하는 경우 위법성이 인정되어 위법한 강박행위가 될 수 있다.

> 🔍 **판례 l**
>
> 빈출 일반적으로 부정행위에 대한 고소, 고발도 부정한 이익의 취득을 목적으로 하는 경우에는 강박행위의 위법성이 인정되나, 부정한 이익을 목적으로 하지 않는 경우에는 위법성이 부정된다(대판 92다25120).

⚡기출

01 강박의 정도가 의사결정의 자유를 완전히 박탈당한 상태에서 이루어진 의사표시는 (　　)이다.
제21회

(3) [빈출] 강박의 정도 문제

강박의 정도가 의사결정의 자유를 제한하는 정도에 불과할 때는 의사결정의 하자 문제로서 취소할 수 있다.
반면에 표의자가 의사결정의 자유를 완전히 박탈당한 상태에서 이루어진 의사표시는 무효이다(판례).

03 제3자의 사기, 강박(제110조 제2항)과 대리인의 사기 문제 ◀[빈출]

⚡기출

02 甲이 제3자 A의 기망에 의하여 부동산을 乙에게 매각하였을 때, 甲은 乙이 제3자의 사기사실을 (　　)에 한하여 취소할 수 있다. 제28회

03 甲의 대리인 乙이 상대방 丙을 기망하여 계약을 한 경우, 甲이 대리인 乙의 사기 사실을 몰랐다면 상대방 丙은 대리인의 사기를 이유로 취소할 수 (있다/없다). 제29회

제110조【사기, 강박에 의한 의사표시】
② 상대방 있는 의사표시에 관하여 **제3자**가 사기나 강박을 행한 경우에는 **상대방이 그 사실을 알았거나 알 수 있었을 경우**에 한하여 그 의사표시를 취소할 수 있다.
③ 전2항의 의사표시의 취소는 **선의의 제3자에게 대항하지 못한다.**

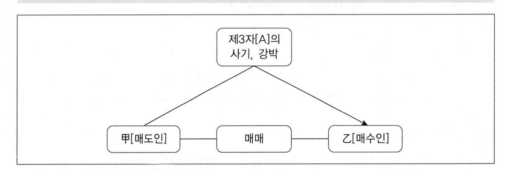

★개념 PLUS Ⅰ 제3자의 사기 빈출 쟁점 정리

1. [빈출] 제3자의 사기, 강박 문제
   ① 제3자의 사기, 강박으로 의사표시를 한 경우
      • 상대방이 제3자의 사기사실을 알았거나 알 수 있었을 경우에 한하여 취소할 수 있다.
      • 상대방이 제3자의 사기 사실을 모르고 무과실이면 취소할 수 없다.
   ② [주의] 제3자에게 불법행위책임을 추궁할 때 반드시 계약을 취소해야 하는가?
      제3자의 사기로 인하여 계약을 체결한 자는 제3자에게 불법행위로 인한 손해배상을 청구하기 위해서 반드시 매매계약을 취소해야 하는 것은 아니다.
   ③ 직원의 사기 문제: 피용자는 사용자와 동일시할 수 있는 자가 아니므로 제110조 제2항의 제3자의 사기에 해당한다(대판 96다41496).

기출정답

01 무효
02 알았거나 알 수 있었을 경우　03 있다

2. 빈출 대리인의 기망인 경우(甲의 대리인 乙이 상대방 丙을 기망한 경우)
   ① 대리인은 본인과 '동일시할 수 있는 자(한통속)'이므로 제110조 제2항의 제3자의 사기에 해당하지 않는다.
   ② 丙은 甲이 대리인 乙의 사기 사실을 알았을 경우뿐만 아니라 모른 경우에도 계약을 취소할 수 있다(본인의 선의·악의 관계없이 취소할 수 있다).
   ③ 주의 대리인 乙의 사기, 강박 사실을 본인 甲이 모른 경우 상대방 丙은 대리인의 사기를 이유로 취소할 수 없다(×).
   ④ 주의 丙은 甲이 乙의 사기 사실을 알았거나 알 수 있었을 경우에 한하여 취소할 수 있다(×).

04 효과

(1) **당사자 관계** - 취소한 경우 처음부터 소급하여 무효로 된다.
(2) **제3자 관계**
   ① 기출 취소 전·후인지를 가릴 것 없이 취소사실을 몰랐던 제3자에게 대항하지 못한다. 제15·19회
   ② 매수인으로부터 부동산을 매수한 제3자는 선의로 추정된다.
(3) **관련 문제**
   ① **하자담보책임과 사기**: 매수인이 매도인의 기망으로 하자있는 물건을 모르고 매수한 경우 매수인은 매도인에게 하자담보책임이나 사기를 이유로 한 취소권을 선택적으로 행사할 수 있다(대판 73다268). 제16회
   ② **불법행위와 사기**: 법률행위가 사기로 취소되는 경우 그것이 동시에 불법행위를 구성하면 사기의 취소로 인한 부당이득반환청구권과 불법행위로 인한 손해배상청구권 중 선택하여 행사할 수 있으나 중첩적으로 행사할 수 없다.

[의사표시의 체계 통합정리]

1. 진의 아닌 의사표시	[원칙] 유효 [예외] 무효이다. 선의 제3자에게 대항 못한다.	상대적 무효
2. 통정 허위표시 - 무효	선의 제3자에게 대항 못한다.	
3. 착오 - 취소	선의 제3자에게 대항 못한다.	상대적 취소
4. 사기, 강박 - 취소	선의 제3자에게 대항 못한다.	

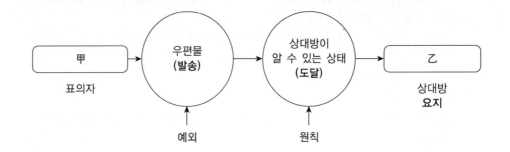

01 원칙 - 도달주의

⚡기출

01 도달이란 상대방이 의사표시를 현실적으로 수령하였음을 (요한다/요하지 않는다).

(1) 빈출 도달이란?

① 사회통념상 그 통지의 내용을 객관적으로 알 수 있는 상태를 말한다.

② 그 통지를 상대방이 현실적으로 수령하였거나 그 통지의 내용을 알았을 것까지는 필요하지 않다.

③ 빈출 상대방이 정당한 사유 없이 '수령을 거절'한 경우 그 통지의 내용을 알 수 있는 객관적 상태에 놓여 있는 때는 해제의 의사표시의 효력이 생기는 것으로 보아야 한다(대판 2008다19973). 제27회

④ 의사표시가 상대방에게 도달 후에는 표의자는 철회할 수 없다.
다만, 의사표시가 도달 전이면 철회할 수 있다.

(2) 도달의 입증책임은? - 표의자가 부담

⚡기출

02 보통우편물이 발송되고 반송되지 아니하면 도달로 (추정된다/추정되지 않는다).

① 보통 우편물이 발송되고 반송되지 아니하면 특단의 사정이 없는 한 도달로 추정되지 않는다.

② 빈출 내용증명 우편물, 등기우편물이 발송되고 반송되지 아니하면 특단의 사정이 없는 한 그 무렵에 도달된 것으로 봄이 상당하다(대판 79다1498).

(3) 주의 도달주의의 예외(발신주의를 취하는 경우)

① 무권대리에서 상대방의 최고에 대한 본인의 확답(제131조)

② **격지자간의 계약의 승낙(제531조):** 승낙의 통지를 발송한 때 성립

기출정답

01 요하지 않는다
02 추정되지 않는다

(4) [빈출] 발신 후 사고

> ① 표의자가 통지를 발한 후 사망하거나 제한능력자로 된 경우, 의사표시의 효력에 영향을 미치지 아니한다(의사표시는 표시한 대로 효력 있다).
>
> ② 이때 표의자는 자신의 제한능력을 이유로 의사표시를 취소할 수 없다.

02 의사표시의 수령능력

> ① 의사표시의 상대방이 이를 받은 때 제한능력자인 경우에는 표의자는 그 의사표시의 도달을 주장하지 못한다.
>
> ② [빈출] 다만, 법정대리인이 도달을 안 때는 그 의사표시의 도달을 주장할 수 있다.

03 공시송달

> 표의자가 과실 없이 상대방의 소재, 주소를 알지 못한 경우 공시송달로 송달할 수 있다. 송달내용을 게시해 놓은 후 일정기간이 지나면 송달의 효력이 발생한다.

⚡ 기출

01 표의자가 통지를 발한 후 제한능력자로 된 경우 의사표시자는 제한능력을 이유로 취소할 수 (있다/ 없다).

02 의사표시가 상대방에게 도달한 후에 상대방이 제한능력자로 된 경우 도달의 효력을 (잃는다/잃지 않는다).

기출정답

01 없다   02 잃지 않는다

제4장 법률행위의 대리(代理)

기본서 p.84~113

제1절 대리

본인을 대신하여 대리인이 의사표시를 하거나 수령하고 그로 인한 법률효과는 대리인이 아니라 본인에게 귀속하는 것을 말한다. 사적 자치의 반영이다.

01 수권행위

⚡기출

01 수권행위의 하자는 본인이 기준이다(O/X).

(1) 의의

본인이 대리인에게 대리권한을 주는 것을 말한다.

(2) 방식

불요식 행위이므로 아무런 제한이 없다(묵시적인 방법도 가능).

(3) 대리권의 부존재는 대리행위의 **무효**를 주장하는 본인이 증명하여야 한다.
대리인을 통하여 상대방 앞으로 소유권이전등기가 마쳐진 경우, **대리권 유무에 대한 증명책임**은 대리행위의 유효를 주장하는 상대방에게 있다[틀림]. 제32회

기출정답

01 O

02 대리권(한)

(1) 대리권의 범위

① [빈출] 권한을 정하지 않은 대리인은 본인의 특별수권 없이 **보존행위, 이용, 개량행위**를 할 수 있다.

보존행위	㉠ [기출] 미등기 건물을 등기하는 일 ㉡ [기출] 채권의 소멸시효를 중단시키는 일 제18회 ㉢ 부패하기 쉬운 물건을 처분하는 행위
이용행위 개량행위	물건이나 '성질이 변하지 않는 범위'에서 이용 또는 개량행위 ㉠ 건물의 임대행위 ㉡ 무이자 소비대차를 이자부 소비대차로 전환하여 돈을 불려나가는 것

② 저당권설정, 채무 면제는 처분행위이므로 대리인은 본인의 특별수권 없이는 할 수 없다.

③ 대리권의 범위에 포함되는 경우는?

> ㉠ [기출] 매매계약의 체결과 이행에 관한 포괄적 대리권을 수여받은 대리인은 계약금, 중도금이나 잔금을 수령할 권한, 약정된 매매대금 지급기일을 연기해 줄 권한도 가진다(대판 91다43107).
> ㉡ 임의대리권에는 그 권한에 부수하여 필요한 한도에서 상대방의 의사표시를 받는 수령대리권을 포함한다(대판 93다39379).

④ 대리권에 포함되지 않는 경우는?

> ㉠ 대여금의 영수권한만을 위임받은 대리인이 그 대여금 채무의 일부를 면제하기 위하여는 본인의 특별수권이 필요하다(대판 80다3221).
> ㉡ 계약의 체결에 관한 대리권을 수여받은 대리인이 계약의 해제권까지 가지고 있다고 볼 수는 없다(판례).
> ㉢ 예금계약을 체결의 위임을 받은 자의 대리권에 예금을 담보로 대출을 받을 권한까지 포함된 것은 아니다(대판 91다14987).

(2) 대리권의 제한

각자대리 원칙	[기출] 대리인이 여러 명인 경우 공동대리가 아니라 각자가 본인을 대리한다.
자기계약, 쌍방대리 금지	① 원칙: 다툼이 있는 채무의 이행(기한이 도래하지 않은 채무의 변제)는 자기계약, 쌍방대리가 허용되지 않는다. ② 예외: 본인의 허락이 있거나 다툼이 없는 채무의 이행[변제기가 도래한 채무의 이행]은 자기계약, 쌍방대리가 허용된다. ③ [기출] 자기계약, 쌍방대리의 금지를 위반하여도 본인은 추인하여 유효로 할 수 있다.

⚡기출

01 권한을 정하지 아니한 임의대리인은 (   ), (   ), (   )만을 할 수 있다. 제30회

⚡기출

02 계약의 체결에 관한 대리권을 수여받은 대리인은 계약의 해제권을 (포함한다/포함하지 않는다).

⚡기출

03 대리인이 여러 명인 경우 (   )대리가 원칙이다. 제33회

04 대리인에 대한 본인의 금전채무가 기한이 도래한 경우 대리인은 본인의 허락 없이 그 채무를 변제할 수 (있다/없다). 제27회

기출정답

01 보존행위, 이용, 개량행위
02 포함하지 않는다
03 각자   **04** 있다

(3) 대리권의 소멸 사유

임의대리와 법정대리의 공통소멸 사유	① 본인은 사망뿐 주의 본인의 성년후견의 개시, 본인의 파산은 제외된다. ② 기출 대리인의 사망, 성년후견의 개시, 파산 주의 대리인의 한정후견의 개시는 소멸 사유가 아니다.
임의대리에만 특유한 소멸 사유	① 주의 수권행위의 철회 ② 기초적 원인관계의 종료(위임계약의 종료)

주의 대리인이 사망하면 대리인의 상속인이 대리권을 승계한다(×). 제32회

(4) 대리권의 남용(배임적 대리행위)

① **의의:** 대리인이 겉으로는 대리권을 가지고 대리행위를 하였으나 실제는 대리인 자신이나 제3자의 이익을 도모하는 행위를 하여 본인에게 손해를 주는 경우 대리권의 남용이라 한다.

② **문제의 해결**

  ㉠ **원칙:** 본인에게 효력이 있다(대리권을 가진 자가 대리한 것).

  ㉡ 빈출 **예외:** 상대방이 대리권의 남용을 알았거나 알 수 있었을 경우에 본인에게 효력이 없다(비진의표시 단서 유추적용설).

⚡ **기출**

01 대리인의 대리권 남용을 상대방이 알았거나 알 수 있었을 경우, 대리행위는 본인에게 효력이 (있다/없다). 제25회

03 대리행위

(1) 현명주의

⚡ **기출**

02 대리인이 본인을 위한 것임을 현명하지 않은 경우 대리인 자신을 위한 것으로 (추정한다/본다).

① **개념:** 대리인이 본인(타인)을 위한 것임을 표시하는 것(甲의 대리인 乙이라 표시 – 실무상 대리인이 위임장, 신분증, 임감을 제시하고 계약함)

② 주의 대리인이 본인을 위한 것임을 현명하지 않은 경우: 대리인 자신을 위한 것으로 본다(추정 아님).

기출정답

01 없다 02 본다

③ **서명 대행**: 대리인 乙이 대리인임을 표시하지 않고 **본인 甲의 이름만** 적고 甲의 인장만 날인했다면 유효한 대리행위가 될 수 있다.

④ **위임장을 제시한 경우**: 대리인의 이름으로 계약을 체결하였으나 매매위임장을 제시하고 매매계약을 체결하는 자는 소유자를 대리하여 매매하는 것이다.

(2) [빈출] 대리행위의 하자(대리인이 상대방에게 속아서 사기를 당한 경우)

대리인 표준 〈원칙〉	의사의 흠결(진의, 허위표시 여부), 사기, 강박 또는 어느 사정을 알았거나 과실로 알지 못한 것으로 인하여 영향을 받을 경우 그 사실의 유무는 대리인을 표준으로 하여 결정한다.
본인 표준 〈예외〉	특정 법률행위를 위임한 경우 대리인이 **본인의 지시에 좇아** 그 행위를 한 때에는 본인은 자기가 안 사정 또는 과실로 인하여 알지 못한 사정에 관하여 **대리인의 부지(不知 = 선의)를 주장할 수 없다.**

① 대리행위의 하자표준은 대리인이고 취소권은 본인에게 귀속한다. <u>甲의 대리인 乙이 丙에게 사기를 당하여 매매계약을 체결한 경우, 의사표시의 **하자 여부의 표준은 대리인乙**이고 그로 인한 계약의 취소권자는 甲이다.</u>

② 불공정한 법률행위에서 궁박은 본인이 기준이고, **경솔, 무경험은 대리인이 기준**이다.

③ [주의] 이중매매에서 2매수인이 대리인에게 위임한 경우 대리인이 적극 가담한 것을 본인은 알지 못한 경우 적극 가담의 표준은 대리인이므로 **이중매매가 무효로 되는 데 장애가 되지 않는다**(판례). 제24·30회

④ 본인은 착오를 한 상태이나 대리인은 착오를 하지 않은 상태라면? 본인은 착오를 주장할 수 없다.

(3) 대리인의 능력

① 대리인은 **의사능력**을 요하므로 의사무능력자의 대리행위는 무효다.

② [빈출] 대리인은 **행위능력자임을 요하지 않는다**(제117조).
   ㉠ 甲이 미성년자 乙에게 대리권을 위임하여 乙이 상대방 丙과 계약을 한 경우, 甲은 대리인의 제한능력임을 이유로 乙이 체결한 <u>대리행위(계약)를 취소할 수 없다.</u>
   ㉡ 본인 甲은 미성년자인 대리인 乙과의 <u>위임계약을 취소할 수 있다.</u>

⚡**기출**

01 대리행위의 하자로 인한 취소권은 원칙적으로 (본인/대리인)에게 귀속된다. 제33회

⚡**기출**

02 제한능력자인 대리인이 법정대리인의 동의 없이 대리행위를 하더라도 법정대리인은 그 대리행위를 취소할 수 (있다/없다). 제29회

기출정답

01 본인 **02** 없다

(4) 대리행위의 효과

① 대리행위로 인한 법률효과는 본인에 귀속한다.
② 대리인의 채무불이행으로 인하여 상대방이 적법하게 계약을 해제한 경우, 해제로 인한 원상회복의무와 해제로 인한 손해배상책임은 누가?: 대리인이 아니라 본인에게 귀속한다.
③ **대리인이 먹튀한 경우:** 대리인이 상대방으로부터 매매대금을 전부 지급받았으나 대리인이 이를 본인에게 전달하지 않은 경우, 상대방의 대금지급의무는 변제로 (<u>소멸한다</u>/소멸하지 않는다). 제33회

제2절 **복대리**

甲		乙	복임행위 (대리인의 이름으로 선임)	丙	대리행위 (甲의 이름)	丁
본인		대리인		복대리		상대방

01 [빈출] 복대리의 성질

(1) 대리인이 대리인의 이름으로 선임한 본인의 대리인을 말한다.
(2) 복대리는 언제나 임의대리이다. 따라서 법정대리인이 선임한 복대리도 임의대리이다. 제18회
(3) 복대리는 대리인이 자기 이름으로 선임한 **본인의 대리인**이다. 제21회
(4) **대리권(母) – 복대리권(子) 관계:** 대리권이 소멸하면 복대리권도 소멸
[주의] 대리인이 복대리인을 선임하여도 대리인의 대리권은 소멸하지 않는다.

02 복임권과 책임범위 〔빈출〕

임의대리인 [법률행위로 수여된 자]	① **원칙**: 본인의 절대적 신임을 받은 자로서 복임권이 없다. ② **예외**: 본인의 승낙이나 부득이한 사유가 있으면 복대리를 선임할 수 있다(대리인은 선임 · 감독상의 과실 책임이 있다). ③ **특별책임**: 본인의 지명시 ⇨ 부적임을 알고 본인에게 통지를 태만시에 책임이 있다.
법정대리인	① 언제나 자기 책임하에 복대리인을 선임할 수 있다(무과실 책임). ② 부득이한 사유로 선임한 경우: 선임 · 감독상의 과실 책임이 있다.

03 복대리권 소멸 사유

(1) 본인의 사망

(2) 대리인 – 사망, 파산, 성년후견의 개시 + 수권행위의 철회

04 복대리 관련 판례

(1) 〔빈출〕 대리권 소멸 후 복대리인의 대리행위가 표현대리 성립하는가?

> 대리인이 대리권 소멸 후 복대리인을 선임하여 복대리인이 상대방과 사이에 대리행위를 하도록 한 경우, 상대방이 대리권 소멸 사실을 알지 못하여 복대리인에게 적법한 대리권이 있는 것으로 믿었고 믿은 데 과실이 없다면 제129조에 의한 **표현대리가 성립할 수 있다**(본인이 책임질 수 있다)(대판 97다55317).

(2) 복임권의 유무에 관한 구체적인 대법원의 판례

금전차용의 사무를 위임	대리인자신에 의한 처리가 필요하지 않은 사무 ⇨ 본인이 복대리 선임을 묵시적 승낙한 것이다.
분양사무를 위임	대리인 자신이 처리할 사무 ⇨ 성질상 분양을 위임받은 자의 능력에 따라 그 분양사업의 성공 여부가 결정되는 사무이므로 '본인의 명시적인 승낙 없이는' 복대리인을 선임할 수 없다.

⚡기출

01 복대리인의 대리행위에 대하여도 표현대리에 관한 규정이 적용될 수 (있다/없다). 제30회

02 계약이 갖는 성질상 대리인에 의한 처리가 필요하지 않다면, 복대리인의 선임에 관하여 묵시적 승낙이 (있는/없는) 것으로 본다. 제32회

기출정답

01 있다   02 있는

대리권이 없는 자가 대리인의 자격을 사칭하여 상대방과 매매계약을 한 경우

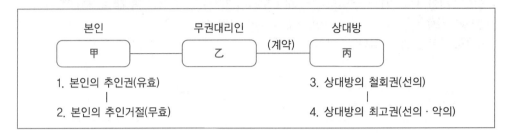

⚡ 기출

01 무권대리의 추인은 무권대리인에게 할 수 (있다/없다).　　제30회

02 무권대리행위를 본인이 추인하면 (추인한 때/계약시)부터 효력이 생긴다.　　제27회

01 [빈출] 본인의 추인권

① 성질	일방적 의사표시(형성권)로서 단독행위이다(상대방의 승낙을 요하지 않는다).
② 시기	㉠ 상대방이 철회하기 전까지만 가능하다. ㉡ 상대방이 철회 후에는 추인을 해도 상대방에게 이행을 청구할 수 없다.
③ 상대방	무권대리의 상대방, **무권대리인**, 승계인 모두에게 가능하다(아무에게 가능). [주의] 추인이나 추인 거절의 의사표시는 '상대방에 대하여 하지 아니하면' 상대방에게 추인 있었음을 대항하지 못한다(제132조). [주의] 본인이 **무권대리인에게 추인한** 경우 상대방이 이를 몰랐을 때, 본인이 추인 있었음을 상대방에게 주장할 수 없다. 이때 상대방은 철회할 수 있는가? 있다. 다만, 상대방이 추인있었음을 주장할 수 있다.
④ 방법	추인의 의사표시는 명시적, **묵시적으로도 할 수 있다**(판례). ㉠ 추인은 전부에 대해 해야 하며, 상대방의 동의를 요하지 않는 단독행위이다. 　[빈출] 조건부 추인, 일부 추인, 변경을 한 추인은 상대방의 동의가 없는 한 무효이다. ㉡ **묵시적 추인**: 본인이 그 행위의 결과가 **자기에게 귀속된다는 것을 승인한 것으로 볼만한 사정이** 있어야 한다(대판 2012다99617). 　ⓐ 무권대리인으로부터 매매대금의 일부를 본인이 수령한 경우 추인이다. 　ⓑ [주의] 본인이 무권대리행위의 사실을 알고 있으면서 이의를 제기하지 않았거나 상당기간 방치한 경우, 추인한 것으로 보지 않는다.
⑤ 효력	[빈출] 본인이 추인하면 추인한 때부터가 아니라 **처음부터 소급하여 효력이 있다.** 다만, 제3자의 권리를 해하지 못한다. [사례] 甲소유 X토지를 무권대리인 乙이 1월에 丙에게 매매한 상황에서 甲이 6월에 X토지를 A에게 매각하여 이전등기를 마친 후 甲이 무권대리를 11월에 추인하면? 　무권대리의 추인은 소급하여 1월부터 유효로 되나 이미 제3자 A의 소유권 취득을 해할 수 없다 = X토지는 제3자 A의 소유로 귀속한다. 제34회

기출정답

01 있다　02 계약시

02 추인거절(확정적 무효) - 본인이 화병으로 사망한 사건

무권대리인이 본인의 지위를 단독상속한 경우	① [빈출] 대리권 없는 자가 매매를 하였다가 무권대리인이 본인의 지위를 단독상속하여 자신이 등기를 이전하여 줄 수 있는 상황에서 자신의 대리행위가 <u>무효(추인거절)임을 주장</u>하는 것은 신의칙에 반하여 허용될 수 없다. ② [빈출] 무권대리인이 무권대리가 무효임을 주장하여 상대방의 등기말소를 청구하는 것은 허용될 수 없다. ③ [빈출] 무권대리인이 상대방에게 토지사용에 대하여 부당이득반환을 청구하는 것은 '신의칙상' 허용될 수 없다(전합). ④ 상대방 명의로 경료된 소유권이전등기는 실체에 부합하는 등기로 유효이다.

03 상대방의 최고권

[빈출] 상대방이 본인에게 추인 여부의 확답을 최고한 경우 본인이 상당기간 내에 확답을 발(발신주의)하지 않으면 추인이 아니라 추인거절로 본다(제131조).

04 [빈출] 상대방의 철회권 - <철선이만 철회!!>

① **시기는?**: 본인이 추인 전까지다. 철회가 있으면 무권대리행위가 확정적으로 무효로 된다. 따라서 상대방이 철회를 한 후에는 본인이 무권대리행위를 추인할 수 없다. 제16·20·23회
② **요건은?**: 상대방은 선의일 것. 상대방이 대리인에게 대리권이 없음을 알았다는 점(악의)에 대한 주장·입증책임은 철회의 효과를 다투는 <u>본인</u>에게 있다. 제32회
③ **철회의 효과(부당이득반환처리)**: 제741조 이하에서 정하는 부당이득제도는 이득자의 재산상 이득이 법률상 원인을 갖지 못한 경우에 공평·정의의 이념에 근거하여 이득자에게 반환의무를 부담시키는 것이므로, 이득자에게 실질적으로 이득이 귀속된 바 없다면 <u>본인에게 부당이득반환의무를 부담시킬 수 없다</u>(대판 2017다213838).

비교	요건	시기	상대방
철회	상대방이 선의일 것	본인이 추인 전일 것	무권대리인 or 본인
최고	상대방이 선의·악의 불문	본인이 추인 거절하기 전	오로지 본인에게만

⚡기출

01 상대방이 본인에게 추인 여부의 확답을 최고한 경우 본인이 상당기간 내에 확답을 발하지 않으면? (추인/추인거절)로 본다.

02 무권대리인의 계약 상대방은 계약 당시 대리권 없음을 안 경우 본인에 대해 계약을 철회할 수 ( ). 제26회

03 대리인에게 대리권이 없음을 알았다는 점(악의)에 대한 주장·입증책임은 ( )에게 있다. 제32회

04 상대방이 계약을 유효하게 철회하면, 상대방은 ( )을 상대로 계약금 상당의 부당이득반환을 청구할 수 있다. 제32회

05 상대방이 대리권 없음을 알았던 경우에는 최고권이 인정(된다/되지 않는다). 제30회

기출정답
01 추인거절 02 없다
03 본인
04 무권대리인
05 된다

제1편 민법총칙
편

제4장 법률행위의 대리(代理) **53**

05 무권대리인의 책임 문제

(1) 무권대리인의 책임(제135조)

⚡**기출**

01 무권대리행위가 제3자의 기망으로 인한 위법행위로 야기된 경우 무권대리인의 책임이 (부정된다/부정되지 않는다). 제26회

① 빈출 **무과실 책임**: 대리권의 흠결에 관하여 대리인에게 귀책사유가 있어야만 인정되는 것이 아니라 과실이 있든 없든 인정되는 무과실 책임이다.
따라서 무권대리행위가 제3자의 기망이나 문서위조로 위법행위가 야기된 경우에도 <u>무권대리인에게 책임이 부정되지 아니한다.</u> 제26회
② 무권대리인이 본인의 추인을 얻지 못할 때에는 무권대리인이 아니라 상대방의 선택에 좇아 이행책임 또는 손해배상책임을 진다.
③ 빈출 **무권대리인의 책임제한**: 무권대리인이 제한능력자인 때에는 이행책임이나 손해배상책임을 부담하지 않는다.

(2) 단독행위의 무권대리(제136조)

⚡**기출**

02 상대방 없는 단독행위의 무권대리는 본인이 추인하여 유효로 할 수 (있다/없다). 제29회

상대방 없는 단독행위의 무권대리	언제나 절대적·확정적 무효이다. 그러므로 추인해도 효력이 없다.
상대방 있는 단독행위(해제)의 무권대리	① **원칙**: 무효이다(본인에게 아무런 효력이 없다). ② **예외**: 무권대리행위에 상대방이 동의하거나 대리권을 다투지 아니한 때에 한하여 계약의 무권대리 규정을 준용한다. 상대방이 무권대리인의 동의를 얻어 단독행위를 한 경우, 본인은 이를 추인하여 유효로 할 수 있다. 제23회

제4절 표현대리(表見代理)

01 표현대리의 특징 〔빈출〕

실제는 무권대리이지만 대리권 있는 것처럼 보이도록 외관을 형성하는 데 본인이 원인을 제공하여 이를 신뢰한 상대방 보호를 위해서 본인에게 책임을 지우는 제도이다(외관이론).

기출정답

01 부정되지 않는다
02 없다

(1) 족보가 무권대리이다.	① 표현대리는 무권대리이지만 상대방의 보호를 위하여 본인이 책임을 진다. ② [빈출] 표현대리가 성립한다(본인이 책임을 진다)고 하여 무권대리인 표현대리가 유권대리로 전환되는 것이 아니다. 유권대리에 관한 주장 속에 무권대리에 속하는 표현대리의 주장이 포함되어 있다고 볼 수 없다(판례).
(2) 표현대리는 상대방이 주장할 때 인정된다.	① [빈출] 상대방이 표현대리를 주장하지 않는 경우 법원이 이를 직권으로 판단할 수 없고 본인은 상대방에게 책임이 없다. ② 상대방이 표현대리를 주장한 때만 법원이 표현대리 여부를 심사하며 본인이 이행책임을 부담한다.
(3) 표현대리에도 현명주의는 적용된다.	① 표현대리에도 현명주의가 적용되므로 대리행위시에는 본인을 위한 것임을 표시하여야 표현대리가 성립한다. ② [빈출] 근저당설정의 대리권을 위임받은 대리인이 자기 이름으로 법률행위를 한 경우에는 제126조의 표현대리는 성립될 수 없다.
(4) 과실상계가 허용되지 않는다 (본인이 독박 책임).	[빈출] 표현대리가 성립하면 본인은 전적인 책임을 져야 하고 상대방에게 과실이 있다 해도 과실상계를 주장하여 본인의 책임을 경감할 수 없다.
(5) 강행법규를 위반한 경우	① 표현대리는 대리행위가 유효하여야 성립한다. ② [빈출] 대리인이 강행법규에 위반하는 대리행위를 하여 무효인 경우에는 표현대리가 성립하지 않는다. 종중재산을 대표자가 총회결의 없이 처분한 경우에는 상대방이 선의, 무과실인 경우에도 표현대리를 적용할 수 없다(판례).

⚡ **기출**

01 유권대리에 관한 주장 속에 표현대리의 주장이 포함된다고 할 수 (있다/없다). 제33회

⚡ **기출**

02 표현대리가 성립하는 경우, 과실상계의 법리를 유추적용하여 본인의 책임을 경감할 수 (있다/없다). 제32회

02 표현대리의 종류

(1) 대리권 수여 표시에 의한 표현대리(제125조)

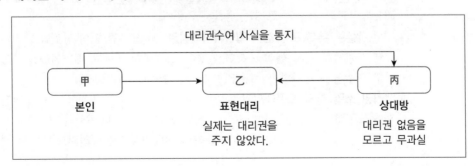

기출정답

01 없다   02 없다

본인이 타인에게 대리권을 수여하지 않았지만 수여하겠다고 상대방에게 통보한 경우, 그 타인이 통보받은 상대방과 본인을 대리하여 행위를 한 때는 제125조의 표현대리가 적용된다. 제32회
① 대리권 수여 표시의 성질은 준법률행위이다(관념의 통지).
② 대리권 수여 표시는 반드시 대리권이나 대리인이라는 말을 사용해야 하는 것이 아니라 묵시적으로도 가능하다. 따라서 사회통념상 대리권을 추단할 수 있는 직함, 명칭, 명함의 사용을 본인이 묵인하는 행위도 묵시적인 대리권 수여의 표시에 해당하는 것으로 본다.
③ 대리권 수여의 통지를 받은 상대방과 대리행위를 하여야 성립한다.
④ 대리행위의 상대방이 대리인으로 행위를 한 사람에게 실제로는 대리권이 없다는 점에 관하여 선의이며 무과실이어야 한다(대판 2008다56392).

⚡기출

01 복임권이 없는 대리인이 선임한 복대리인의 권한은 제126조의 기본대리권이 될 수 (있다/없다).
제33회

02 대리인의 대리권이 소멸된 후 그 권한을 넘어서 대리행위를 한 경우 제(　　)조의 표현대리가 성립할 수 있다. 제31회

(2) 권한을 넘은 표현대리(제126조)

대리인(임의대리, 법정대리, 복대리, 표현대리인 불문)이 그 권한 외의 법률행위를 한 경우에 제3자가 그 권한이 있다고 믿을 만한 정당한 이유가 있는 때에는 본인은 그 행위에 대하여 책임이 있다.

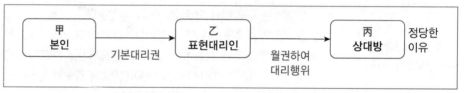

① 빈출 기본대리권이 존재할 것

주의 처음부터 아무런 대리권한이 없는 경우, 표현대리가 아닌 무권대리다.
㉠ 임의대리권, 법정대리권: 불문하고 대리권만 존재하면 된다.
㉡ 복대리인 선임권이 없는 대리인에 의해 선임된 복대리인: 대리인이 임의로 선임한 사자 또는 복대리인을 통하여 권한 외의 법률행위를 한 경우, 제126조의 기본대리권의 흠결의 문제는 생기지 않는다.
㉢ 부부(사실혼 부부 포함)간의 일상가사대리권: 처가 수권 없이 남편을 대리하여 일상가사를 넘는 행위를 하였을 경우, 상대방이 처에게 대리권한을 주었다고 믿었음을 정당화할 객관적인 사정이 있어야 한다(판례).
㉣ 대리권 소멸 후의 표현대리권: 과거에 존재하던 대리인의 대리권이 소멸된 후(제129조) 그 권한을 넘어서 대리행위를 한 경우 제126조의 표현대리가 성립할 수 있다. 즉, 제129조의 소멸 후 표현대리를 기본대리권으로 하는 제126조의 표현대리가 성립할 수 있다. 제32회

기출정답

01 없다　**02** 126

② 빈출 **권한을 초과하여 대리행위를 할 것**

> ⊙ 근저당권설정 권한을 위임받은 대리인이 부동산을 매매한 경우
> ⓒ 기본대리권과 권한을 넘은 대리행위는 동종일 필요가 없고 이종이어도 무방하다.
> ⓒ 기출 **자기명의로 매도한 사건**: 본인으로부터 대출권한을 위임받은 대리인이 자기명의로 소유권이전등기한 후 자신을 매도인으로 하여 매매한 경우 제 126조의 표현대리는 성립할 수 없다(판례).

③ 대리행위가 유효하여야 하므로 **강행법규에 위반하여 무효인 경우, 표현대리는 성립하지 않는다.**

> ⊙ 토지거래허가제를 위반하여 무효인 경우 표현대리가 성립할 수 없다.
> ⓒ 종중재산을 대표자가 총회결의 없이 임의로 처분한 경우에는 무효이고 상대 방이 선의, 무과실인 경우에도 표현대리를 준용할 수 없다(전합).

④ **상대방에게 정당한 이유 존재**

> ⊙ 정당한 이유의 존재 시기는 대리행위(매매계약)가 행하여질 때의 사정을 객 관적으로 관찰하여 판단하여야 하고, 법률행위가 이루어지고 난 뒤의 사정 을 고려하여 존부를 결정해야 하는 것은 아니다(판례).
> ⓒ 부부간에는 서류입수가 용이하므로 상대방은 본인의 의사를 확인조사할 의 무를 인정하여 이를 확인조사하지 않으면 정당한 이유를 부정하는 경향이다. 판례는 처가 임의로 남편의 인감도장을 소지하여 친정오빠의 자동차 할부대 금채무를 연대보증한 경우 표현대리의 성립을 부정한다.

(3) 대리권 소멸 후의 표현대리(제129조)

제129조 【대리권 소멸 후의 표현대리】
대리권의 소멸은 **선의의 제3자**에게 대항하지 못한다. 그러나 제3자가 과실로 인하 여 그 사실을 알지 못한 때에는 그러하지 아니하다.

> ① 과거에 가지고 있던 대리권이 현재에는 소멸하였을 것, 이 경우 과거의 대리권 은 임의대리, 법정대리, 복대리를 불문하고 적용된다.
> ② 상대방은 대리권 소멸 사실에 대하여 선의이고 무과실일 것
> ③ 빈출 대리권 소멸 후 대리인이 상대방과 체결한 계약은 본인이 책임지는가? 대리인이 대리권 소멸 후 직접 상대방과 사이에 대리행위를 하는 경우는 물론 대리인이 대리권 소멸 후 복대리인을 선임하여 복대리인으로 하여금 상대방과 사이 에 대리행위를 하도록 한 경우에도, 상대방이 대리권 소멸을 알지 못하여 복대리 인에게 적법한 대리권이 있는 것으로 믿었고 그와 같이 믿은 데 과실이 없다면 제129조에 의한 표현대리가 성립할 수 있다(판례).

제5장 법률행위의 무효와 취소

기본서 p.114~134

제1절 무효

01 무효의 의의

법률행위는 성립하였으나 효력요건을 갖추지 못하여 처음부터 효력이 없는 것을 말한다.

구분	무효	취소
1. 특징	처음부터 효력이 없다.	일단 유효하나 취소하면 처음부터 소급하여 무효이다.
2. 효과	시간이 경과하여도 흠이 치유되지 않는다.	10년이 경과하면 취소권이 소멸하여 법률행위는 확정적 유효로 된다.
3. 추인	무효행위를 추인하면 추인한 때로부터 **새로운 법률행위**를 한 것으로 본다.	취소할 수 있는 법률행위를 추인하면 취소권은 소멸하고 법률행위는 **확정적으로 유효**로 된다.

02 무효의 원인

무효사유	유효사유
① **원시적 불능**인 법률행위	① 후발적 불능인 경우(계약체결 후 건물 멸실)
② 강행법규 위반인 경우(지역권에 저당설정)	② 단속규정 위반인 경우(중간생략등기)
③ **의사결정의 자유가 완전히 박탈**된 경우	③ 의사결정의 자유가 제한 받는 정도
④ 제103조, 제104조, 통정허위표시	④ 타인이 소장하는 그림을 매매한 경우

03 무효의 종류

(1) 빈출 절대적 무효와 상대적 무효

절대적 무효	① 누구에게나(선의의 제3자에게도) 무효를 주장할 수 있다. 이해관계 있는 자는 누구든지 무효를 항변할 수 있다. 제30회 ② 빈출 절대적 무효는 추인하여도 유효로 되지 않는다. ③ 반사회적 행위, 불공정한 법률행위, 강행규정을 위반한 때
상대적 무효	① 당사자는 선의의 제3자에게 무효를 주장할 수 없다. ② 빈출 당사자가 추인하면 추인한 때부터 유효로 본다. 제23회 ③ 비진의표시 단서(제107조 단서), 허위표시(제108조)

(2) 일부무효와 전부무효

① **원칙**: 법률행위의 일부분이 무효인 때(일부불능)는 전부무효로 한다.
② **예외**: <u>분할가능성이 있고</u> 그 무효 부분이 없더라도 법률행위를 하였을 것이라는 <u>가정적 의사가 인정될</u> 때는 나머지 부분은 무효가 되지 아니한다(제137조).
③ 허가구역 내의 토지, 건물을 매각한 경우 토지매매가 무효인 경우
  ㉠ **원칙**: 특별한 사정이 없는 한 전부 무효이다.
  ㉡ **예외**: '특별한 사정'이 있는 때(<u>분할가능성을 전제</u> + 건물만이라도 매수하였으리라는 <u>가정적 의사가 인정될</u> 경우)는 건물소유권이전을 청구할 수 있다.

(3) 빈출 확정적 무효와 불확정적 무효(유동적 무효)

① 유동적 무효의 개념

㉠ 빈출 토지거래허가를 받기 전 매매계약은 미완성의 법률행위로서 물권적 효력은 물론 채권적 효력도 발생하지 아니하여 무효이다. 따라서 서로 어떠한 내용의 이행청구도 할 수 없다(토지명도나 매매대금을 이행청구할 수 없다).
㉡ 처음부터 허가를 배제하거나 잠탈하는 내용의 계약일 경우에는 강행법규 위반으로 확정적 무효이므로 추인이 허용되지 않는다.
㉢ 일단 허가를 받으면 그 계약은 소급해서 유효화되므로 허가 후에 새로이 거래계약을 체결할 필요는 없다(판례).

⚡기출

01 절대적 무효의 경우 선의의 제3자가 당사자에게 법률행위의 유효를 주장할 수 (있다/없다).
제33회

02 (무권대리인의 법률행위/불법조건이 붙은 법률행위/통정허위표시에 의한 임대차계약)은(는) 추인하여도 효력이 생기지 않는다.
제25회

⚡기출

03 법률행위의 일부분이 무효일 때, 나머지 부분의 유효성을 판단함에 있어 나머지 부분을 유효로 하려는 당사자의 가정적 의사는 고려(된다/되지 않는다).
제32회

기출정답

01 없다
02 불법조건이 붙은 법률행위
03 된다

② 확정적 무효사유와 확정적 유효사유

확정적 무효사유	확정적 유효사유
㉠ 불허가 처분시, 처음부터 허가를 배제하려는 때 ㉡ 쌍방이 협력의무 거절의사를 명백히 한 때[1] ㉢ 정지조건의 불성취[2] ㉣ 허가 전에 사기, 강박으로 취소한 때 ㉤ 중간생략등기의 경우	㉠ 토지거래허가를 얻은 경우 ㉡ 허가구역에서 지정 해제 ㉢ 재지정기간이 만료된 때(판례)

③ 유동적 무효상태에서 법률관계의 특징

현재 무효	㉠ 서로 이행청구를 못한다(채권적 효력이 없다).
	  ⓐ [빈출] 매도인은 매수인에게 잔금이행을 청구할 수 없다. 매수인은 매도인에게 토지인도를 청구할 수 없다.
	  ⓑ 계약금 몰수특약이 있어도 허가 전에는 매매대금지불의무가 없으므로 매매대금을 지불하지 않아도 계약금을 몰수당하지 않는다.
	  ⓒ [빈출] 허가 전에는 무효로서 매수인은 매도인에게 등기청구권을 가질 수 없다. 따라서 토지거래허가받을 것을 조건으로 소유권이전등기절차이행을 청구할 수 없다(판례).
	㉡ 채권, 채무가 존재하지 않으므로 일방의 채무불이행으로 계약 자체를 해제할 수 없고 손해배상책임을 물을 수 없다(판례).

협력의무 인정	㉠ 성질: 신의칙상 인정되는 부수적 의무이고 주된 의무가 아니다.
	㉡ 일방이 토지거래협력의무를 위반한 경우
	  ⓐ 협력의무의 <u>이행강제의 소제기</u>가 가능하다.
	  ⓑ [빈출] 매수인이 매도인에게 협력의무이행을 청구함에 있어서 매매대금의 이행을 제공하여야 하나?
	  매도인의 협력의무와 매수인의 대금의무는 동시이행관계가 아니므로 매매대금을 제공할 필요가 없다. 이때 매도인은 매수인의 대금제공이 없음을 이유로 협력의무이행을 <u>거절할 수 없다.</u>
	  ⓒ [빈출] 협력의무불이행을 이유로 계약을 일방적으로 해제할 수 있을까? 협력의무는 주된 의무가 아니라 부수적 의무이므로 협력의무불이행을 이유로 해제를 할 수 없으나 손해배상을 청구할 수 있다.

[1]
매도인의 채무가 이행불능임이 명백하고 매수인도 거래의 존속을 바라지 않는 경우, 매매계약은 확정적 무효로 된다.

[2]
농지전용을 조건으로 매매하였으나 절대농지로 되어 조건의 성취가 불가능으로 된 경우

해제 여부	㉠ 허가 전에는 일방의 채무불이행을 원인으로 계약자체를 해제할 수 없다(허가 전에는 무효라서 채권, 채무가 없으니까 채무불이행책임을 물을수 없다). ㉡ [빈출] 허가 전에도 일방의 협력의무위반을 이유로 계약을 해제할 수 없다(협력의무는 부수적 의무니까). ㉢ [빈출] **계약금 해제**: 계약금의 2배를 상환하고 계약을 해제할 수 있다(판례). 토지거래 허가를 받은 후에도 아직 이행착수 전이기 때문에 매도인은 계약금의 2배를 제공하고 계약을 해제할 수 있다(판례).
손해배상청구 여부	㉠ 허가 전에는 일방의 채무불이행을 원인으로 손해배상을 청구할 수 없다. ㉡ 허가 전에도 일방의 협력의무위반을 이유로 손해배상을 청구할 수 있다.
계약금 회수	허가 전 유동적 무효상태에서는 매수인은 부당이득을 이유로 계약금의 반환을 청구할 수 없고 확정적 무효로 되어야 비로소 반환을 청구할 수 있다(판례).
중간생략 등기	**허가구역 내에서 허가 전 중간생략등기합의 효력은?** ㉠ 허가 전 甲·乙·丙에게 중간생략등기합의 아래 전전매매한 경우 각 매매계약은 확정적 무효이고 각 매수인이 각 매도인에 대해 협력의무이행청구권을 갖지 않는다. ㉡ 丁이 협력의무 이행청구를 순차적으로 대위 행사할 수 없고 직접 할 수도 없다. ㉢ 甲에서 직접 丙으로 이전등기하고 토지거래허가를 얻어도 무효다.

⭐ 암기 PLUS I

1. [주의] 일정기간 내에 허가받기로 약정한 경우, 그 약정기간이 경과하였다는 사정만으로 매매계약이 확정적 무효로 되는 것은 아니다.
   단, 일정기간 내에 허가를 얻지 못하면 자동해제하기로 약정하는 경우 그 기간 내 허가를 얻지 못하면 해제된다.

2. [주의] 확정적 무효로 됨에 있어서 귀책사유 있는 자가 스스로 무효를 주장하는 것은 신의칙 위반이 아니므로 허용된다.

⚡ **기출**

01 매수인이 계약내용에 따른 채무를 이행하지 않더라도 매도인은 이를 이유로 계약자체를 해제할 수 (있다/없다). 제30회

02 매도인은 매수인의 매매대금 제공이 없음을 이유로 토지거래허가 신청에 대한 협력의무의 이행을 거절할 수 (있다/없다). 제30회

03 토지거래허가를 받은 후 매도인은 계약금의 2배를 제공하고 계약을 해제할 수 (없다/있다). 제30회

⚡ **기출**

04 토지거래계약이 확정적으로 무효가 된 경우, 무효로 되는 데 책임 있는 사유가 있는 자도 무효를 주장할 수 (있다/없다). 제29회

기출정답

01 없다 **02** 없다 **03** 있다
04 있다

04 무효의 효과

원칙 (부당이득 반환청구)	① 이행하기 전이면 이행책임이 없고 처음부터 법률행위의 효력이 발생하지 않는다. ② [빈출] 일방이 채무를 불이행하여도 **채무불이행으로 인한 손해배상책임**이 발생하지 않는다. ③ 이행한 후에는 부당이득반환청구권이 있다.
예외	반사회적 행위로 급여를 제공한 자는 스스로 무효를 주장하여도 상대방에게 급여물의 부당이득반환을 청구할 수 없다(제103조 위반인 때).

05 무효행위의 재생

(1) 무효행위의 추인(追認)

① 조문: 무효인 법률행위는 원칙적으로 추인하여도 효력이 생기지 아니한다. 그러나 당사자가 무효임을 알고 추인한 때에는 <u>추인한 때부터</u> 새로운 법률행위를 한 것으로 본다.

② 추인의 요건

> ⊙ 무효임을 <u>알고</u> 그 무효의 <u>원인이 소멸한 후에</u> 추인의 의사표시를 하여야 그 효력이 인정된다.
>
> ⓛ **법률행위가 <u>성립요건을 갖추었으나 절대적 무효가 아니어야 한다.</u>**
>
>   ⓐ 법률행위가 불성립하는 경우 무효행위의 추인이나 전환 문제는 인정될 여지가 없다.
>
>   ⓑ **절대적 무효가 아닐 것**: 반사회적 법률행위, 불공정한 법률행위, 강행법규에 위반된 경우 추인에 의하여 유효로 될 수 없다. _{제33회}
>
> ⓒ 추인의 기간제한이 없다. 무효인 법률행위는 <u>무효임을 안 날로부터 3년이</u> 지나도 추인할 수 있다.

③ 추인의 방법

　기출 무권대리행위의 추인이나 무효행위의 추인은 일정한 방식이 요구되는 것이 아니므로, **명시적이든 묵시적이든** 묻지 않는다.

④ **무효행위 추인의 효과**

> ㉠ **빈출** 무효행위를 추인하면 처음부터가 아니라 추인한 때부터 새로운 법률행위를 한 것으로 본다(비소급).
> ㉡ 무효인 가장매매(2010년에 가장매매)를 추인하기 위하여 2020년에 무효인 가장매매를 추인하면?: 무효행위의 추인은 새로운 법률행위가 있는 때로부터 유효로 되고 소급하여 유효로 되는 것은 아니다.
> ㉢ 무효인 가등기를 유효한 등기로 **전용하기로 한 약정**은 그때부터 유효하며 가등기시로 소급하여 유효로 되는 것은 아니다. 제19회
> ㉣ 채권양도금지 특약을 위반하여 채권자가 무효인 채권양도를 하고 채무자가 사후승낙을하여 추인한 경우 처음부터 소급하지 않고「승낙시부터」효과가 발생한다.

㉤ **빈출** 「민법」상 추인의 비교 정리

무권대리의 추인	처음부터 소급하여 유효하다.
무효행위의 추인	추인한 때부터 새로운 법률행위로 본다.
처분권한이 없는 자의 처분행위를 권한자가 추인	무권대리의 추인을 준용(소급효를 인정하여 처음부터 유효)

(2) 무효행위의 전환(제138조)

> ① **법조문**: 무효인 법률행위(A 법률행위)가 다른 법률행위의 요건을 구비하고 당사자가 그 무효를 알았더라면 다른 법률행위를 하였을 것을 의욕하였으리라는 가정적 의사가 인정될 때는 다른 법률행위(B 법률행위)로서 효력을 가진다.
> ② **판례**: 매매대금의 과다로 불공정한 법률행위로서 무효인 경우에도 무효행위의 전환이 허용된다.

⚡기출

01 무효인 법률행위를 추인하면 (　　)부터 새로운 법률행위를 한 것으로 본다. 제27회

02 사회질서의 위반으로 무효인 법률행위, 강행법규 위반인 법률행위는 추인의 대상이 될 수 (있다/없다). 제32회

03 무효인 가등기를 유효한 등기로 전용하기로 한 약정은 (그때부터/처음부터 소급하여) 유효로 된다. 제26회

기출정답

01 추인한 때
02 없다　**03** 그때부터

01 취소의 개념

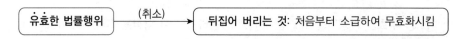

02 취소의 원인

(1) 제한능력자(절대적 취소)

선의의 제3자에게 취소를 대항할 수 있다(취소권자 甲 소유로 귀속함).

(2) 착오, 사기, 강박(상대적 취소)

선의의 제3자에게 취소를 주장할 수 없다(제3자 丙 소유로 귀속함).

⚡ 기출

01 제한능력자는 제한능력을 이유로 자신의 법률행위를 취소하기 위해서는 법정대리인의 동의(얻어야/없이) 취소할 수 있다.
제33회

03 취소권

(1) 빈출 취소권자는?

① 제한능력자, 사기, 착오로 인한 의사표시자, **법정대리인**, 포괄승계인(상속인)
   주의 임의대리인, 제3자를 위한 계약의 수익자는 취소권이 없다.
② 제한능력자는 법정대리인의 동의 없이 단독으로 취소할 수 있는 법률행위를 취소할 수 있다. 제29·33회
③ 취소권자가 사망하면 취소권자의 상속인에게 취소권이 승계된다.

(2) 취소의 상대방은?

① 주의 계약의 상대방이지, 전득자(토지를 양수한 제3자)가 아니다.
② 甲이 乙에게 기망을 당하여 매도한 토지를 乙이 선의인 丙에게 매각한 경우 甲의 취소상대방은 '계약 맺은 상대방 = 양도인 乙'이다.

기출정답

01 없이

(3) 빈출 취소기간은?

> ① '추인할 수 있는 때'로부터 3년, 법률행위시로부터 10년의 소멸시효가 아니라 제척기간에 걸린다.
> ② '추인할 수 있는 때'로부터 3년이란?
> 취소원인이 소멸된 날을 말하므로 미성년자는 성년으로 된 날로부터 3년, 강박을 당한 자는 강박상태에서 벗어난 상태, 사기를 당한 자는 사기 사실을 안 때(속은 것을 안 때)를 말한다(판례).
> ③ 법률행위를 한 때로부터 10년이 경과하면 취소권이 소멸하므로 취소할 수 있는 법률행위는 확정적 유효로 바뀐다.

(4) 취소의 방법은?

> ① 형성권: 취소권자의 일방적인 의사표시 ⇨ 방식을 요하지 않는다.
> ② 소송(訴)으로써 청구해야 하거나 서면으로 해야 하는 것이 아니다.
> ③ 묵시적 취소: 주의 사기당한 자의 상대방 측에서 계약상 채무이행을 요구하였으나 사기당한 취소권자가 이를 '이행거절'하였다면 그 거절 속에는 취소의사가 묵시적으로 포함된 것이다(판례).
> ④ 빈출 일부취소의 문제: 법률행위가 가분적이거나 특정될 수 있는 경우에는 그 나머지 부분만이라도 유지하려는 당사자의 가상적 의사가 인정되는 경우 일부만의 취소도 가능하며 그 효력은 일부에만 생긴다.

04 취소의 효과

> (1) 취소하면 법률행위는 취소한 때부터가 아니라 **처음부터 소급하여 무효**다.
> (2) 당사자의 부당이득반환의무
>   ① 각 당사자는 서로 반환하여야 하며 이것은 동시이행관계에 있다.
>   ② 빈출 반환범위(제748조)
>   ㉠ 선의이면 받은 이익이 '현존한도'에서 반환한다(제746조 제1항).
>   ㉡ 악의이면 받은 이익에 이자를 붙여 반환하여야 하며, 그로 인한 손해까지 배상해야 한다(제746조 제2항).
>   ㉢ 제한능력자의 특칙: 제한능력자는 선의·악의를 불문하고 이익이 현존하는 한도에서 반환한다.
>   주의 제한능력자가 받은 돈 중에서 낭비한 돈은 반환의무가 없으나 생활비로 지출한 돈, 현재 남아 있는 현금, 자신의 채무변제에 지출한 돈은 현존하는 이익으로서 반환의무가 있다.

⚡ **기출**

01 제한능력을 이유로 법률행위가 취소된 경우 악의의 제한능력자는 (　　) 에서 반환해야 한다.

제27회

기출정답

01 현존한도

(3) 쌍무계약이 취소된 경우 「선의 매수인」에게 제201조가 적용되어 과실취득권이 인정되는 이상 「선의 매도인」에게 대금의 운용이익 내지 법정이자의 반환을 부정한다 (판례). 제34회

05 취소할 수 있는 행위의 추인 ◀ 빈출

(1) 취소할 수 있는 '법률행위'의 추인(임의추인)

⚡ 기출

01 법정대리인은 취소원인 종료 전에 취소할 수 있는 법률행위를 추인할 수 (있다/없다). 제32회

제143조(추인의 방법, 효과)	제144조(추인의 요건)
빈출 취소할 수 있는 법률행위는 취소권자가 추인할 수 있고 추인 후에는 다시 취소하지 못한다. 추인의 상대방은 취소의 상대방과 같다.	중요 추인은 취소원인 종료 후에 하지 않으면 효력이 없다. 빈출 법정대리인은 취소원인 종료 전에도 취소할 수 있는 법률행위를 추인할 수 있다.

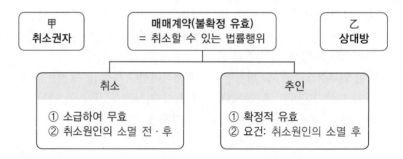

① 개념: 추인이란 취소하지 않겠다는 의사표시(취소권을 포기한 것)
② 요건은?
　㉠ 원칙: 취소원인이 소멸 후에 하여야 한다. 즉, 제한능력자는 능력자가 된 후, 사기를 당한 자는 사기를 안 후(속은 걸 안 후)에 추인할 수 있다.
　㉡ 빈출 예외: 법정대리인이나 후견인은 취소원인 소멸 전에도 취소할 수 있는 법률행위를 추인할 수 있다.
③ 효과
　㉠ 취소할 수 있는 법률행위는 취소권자가 추인할 수 있고 추인 후에는 다시 취소하지 못한다.
　㉡ 미성년자가 성년이 된 후 취소할 수 있는 법률행위를 추인하면 취소권이 소멸하므로 그의 법정대리인은 더 이상 취소할 수 없다.

기출정답

01 있다

(2) [빈출] 법정추인

> **제145조【법정추인】** 취소할 수 있는 법률행위에 관하여 **추인할 수 있는 후에** 다음 각 호의 사유가 있으면 추인한 것으로 본다. 그러나 **이의를 보류**한 때는 그러하지 아니하다.
> 1. **전부**나 일부의 이행
> 2. 취소권자가 **이행**을 청구하는 경우
> 3. **경개**
> 4. 강제**집행**
> 5. **담보**의 제공
> 6. 취소할 수 있는 행위로 취득한 권리의 전부나 일부의 **양도**

① **의의**: 취소권자에게 '취소원인이 소멸한 후' 일정한 '행동'이 있으면 그 행동 속에 추인 의사가 내포된 것으로 보아 법률이 추인으로 간주하는 것이다.

② **법정추인의 요건**

> ㉠ 취소의 **'원인이 종료한 후'**에 법정추인 사유가 행하여져야 한다.
>   ⓐ 미성년자는 원인의 소멸 전에 상대방에게 이행을 청구하였어도 법정추인이 되지 못한다.
>   ⓑ 반면에 **법정대리인**은 **취소원인 소멸 전**에도 추인할 수 있으므로 법정대리인이 상대방에게 이행을 청구하면 법정추인으로 간주한다.
>   ⓒ 임의추인과는 달리 법정추인이 되기 위하여는 **취소권의 존재나 취소원인을** 알고 있을 필요가 없고 일정한 사유가 있으면 법정추인으로 간주한다. 제33회
> ㉡ **6가지 사유 중 어느 하나가 존재해야 할 것**
>   ⓐ 전부나 일부의 이행/이행청구/경개/강제집행/담보제공/권리의 양도
>   ⓑ **취소권자가 한 경우에만** 법정추인이 되는 것은?
>   • 취소권자가 상대방에게 **이행의 청구**를 한 때 – 법정추인이다.
>   • 취소권자가 취득한 **권리를 양도**한 때 – 법정추인이다.
>   • 취소권자의 상대방이 이행을 청구한 때 – 법정추인이 아니다.
>   • 취소권자의 상대방이 취득한 권리를 양도한 때 – 법정추인이 아니다.
> ㉢ 이의의 보류 없이 하여야 법정추인이 성립한다.
>   만약 취소권자가 전부를 이행청구하면서 이의를 보류하였다면 법정추인이 될 수 없다.

③ **법정추인의 효과**: 취소할 수 있는 법률행위는 추인으로 간주되므로 확정적 유효로 된다. 취소권자는 더 이상 취소를 할 수 없다.

⚡ 기출

01 법정추인이 되기 위하여는 취소권자가 취소권의 존재를 알고 있을 필요가 (있다/없다). 제32회

02 제한능력자의 법률행위에 대한 법정대리인의 추인은 취소의 원인이 소멸된 후에 하여야 그 효력이 있다(○/×). 제33회

03 제한능력자가 취소의 원인이 소멸된 후에 이의를 보류하지 않고 채무 일부를 이행하면 법정추인으로 (본다/보지 않는다). 제29회

04 취소권자의 상대방이 취소권자에게 등기서류를 제공한 경우 법정추인으로 볼 수 (있다/없다). 제25회

기출정답

01 없다   **02** ×   **03** 본다
04 없다

사례 I 甲(취소권자)이 乙(상대방)로부터 사기를 당해 乙이 소유하는 빌라를 매매계약체결한 경우? (甲이 속은 것을 알고 난 이후를 전제로 함)

1. 전부나 일부의 이행의 경우?
   ① 취소권자 甲이 상대방乙에게 매매대금을 이행한 때(속은 것을 알고 돈을 송금했다구!!! 취소를 하지 않겠다는 거구만 = 법정추인에 해당함)
   ② 상대방 乙이 매매대금을 제공만 한 경우? 취소권자가 이를 수령을 하지 않는 한 법정추인이 될 수 없다.

2. 이행청구의 경우?
   ① 취소권자 甲이 상대방 乙에게 빌라를 넘겨달라고 이행청구한 때(속아서 빌라를 계약한 것을 알고 난 후에도 빌라를 넘겨달라고 했어 = 법정추인).
   ② 취소권자의 상대방이 매매대금을 송금해달라고 이행청구한 때? 취소권자는 아무 액션이 없으므로 법정추인이 아니다.
   ③ 상대방이 이행청구를 하여 취소권자가 '이행청구를 받은' 경우 취소권자는 아무 행동을 하지 않았으므로 법정추인이 아니다.

3. 권리양도의 경우?
   ① 취소권자가 매매로 매입한 빌라를 더 비싸게 친구에게 양도한 때(법정추인이다)
   ② 취소권자의 상대방이 매매대금채권을 양도한 경우: 취소권자가 아니라 상대방이 권리를 양도하였으므로 법정추인이 아니다.
   ③ 취소권자가 장차 취소함으로써 발생할 채권을 다른 사람에게 양도한 경우: 이는 계약의 취소를 전제로 한 것으로 법정추인이 아니다. 제24회

제6장 조건과 기한

제1절 조건

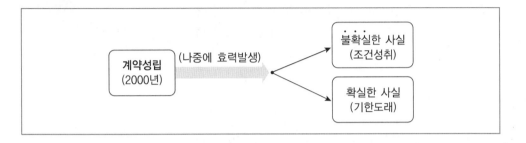

01 의의

(1) 조건은 법률행위의 효력의 발생(성립 여부가 아니다)을 **장래의 불확실한 사실**에 의존하게 하는 법률행위의 부관이다(여기서 조건의 성취는 법률행위의 <u>성립요건이 아니라 효력발생요건이다</u>).

(2) 조건이 외부에 표시되지 않으면 **법률행위의 동기에 불과할 뿐**이고, 그것만으로는 법률행위의 부관으로서의 조건이 될 수 없다(판례).

(3) 조건을 붙일 수 없는 법률행위
   ① **단독행위**(취소, 해제, 채무면제)는 '상대방의 동의 없이' 조건을 붙일 수 없다.
   ② 조건을 붙일 수 없는 법률행위에 조건을 붙이면 '조건 없는 법률행위'가 되는 것이 아니고 무효이다.
   ③ 저당권설정(물권행위)에는 조건을 붙일 수 있다.

(4) **법정조건**은 당사자의 의사에 의해서 붙인 것이 아니라 법률의 규정에 의해 부가된 것이므로 법률행위의 조건이 아니다.

⚡ 기출

01 조건부 법률행위는 조건이 성취되었을 때에 그 법률행위가 (성립한다/효력이 발생한다). 제32회

기출정답

01 효력이 발생한다

02 조건의 종류

(1) 정지조건(+)

① 조건이 '성취되면' 법률행위의 효력이 발생한다(유효). 제22회
② 조건이 '성취되기 전'에는 법률행위의 효력이 발생하지 않는다(효력이 정지됨).
  ㉠ 빈출 동산 소유권유보부 매매는 '매매대금이 모두 지급'되는 것을 정지조건으로 매매한 것이다.
  ㉡ 민사사건에서 변호사와 의뢰인간에 승소하면 성공보수로 5억원을 지급하겠다는 조건은 정지조건이다.

(2) 해제조건

① 조건이 성취되면 법률행위의 효력이 소멸한다(꽝!) = 무효
② 조건이 성취되기 전이면 법률행위가 '소멸하지 않는다' = 유효 제22회
  ㉠ 약혼 예물 수수는 혼인 불성립을 해제조건으로 하는 증여이다.
  ㉡ 토지매매계약시에 '건축허가신청이 불허되면 토지매매를 무효로 한다'는 약정은 해제조건부 계약이다(판례).

(3) 빈출 불능조건(−)과 기성조건(+)

① 조건이 법률행위의 당시에 이미 성취한 것인 경우(기성조건), 그 조건이 정지조건이면 **조건 없는 법률행위**로 하고, 해제조건이면 **무효**로 한다.
② 조건이 법률행위 당시 이미 성취할 수 없는 것인 경우(불능조건), 그 조건이 해제조건이면 **조건 없는 법률행위**로 하고, 정지조건이면 **무효**로 한다.

구분	기성조건(+)	불능조건(−)
정지조건[효력 발생(+)]	조건 없는 법률행위	무효
해제조건[효력 소멸(−)]	무효	조건 없는 법률행위

㉠ 기성조건(+)이 정지조건(+)이면 +이므로(유효) = 조건 없는 법률행위
㉡ 기성조건(+)이 해제조건(−)이면 −이므로(무효)
㉢ 불능조건(−)이 정지조건(+)이면 −이므로(무효)
㉣ 불능조건(−)이 해제조건(−)이면 +이므로(유효) = 조건 없는 법률행위

⚡기출

01 조건부 법률행위에서 기성조건이 해제조건이면 그 법률행위는 (   )이다. 제31회
02 불능조건(−)이 해제조건(−)이면 법률행위는 (   )이다. 제28회

기출정답

01 무효 02 유효

(4) [빈출] 불법조건

> ① 법률행위에 불법조건(사회질서에 위반 하는 조건)이 부가되면? 조건만 분리하여 무효로 할 수 없고 법률행위 전체가 무효이다.
> ② 부첩관계 종료를 해제조건으로 하는 부동산 증여는? 첩관계의 존속을 목적으로 하는 불법조건으로서 조건만 분리하여 무효로 할 수 없으며 조건뿐만 아니라 증여라는 법률행위도 무효이다(판례).

(5) 순수수의 조건

'내 마음이 내키면' 집을 주겠다는 경우처럼 순수수의 조건은 무효이다.

03 조건성취 전 효력

> **(1) 조건의 성취 전에 누리는 권리 '조건부 권리'의 보호**
> ① 기대권 보호(제148조): 조건부 법률행위의 당사자는 조건의 성부가 미정인 동안 조건의 성취로 인하여 생길 상대방의 이익(기대권)을 해하지 못한다.
> ② [빈출] 조건의 성취가 미정인 권리의무는 일반규정에 의하여 처분, 상속, 보존 또는 담보로 할 수 있다.
> ③ 정지조건부 권리는 조건이 성취되어야 비로소 효력이 발생하므로 조건이 성취될 때까지 소멸시효가 진행하지 않는다.
>
> **(2) 신의칙 위반**
> ① [빈출] 조건성취로 인하여 불이익을 받을 당사자가 신의칙에 반하여 조건성취를 '방해'한 때에는 상대방은 조건의 성취를 주장할 수 있다.
> [주의] 조건의 성취 시기는? 방행행위를 한 즉시가 아니라 방해행위가 없었더라면 조건이 성취되었으리라고 추산되는 시점이다.
> ② 조건성취로 인하여 이익을 받을 당사자가 신의칙에 반하여 조건을 '성취'시킨 때는 상대방은 이를 뒤집어서 '불성취'한 것으로 주장할 수 있다(제150조 제2항).

⚡기출

01 조건이 선량한 풍속 기타 사회질서에 위반한 것이면 그 법률행위는 (조건 없는 법률행위/무효)이다.
제33회

02 조건의 성취가 미정인 권리의무는 일반규정에 의하여 (   ), 상속, 보존 또는 (   )로 할 수 있다.
제28회

기출정답

01 무효   02 처분, 담보

제1편 민법총칙

04 조건성취 후의 효력

(1) 효력발생시기

> ① 빈출 **원칙**
>   ㉠ 정지조건은 특약이 없는 한 조건성취시부터 효력이 생긴다.
>   ㉡ 해제조건은 특약이 없는 한 조건성취시부터 효력을 잃는다.
> ② **예외**: 당사자간 소급효 특약이 있는 때? 그 의사에 의하므로 조건이 성취된때로부터가 아니라 법률행위가 성립한대로부터 소급하여 효력이 있다.

(2) 빈출 **입증책임**

> ① **정지조건의 성취에 대한 입증책임**: 법률행위의 효력발생을 주장하는 자(권리를 취득하는 자)에게 있다.
> ② **정지조건에 해당한다는 사실에 대한 입증**: 법률행위의 효력발생을 다투는 자에게 있다.
> ③ 법률행위에 어떤 조건이 존재하는지는 그 조건의 존재를 주장하는 자가 입증하여야 한다. 제26회

제2절 **기한**

01 기한의 개념

법률행위의 효력발생 여부가 **확실한 사실**에 의존하는 부관이다.

주의 甲이 **사망하면** 집을 증여하겠다. ⇦ 조건부가 아니라 **기한부** 증여이다.

⚡**기출**

05 종기(終期)있는 법률행위는 기한이 도래한 때로부터 그 효력이 (생긴다/없다).   제31회

기출정답

01 조건의 성취
02 생긴다
03 조건성취시부터
04 조건의 성취   05 없다

02 기한의 종류

> **(1) 시기부 기한**
>   기한이 도래한 때부터 효력이 생긴다.
> **(2) 종기부 기한**
>   기한이 도래한 때부터 효력을 잃는다.

(3) 확정기한과 불확정기한
  ① **甲이** 사망하면: 불확정기한부 계약이다.
  ② 임대인이 사망할 때까지 **토지를 사용하기로 한 때**: 조건이 아니라 기한부 계약이다.
  ③ 주의 토지 임대차 기간을 '임차인에게 매도할 때까지'로 정한 경우?
     이는 불확실한 것이므로 기한이 아니고 조건이다.
(4) 빈출 정지조건과 불확정기한의 구별(법률행위의 해석문제)
  ① 정지조건?
     ㉠ 특약사실이 발생하면 채무를 이행할 의무가 있다.
     ㉡ 특약사실이 발생하지 아니하면 채무를 이행하지 아니하여도 된다.
  ② 불확정기한?
     ㉠ 특약사실이 발생한 때에도 채무를 이행하여야 한다(이행기가 도래한 것).
     ㉡ 특약사실의 발생이 불가능으로 확정된 때에도 이행기가 도래한 것으로 채무를 이행하여야 한다.

⚡**기출**

01 (불확정기한/정지조건)은 그 사실의 발생이 불가능한 것으로 확정되었어도 이행기한이 도래한 것이다.   제30회

03 기한의 이익

(1) 개념

만기의 도래 전에 채무자가 누리는 이익을 말한다.

(2) 기한이익 포기

당사자는 기한의 이익을 포기할 수 있다.
주의 기한의 이익이 상대방에게도 있는 경우 상대방의 **손해를 배상하고** 기한의 이익을 포기할 수 있다.

(3) 빈출 기한의 이익

> ① 기한의 이익은 특약이 없으면 **채무자를 위한 것으로 추정**한다.
> ② **채무자와 채권자 모두 기한의 이익을 가지는 경우(이자부 소비대차)**: 채무자는 중도상환수수료를 물어주고 기한이익을 포기할 수 있다.

⚡**기출**

02 기한의 이익은 특약이 없으면 (   )를 위한 것으로 (간주/추정)한다.   제27회

기출정답

01 불확정기한
02 채무자, 추정

(4) 기한이익의 상실 약정

① 빈출 **기한이익상실 사유:** 담보 손상, 담보제공의 의무불이행

② 빈출 **기한이익상실 특약**

　㉠ 정지조건부 **기한이익상실 특약:** 당사자가 특약으로 정한 사유가 발생하면 채권자의 청구 없이 즉시 효력이 발생하는 것을 말한다.

　㉡ 형성권부 **기한이익상실 특약:** 당사자가 특약으로 정한 사유가 발생하여도 채권자의 청구가 있을 때 이행기가 도래하는 것을 말한다.

　㉢ **위 두 가지 중 어느 것인지 불분명하면:** 형성권적 기한이익 상실사유로 추정한다. 제22·25회

기출정답

01 형성권적

해커스 공인중개사
7일완성 핵심요약집
land.Hackers.com

제2편

물권법

제1장 　총설

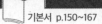
기본서 p.150~167

제1절　물권법 총설

01 물권의 의의

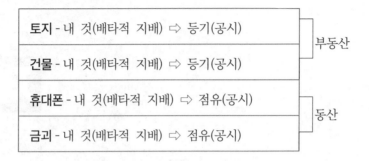

토지 - 내 것(배타적 지배) ⇨ 등기(공시)	부동산
건물 - 내 것(배타적 지배) ⇨ 등기(공시)	
휴대폰 - 내 것(배타적 지배) ⇨ 점유(공시)	동산
금괴 - 내 것(배타적 지배) ⇨ 점유(공시)	

(1) **물권**: 물건을 배타적으로 직접 지배하는 권리(절대권)[대세효]

(2) **채권**: 채권자가 채무자에게 급부를 청구하는 권리(상대권)

02 물권의 객체

1. 빈출 물건의 현존, 특정성

(1) 물권의 객체는 원칙적으로 특정되고 독립한 물건이다.

(2) **증감변동하는 뱀장어 사건**
　　집합물인 뱀장어도 특정되면 하나의 물건으로 거래될 수 있고, 양어장 안의 뱀장어를 특정하여 양도담보로 설정한 경우 양도담보 설정은 유효하며 양도담보권의 효력은 **구성물이 증감변동해도 특정성을 잃지 않으며** 항상 양어장 안의 뱀장어 전부에 미친다.

(3) 수목을 **특정하지 않고** 실시한 명인방법은 물권변동의 효력이 없다.

(4) 권리가 물권의 객체로 되는 특수한 예외-전세권이나 지상권을 저당권의 목적으로 할 수 있다.

2. 물건의 분류

(1) 부동산(토지와 토지의 정착물)과 동산

> ① 토지의 구성부분인 것(토지의 부합물)
> 　첫째, 타인토지에 권원 없이 심은 수목은 토지의 구성부분이다. 제18회
> 　둘째, 온천수는 토지의 구성부분으로 독립한 객체로 보지 않는다.

> ② 빈출 토지와 별개의 물건인 것

> 첫째, 타인소유의 토지 위에 무단 신축한 건물, **명인방법을 갖춘 수목**
> 둘째, 타인토지 위에 권원 없이 경작한 농작물은 **명인방법을 갖출 필요 없이** 토지
> 　와 별개로서 언제나 경작자의 소유이다.
> 셋째, **명인방법을 갖춘 수목**: 소유권의 객체 ○, 저당권의 객체 ✕
> 넷째, 「입목에 관한 법률」로 등기된 입목: 소유권의 객체 ○, 저당권의 객체 ○

⚡기출

01 농지소유자의 승낙 없이 농작물을 경작한 경우 명인방법을 (갖추어야/갖출 필요 없이) 토지와 별도로 독립된 소유권의 객체로 된다. 제27회

(2) 주물과 종물 – 종물(주물의 항시 사용에 이바지하는 것)은 주물의 처분에 따른다.

> ① **물건의 종물**: 횟집에 딸린 수족관, 주유소의 주유기, 배와 노
> ② 빈출 **권리의 종물**
> 　㉠ 아파트 **전유부분**에 설정한 저당권은 대지사용권에 효력이 미친다.
> 　㉡ 건물소유목적 토지 임차권자의 **건물에 대한 저당권의 효력은 임차권에도 효력이 미친다.** 따라서 건물이 경매되면 경락인은 건물과 함께 **토지임차권도 취득한다.** 제28회

3. 1물1권주의

> **(1) 원칙**
> 　① 하나의 물건에는 '양립할 수 없는 두 개의 물권'이 존재할 수 없다.
> 　② 부동산의 일부에는 저당권이 성립할 수 없다. 제33회
> **(2) 예외**
> 　① 부동산 일부에는 **용익물권, 점유권이 성립**할 수 있다.
> 　② 1동 건물에 구조상·이용상의 독립성을 갖추고 구분행위를 하면 구분소유권이 성립할 수 있다(「집합건물의 소유 및 관리에 관한 법률」 참조).

기출정답

01 갖출 필요 없이

03 물권의 종류(물권법정주의)

> **제185조【물권의 종류】** 물권은 **법률 또는 관습법에 의하는 외에는** 임의로 창설하지 못한다.

1. 종류강제 – 물권의 종류를 임의로 창설하지 못한다.

(1) 법률이나 관습법으로만 새로운 종류의 물권을 창설할 수 있다. 제185조에서의 '법률'은 국회가 제정한 형식적 의미의 법률을 의미하고 명령, 규칙으로 새로운 물권을 창설할 수 없다.

(2) 강행규정성

물권법에서는 계약법과 달리 사적자치가 허용되지 않는다.

(3) 물권의 종류

⚡**기출**

01 (   ), (   ), (   )
은 관습법상 물권에 해당하지 않는다.   제32회

02 사용 · 수익 권능을 대세적 · 영구적으로 포기한 소유권은 인정될 수 (있다/없다).   제32회

03 물권이 <u>아닌</u> 것은?
제19회

① 온천권
② 양도담보권
③ 근저당권
④ 유치권
⑤ 관습상 법정지상권

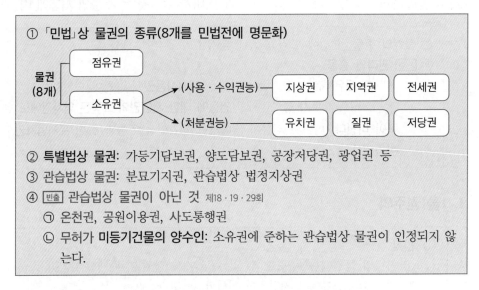

② **특별법상 물권:** 가등기담보권, 양도담보권, 공장저당권, 광업권 등
③ **관습법상 물권:** 분묘기지권, 관습법상 법정지상권
④ 빈출 **관습법상 물권이 아닌 것** 제18 · 19 · 29회
　㉠ 온천권, 공원이용권, 사도통행권
　㉡ 무허가 **미등기건물의 양수인:** 소유권에 준하는 관습법상 물권이 인정되지 않는다.

2. 내용강제

> **(1)** 물권의 내용을 임의로 창설하지 못한다(내용도 법대로!!).
> **(2)** 소유권자가 사용, 수익권을 영원히 포기하기로 하는 약정은 물권법정주의에 위반되어 허용될 수 없다(판례).
> 　① 사용 · 수익 권능을 대세적 · 영구적으로 포기한 소유권도 존재한다(틀림).
> 　② 처분권능이 없는 소유권은 인정되지 않는다. 제32회

기출정답

01 온천권, 공원이용권, 사도통행권
02 없다   03 ①

01 물권의 우선적 효력

(1) 물권과 채권의 충돌

> ① 원칙: 동일물 위에 물권과 채권이 성립한 경우 물권은 채권에 우선한다.
> ② 예외
>   ㉠ 주택, 상가건물의 최우선변제권: 소액임차인은 선순위 저당권보다 보증금 중 일정액을 우선변제받을 수 있다.
>   ㉡ 조세채권
>   ㉢ 3월분의 임금채권

(2) 제한물권 상호간 – 먼저 성립한 물권이 우선한다.

① 저당권이 성립한 후 전세권이 성립한 경우: 저당권 실행으로 저당권, 전세권 모두 소멸하며 순위대로 배당받는다.

② 전세권이 성립한 후 저당권이 성립한 경우: 저당권 실행이 되면 전세권자가 배당요구를 하지 않는 한 먼저 성립한 전세권은 소멸하지 않는다.

(3) 빈출 특수 문제

① 선순위 가압류 등기 후에 후순위 저당권이 성립한 경우: 저당권이 선순위 가압류에 우선하지 못하므로 서로 우열이 없어 안분배당한다.

② 빈출 중간에 낀 때: 1순위 저당권, 전세권, 2순위 저당권 존재시 부동산을 경매신청한 때 중간에 낀 전세권은 말소기준권리(1번 저당)보다 후순위로서 배당요구를 하든, 하지 않든 항상 소멸하며 순위에 따라 배당받는다(삭제 주의).

02 물권적 청구권

(1) 서론(의의)

물권자가 물권을 방해받거나 방해당할 염려가 있는 경우 그 방해자에게
반환, 방해배제, 예방을 청구하는 권리를 말한다.

현재 물권자		현재 방해자
1. 현재 소유자　(O) 2. 전 소유자　(X) 3. 미등기 매수인(X)	• 원인: 고의, 과실이 있든 없든 인정 • 기간: 소유권에 기한 물권적 청구권은 소멸시효에 걸리지 않는다. • 특성: 물권과 같이 이전한다.	1. 현재 점유자　(O) 2. 과거 점유자　(X) 3. 점유 보조자　(X)

(2) 「민법」 규정

① 소유권에 명문규정이 있다.

> 제213조 【소유물반환청구권】 소유자는 그 소유에 속한 물건을 점유한 자에 대
> 하여 반환을 청구할 수 있다. 그러나 점유자가 그 물건을 점유할 권리가 있는
> 때에는 반환을 거부할 수 있다.

⚡기출

01 유치권을 침해당한 유
치권자는 (　)에 기한
물권적 청구권을 행사할
수 없고, (　)에 기한
물권적 청구권을 행사할
수 있다.　　제30회

② 제한물권에 준용한다.

구분	준용 규정 여부		
점유권	제204조 (점유물반환청구권)	제205조 (방해제거청구)	제206조 (방해예방청구)
소유권	제213조 (소유물반환청구)	제214조 (방해제거청구)	제214조 (방해예방청구)
지상권	제213조 준용	제214조 준용	제214조 준용
전세권	제213조 준용	제214조 준용	제214조 준용
지역권	제213조 준용 규정 없다.	제214조 준용	제214조 준용
저당권	제213조 준용 규정 없다.	제214조 준용	제214조 준용
유치권	㉠ 유치권에 기한 물권적 청구권 준용규정이 없다. ㉡ 점유권에 기한 반환청구로 해결가능하다.		

기출정답

01 유치권, 점유권

③ 전세권자와 지상권자는 반환청구, 제거청구, 예방청구를 할 수 있다.
④ 빈출 저당권자와 지역권자는 제213조의 반환청구규정을 준용하지 않는다.
　　㉠ 지역권을 침해당한 경우 지역권에 기한 반환청구를 할 수 없다.
　　㉡ 저당물을 침해한 자에게 저당권에 기한 반환청구는 할 수 없으나 방해제거,
　　　 예방청구는 할 수 있다.
⑤ **준용규정이 없는 물권**: 유치권을 침해당한 자는 유치권에 기한 반환청구권의 준용
　　규정이 없으므로 인정되지 않으나 점유권에 기하여 반환청구할 수 있다. 제19·22회

(3) 반환청구/방해배제/예방청구 - 3종 세트!!

① 반환청구(토지인도, 건물의 퇴거)
② 방해제거: '방해'라 함은 현재에도 지속되고 있는 침해를 의미하고, 법익 침해가
　　과거에 일어나서 이미 종결된 경우에 해당하는 '손해'의 개념과는 다르다(불법
　　쓰레기 매립사건의 경우).

✿판례 I

기출 방해배제청구권은 '방해결과의 제거를 내용'으로 하는 것이 되어서는 안 되며(이
는 손해배상의 영역에 해당한다), 현재 계속되고 있는 '방해의 원인을 제거'하는 것을
내용으로 한다.

주의 소유권에 기한 방해배제청구권에 있어서 방해에는 과거에 이미 종결된 손
　　해가 포함된다(틀림).

주의 진정명의회복을 원인으로 하는 이전등기청구권은 소유권에 기한 방해배제
　　청구권에 해당한다. 제34회

③ **예방청구**: 방해당할 염려가 있는 경우 예방조치 또는 손해배상의 담보
　ⓐ **방해의 염려는?**: 객관적으로 상당한 개연성을 요하며, 막연한 개연성으로는
　　　부족하다.
　ⓑ 인접토지의 절토로 붕괴될 염려가 있는 경우 인접토지소유자는 인접한 상대
　　　방에게 방해제거비용이나 방해예방비용의 청구를 할 수 없다. 제29회

⚡ **기출**

01 소유권에 기한 방해배제청구권에 있어서 방해에는 과거에 이미 종결된 손해가 포함(된다/되지 않는다). 제29회

기출정답

01 되지 않는다

(4) 특성

① 물권에서 파생된 권리로서 물권과 물권적 청구권은 같이 이전하므로 물권과 분리하여 양도할 수 없다.

> **🏛 판례 l**
>
> [기출] 매매로 소유권이전등기를 경료하여 일단 소유권을 양도하면 물권적 청구권도 같이 이전하므로 **소유권을 상실한 전소유자**에게 물권적 청구권만을 유보할 수 없으므로 소유권을 양도한 전소유자는 제3자에 대하여 **물권적 청구권을 행사할 수는 없다**(전합).

② **방해원인**: 방해자에게 고의나 과실(귀책사유)가 없어도 인정된다.

[주의] 물권적 청구권을 행사하기 위해서는 그 상대방에게 귀책사유가 있어야 한다(틀림). 제32회

(5) 물권적 청구권의 행사

① **주체는?**: 현재 물권자
  ㉠ **소유권이 없는 자**: [빈출] 미등기 건물의 매수인은 등기를 경료하기 전에는 소유권이 없으므로 불법침해자에게 소유권에 기한 물권적 청구권을 행사할 수 없다.
  ㉡ **소유권을 상실한 전소유자는 방해배제청구권을 행사할 수 없다.**
    매매로 일단 소유권을 상실한 전 소유자는 물권적 청구권과 소유권을 분리시켜서 자신에게 유보할 수 없고 자신이 불법점유자에 대하여 직접 방해제거청구권을 행사할 수 없다(대판 68다725 전원합의체).
    [기출] 소유권에 기한 물권적 청구권은 그 소유자가 소유권을 상실하면 더 이상 인정되지 않는다. 제32회
  ㉢ 미등기 무허가 건물의 양수인이라도 등기를 하지 않는 한 건물의 소유권을 취득할 수 없고, 소유권에 준하는 관습상 물권도 가질 수 없으므로 미등기무허가 건물의 양수인은 소유권에 기한 방해배제를 청구할 수 없다(대판 2016다214483).
② **물권적 청구권의 상대방은?**: 현실적인 방해자
  ㉠ 직접점유자와 간접점유자도 상대방이 된다.
    점유보조자는 점유권이 없으므로 상대방이 될 수 없다.
  ㉡ [빈출] 무단신축된 미등기 건물의 양수인이 건물의 점유를 통하여 토지소유권을 방해하는 경우 건물철거청구의 상대방이 될 수 있다.
    [사례] 甲 소유의 토지 위에 무단으로 건물을 신축한 乙이 건물을 양도하여 미등기양수인 丙에게 처분하였으나 양수인 丙이 등기 없이 점유하는 경우?
    건물의 양수인은 사실상 건물의 철거권한을 보유하므로 甲의 철거청구권의 상대방이 될 수 있다.

③ 행사기간은?

㉠ 소유권에 기한 물권적 청구권은 소멸시효에 걸리지 않는다.

주의 소유권에 기한 물권적 청구권은 그 소유권과 분리하여 별도의 소멸시효의 대상이 된다(틀림). 제32회

㉡ 점유물반환청구권은 침탈당한 날로부터 1년 내에 행사하여야 한다.

④ 대위행사

㉠ **명의신탁자가 수탁자의 권리를 대위행사할 수 있다:** 신탁자는 대외적인 소유권을 주장할 수 없으므로 명의신탁된 토지를 침해한 제3자에 대하여 '**명의신탁자**'가 직접 물권적 청구권을 행사할 수 없고, 수탁자의 물권적 청구권을 대위하여야 한다(대판 2000다36484).

㉡ **토지임차권자가 임대인을 대위행사:** 임차권자는 제3자에 의해 불법침해를 당한 경우 임대인이 가지는 소유권에 기한 물권적 청구권을 대위행사할 수 있다.

⚡**기출**

01 명의신탁된 토지를 침해한 제3자에 대하여 '명의신탁자'가 직접 물권적 청구권을 행사할 수 (있다/없다). 제28회

(6) 특수문제

① 퇴거청구 여부

㉠ 토지소유자가 <u>무단신축한 '건물소유자'</u>에게 <u>퇴거청구</u>할 수 없다.

> 🔵**판례 I**
>
> 기출 甲 소유의 토지를 乙이 무단신축한 건물의 소유를 통하여 무단으로 점유하고 있을 때, 甲은 건물소유자 乙에게 그 '건물의 철거와 대지의 인도'를 청구할 수 있을 뿐, 자기 소유의 건물에 거주하고 있는 乙에게 그 '건물에서 퇴거'청구는 할 수는 없다(대판 98다57457).

㉡ 토지의 소유자가 <u>무단신축된 건물의 점유자(임차인)</u>에게 퇴거청구할 수 있다.

> 타인 토지에 지상권자가 신축한 건물에 전세권을 얻은 자에게 2년간 지료연체를 이유로 토지소유자가 지상권의 소멸을 청구하는 경우, <u>토지소유자는 '건물세입자인 건물의 점유자에게 건물에서 퇴거를 청구할 수 있다.</u> 이 경우 **건물의 임차권자, 전세권자가 건물소유자로부터 대항력을 가진 경우에도 토지소유자의 퇴거청구에 대항할 수 없다.**

⚡**기출**

02 甲 소유의 토지를 乙이 무단신축한 건물의 소유를 통하여 무단으로 점유하고 있을 때, 甲은 乙에게 그 건물의 (   )는 할 수 있고 건물의 (   )는 할 수는 없다. 제27회

기출정답

01 없다
02 철거청구, 퇴거청구

② 소유권을 상실한 종전 소유자의 지위

　⊙ 甲 소유 토지를 乙에게 명의신탁한 부동산을 乙이 <u>제3자 丙에게 처분하</u>여 丙이 소유권을 취득하였다가 **수탁자 乙이 우연히 다시 경매로 신탁부**동산을 취득하였다면 이미 **소유권을 상실하였던 甲**은 乙에게 소유물반환청구를 할 수 없다(대판 2010다89814 전원합의체).

　ⓛ **종전소유자의 근저당말소청구여부**(대판 93다16338 전원합의체): 근저당권이 설정된 후에 그 부동산을 처분하여 소유권이 새 주인에게 이전된 경우, **현재의 소유자**는 자신의 **소유권에 기하여** 피담보채무의 소멸을 원인으로 근저당권설정 등기의 말소를 청구할 수 있고, **근저당권설정자인 종전의 소유자**도 근저당권설정**계약의 당사자로서** 근저당권설정등기의 말소를 구할 수 있는 계약상 권리가 있다. 제22·24회

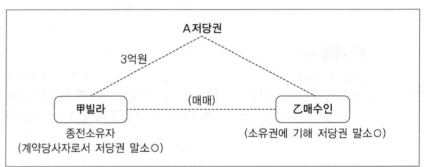

③ **물권적 청구권의 행사가 제한되는 경우**: 매매로 점유할 권리가 있는 자에게 행사할 수 없다.

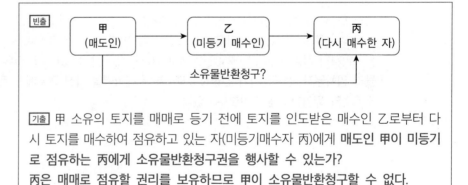

제2장 물권의 변동

01 부동산 물권변동의 대원칙

(1) 형식주의 원칙

매매합의와 등기, 인도, 명인방법 같은 형식을 갖춰야 물권이 변동한다.

> • 매매합의 + 소유권이전등기해야 ⇨ 물권이 변동
> • 저당권설정합의 + 저당권등기해야 ⇨ 물권이 변동

(2) 등기의 공신력 부인[믿는 도끼에 발등 찍힌다!]

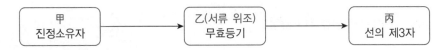

등기의 공신력을 부인하면	진정한 소유자가 보호 ⇨ 선의 제3자가 희생된다.
등기의 공신력을 인정하면	진정한 소유자가 희생 ⇨ 선의 제3자가 보호된다.

① 위 사례의 소유자는? [乙 소유 땅으로 등기부 믿고 丙이 땅을 매입하였는데 나중에 乙이 유언장을 조작이 밝혀져 甲이 진정한 소유자인 때]

　　㉠ 무효등기의 공신력이 없으므로 선의의 제3자인 丙은 X토지소유권을 취득할 수 없다.

　　㉡ 토지의 진정한 소유자는 甲이다.

② 빈출 甲의 구제수단?

　　㉠ 甲은 소유권에 기해 乙, 丙의 등기를 순차적으로 말소등기 가능하다.

　　㉡ 甲은 '진정명의회복을 원인'으로 丙에서 직접 甲 명의로 소유권 이전등기 청구권을 행사할 수 있다(甲의 진정명의회복은 말소등기에 갈음한 것으로 소유권에 기한 '방해제거청구'의 성질을 가진 것이다)(전합).

③ 「민법」의 구조

　　㉠ 원칙: 무효등기의 공신력을 부인한다. 따라서 부동산의 등기를 믿고 소유권을 이전받았어도 그 등기가 나중에 무효등기로 판명되면 진정한 소유자가 소유권을 회복하고 제3자는 말소당할 위험이 있다. 따라서 원인무효의 부실등기를 모르고 매수한 제3자는 원칙적으로 소유권을 취득할 수 없다.

　　　ⓐ 절대적 무효, 부실등기인 때: 선의 제3자가 소유권취득하지 못한다.

ⓛ 예외: 법률이 제3자를 보호하는 특별규정을 둔 경우ⓛ

☆ **암기 PLUS │ 제3자 보호 특별규정**

1. 허위표시의 무효는 '**선의의 제3자**'에게 대항하지 못한다(제108조 제2항).
   착오, 사기, 강박으로 인한 취소는 선의 제3자에게 대항하지 못한다.
2. 계약의 해제는 '**제3자**'의 **권리**를 해하지 못한다(제548조 단서).
3. 등기부 취득시효에서 제3자가 보호받기 위하여는 **선의**이고 **무과실**이어야 한다.
4. 명의신탁약정의 무효는 '**선의·악의 불문하고 제3자**'에게 대항하지 못한다(「부동산 실권리자명의 등기에 관한 법률」 제4조).

⚡**기출**

01 부동산에 관한 법률행위로 인한 물권의 득실변경은 ( ) 효력이 발생한다.

02 공유물의 현물분할에 관한 조정이 성립된 때 이행판결의 경우에는 물권의 변동에는 등기를 (요한다/요하지 아니한다).

ⓛ **암기**
형성판결
수용
상속
경매
기타 **법률규정**

⚡**기출**

03 형성판결에 의한 물권변동의 시기는 (판결확정시/등기한 때)이다.

04 제187조의 등기를 요하지 않는 물권 취득의 원인인 판결이란 ( )을 의미한다. 제30회

05 이행판결에 의한 물권변동의 시기는 (판결확정시/등기한 때)이다. 제31회

기출정답

01 등기하여야 02 요한다
03 판결확정시 04 형성판결
05 등기한 때

02 부동산의 물권변동에서 등기여부 〈빈출〉

> 제186조 【부동산물권변동의 효력】
>   부동산에 관한 **법률행위**로 인한 물권의 득실변경은 **등기하여야 그 효력이 생긴다.**
> 제187조 【등기를 요하지 아니하는 부동산물권취득】
>   상속, 공용징수, 판결, 경매 기타 <u>법률의 규정</u>에 의한 부동산에 관한 물권의 취득은 등기를 요하지 아니한다. 그러나 등기를 하지 아니하면 이를 **처분**하지 못한다.ⓛ

(1) 〈빈출〉 제186조 – 법률행위(등기 필요)

① 매매계약, 환매, 매매의 예약, 교환, 저당권설정,
② 공유지분의 포기, 소유권의 포기 ⇨ 등기하여야 효력이 생긴다.
③ 점유취득시효 완성 ⇨ 등기하여야 소유권을 취득한다.
④ 이행판결(소유권등기이행을 명하는 판결) ⇨ 확정판결과 별도로 등기하여야 한다.
⑤ 공유물의 **협의** 분할, 공유물의 현물분할에 관한 **조정**, 화해조서에 의한 부동산의 소유권취득

(2) 제187조 – 법률규정(등기 불요)

① 형성판결, 수용, 상속, 경매
② 신축, 혼동, 용익물권의 기간 만료(말소등기 없이 소멸),
   채무의 변제로 저당권의 소멸(말소등기 없이 소멸)
③ **법정갱신**, 법정지상권, 분묘기지권
④ 계약해제, 합의해제, 취소(등기 없이 당연히 복귀)
⑤ 집합건물에서 **공용부분의 취득**, 집합건물의 **구분소유권의 취득**(전합)

03 등기청구권

(1) 등기청구권이란?

등기권리자(매수인)가 등기의무자(매도인)에게 등기절차에 협력을 요구하는 사법상 권리이다. 제32회 반면에 등기신청권은 등기권리자와 등기의무자가 함께 국가에 등기를 신청하는 공법상의 권리라는 점에서 구별된다.

(2) 성질?

① 법률행위로 인한 경우(매수인의 등기청구권) ② 점유취득시효 완성의 경우	채권적 청구권: 10년의 소멸시효로 소멸한다.
① 빈출 실체와 등기가 불일치할 때(해제, 합의해제, 취소) ② 진정명의회복으로 인한 이전등기 청구	물권적 청구권: 소멸시효에 걸리지 않는다.

(3) 등기청구권이 소멸시효로 소멸하지 않는 경우?

매수인이 부동산을 점유하는 경우	매수인의 등기청구권의 소멸시효가 진행하지 않는다(전합).
빈출 매수인이 토지를 사용하다가 제3자에게 처분(매매)하여 점유를 승계해준 경우	매수인이 매매로 점유를 상실하여도 매수인의 등기청구권의 소멸시효는 진행되지 않는다(전합).

(4) 빈출 등기청구권의 양도 요건?

① 부동산매매계약에서 매수인의 등기청구권의 양도요건은?

> **📌 판례 ㅣ**
>
> 기출 매도인과 매수인은 서로 동시이행관계에 있는 일정한 의무를 부담하므로 이행과정에 신뢰관계가 따른다. 이러한 이유로 매매로 인한 소유권이전등기청구권의 양도는 특별한 사정이 없는 이상 **양도가 제한되고 양도에 채무자의 승낙이나 동의를 요한다**고 할 것이므로 통상의 채권양도와 달리 양도인의 채무자에 대한 통지만으로는 채무자에 대한 대항력이 생기지 않으며 <u>반드시 채무자의 동의나 승낙을 받아야 대항력이 생긴다.</u>
> 따라서 소유권이전등기청구권을 매수인으로부터 양도받은 양수인은 **매도인이 그 양도에 대하여 동의하지 않고 있다면** 매도인에 대하여 채권양도를 원인으로 하여 소유권이전등기절차의 이행을 청구할 수 없다(대판 2004다67653).

⚡기출

01 부동산 매수인이 매도인에 대해 갖는 소유권이전등기청구권은 (   ) 청구권이다. 제30회

기출정답

01 채권적

⚡**기출**

01 취득시효로 인한 등기
청구권을 점유자가 양도
하기 위해서는 소유자의
승낙을 (요한다/요하지 않
는다).   제30회

② 취득시효 완성으로 인한 소유권이전등기청구권의 양도요건은?

> 채권자와 채무자 사이에 아무런 계약관계나 신뢰관계가 없고, 그에 따라 채권자
> 가 채무자에게 반대급부로 부담하여야 하는 의무도 없다.
> 따라서 취득시효완성으로 인한 소유권이전등기청구권의 양도의 경우에는 매매
> 로 인한 소유권이전등기청구권에 관한 양도제한의 법리가 적용되지 않는다. 즉,
> **채무자의 승낙을 대항요건으로 하지 않고 통상의 채권양도 방법으로 양도할 수**
> **있다**(대판 2015다36167). 제30회

구분	성질	등기청구권의 양도요건
매매로 인한 등기청구권	채권적 청구권	매도인의 승낙을 요건으로 함
취득시효로 인한 등기청구권	채권적 청구권	소유자의 승낙을 요건 ×

(5) 미등기 매수인의 지위

> 📖 **사례 Ⅰ 미등기 매수인의 지위는? 甲 땅 – 매매 – 乙[미등기 점유]**
> ① 기출 **법률상 소유권이 없다** – 매수인은 매매합의만으로는 등기를 갖추지 못하여
>   아직 부동산의 소유권을 취득할 수 없다(형식주의 원리).
> ② **사실상 소유(실질적 소유)** – 매매 등 소유권취득의 원인이 되는 '실질적 요건'은
>   구비하였으나 '형식적 요건'인 자기명의의 등기를 갖추고 있지 않은 경우를 말한
>   다(대판 98다55659).
> ③ 토지를 제3자가 침범한 경우 乙은 **소유권에 기한 물권적 청구권을 행사할 수 없다.**
> ④ 토지에서 수취한 과실(임대료)은 잔금을 완납한 乙 소유이다.

04 등기제도

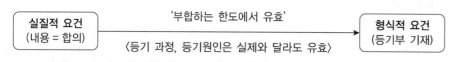

(1) 빈출 이중보존등기(중복보존등기)

> ① 실제 관계 부합여부와 관계없이 뒤에 경료된 등기(후등기)는 무효다.
> ② 먼저 이루어진 소유권보존등기가 원인무효가 되지 아니하는 한 뒤에 된 소유권 보존등기는 비록 실체에 부합하는 경우에도 무효이다.
> ③ 무효가 된 후 보존등기에 근거해서는 등기부 취득시효를 주장할 수 없다.

(2) 빈출 무효등기의 유용

등기가 무효로 된 후에 다시 그 등기에 부합하는 실체적 권리체계가 있게 된 때에 무효인 등기를 유효한 것으로 보는 것을 말한다.

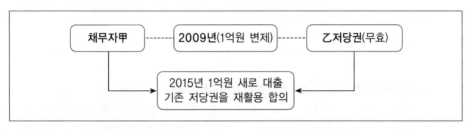

① **전제조건**: 이해관계가 있는 제3자가 생기지 않는 경우에 한하여 허용된다.
② 기존 건물이 멸실된 후 그곳에 새로이 신축한 건물의 물권변동에 관한 등기를 멸실된 건물의 등기부에 하여도 이는 진실에 부합하지 아니하는 것으로 그 등기는 무효이다(대판 80다441). 제16 · 23회
③ 기출 무효등기의 유용에는 소급효가 없다. 무효인 가등기를 유효한 가등기로 전용하기로 한 약정은 '그때부터 유효'하고 이로써 위 가등기가 소급하여 유효한 등기로 전환될 수 없다(대판 91다26546).

(3) 빈출 중간생략등기

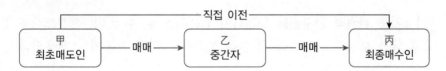

> **🔎판례 |**
> 「부동산등기 특별조치법」에서 금지하므로 중간생략등기합의는 불법이나, 이를 위반하여도 단속규정이므로 당사자간의 매매는 사법상 무효가 아니다.

⚡기출

01 종전 건물의 등기를 신축 건물의 등기로 유용할 수 (있다/없다). 제29회

기출정답

01 없다

⚡**기출**

01 甲 ⇨ 乙 ⇨ 丙으로 순차 매도되고, 3자간에 중간생략등기의 합의를 한 경우, 乙의 甲에 대한 소유권이전등기청구권은 (소멸한다/소멸하지 않는다).
제31회

① 전원합의 있으면	최초매도인에서 최종매수인으로 **직접 이전등기**할 수 있다.
② 3자 합의 없으면	중간자를 대위하여 중간자 앞으로, 최종양수인으로 **순차적으로 이전등기**를 해야 한다.
③ 중간자의 등기청구권의 양도 방법	**최초매도인이 동의하지 않는 경우** 중간자가 갖는 등기청구권을 채권 양도 통지만으로 양도할 수 없다. 반드시 최초매도인의 승낙을 얻어야 한다.
④ 3자간 합의 없이 이미 중간생략등기가 경료된 경우	당사자 사이에 적법한 원인관계가 있는 이상, 중간생략등기의 합의가 없었다는 사유로써 이를 **무효로 할 수 없다**(실체에 부합하는 등기이기 때문이다).
⑤ 토지거래허가구역 내에서 중간생략등기 효력	최종매수인이 최초매도인을 매매당사자로 하는 중간생략등기는 무효이다(판례).

⚡**기출**

02 중간생략등기를 합의한 최초매도인은 중간자의 대금미지급을 들어 최종매수인 명의로의 소유권이전등기의무의 이행을 거절할 수 (   ). 제29회

> 📓 **개념 PLUS** | 급소 **중간생략등기 합의의 의미**
>
> 1. 중간생략등기의 합의(중간자로의 등기를 하지 아니하고 직접 丙에게 등기이전해 주겠다는 합의)가 있었다고 하더라도 당사자 지위가 이전되지 않는다. 즉, **최초매도인 甲과 최종매수인 丙이 계약의 당사자로 되는 것은 아니다**(계약의 당사자는 甲, 乙이다).
> 2. 甲·乙간의 대금 1억원 인상 합의시 중간생략등기 합의가 있다고 하여 최초의 매도인이 자신이 당사자가 된 매매계약상의 매수인인 중간자에 대하여 갖고 있는 매매대금청구권의 행사가 제한되는 것도 아니므로, 최초의 매도인은 **인상된 매매대금이 지급되지 않았음을 이유로 최종매수인 명의로의 소유권이전등기의무의 이행을 거절할 수 있다.**

⚡**기출**

03 가등기는 (   ) 청구권을 보전하기 위해서는 할 수 없다. 제26회

(4) 빈출 **가등기**

가등기는 물권적 청구권을 보전하기 위해서는 할 수 없다. 정지조건부 청구권(예 나를 부양해주면 빌라 줄게)을 보전하기 위한 가등기도 허용된다.

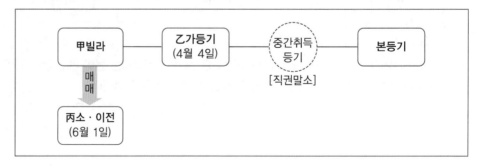

기출정답

01 소멸하지 않는다
02 있다 **03** 물권적

본등기 전 가등기 효력	① 가등기된 청구권의 기초인 **법률관계(매매)가 존재한다는 추정력**도 인정되지 않는다(대판 79다239). 제21·24회 ② 가등기로 보전하려는 등기청구권은 10년의 소멸시효에 걸린다. ③ 가등기상 권리의 이전등기도 가등기의 부기등기 형식으로 양도할 수 있다(대판 98다24105 전원합의체). 제20회 ④ 가등기만으로는 **아무런 실체법상의 효력이 없다**(가등기는 예비등기니까). 따라서 가등기 권리자는 부동산에 **중복된 무효인 소유권보존등기**가 있더라도 그 무효 등기의 말소를 청구할 수 없다(대판 2000다51285). 제17회
가등기에 기한 본등기 후	① **물권변동의 시기는?** 가등기를 한 후에 본등기를 하면 물권변동의 효력은 본등기를 한 때에 발생하고 가등기를 한 때로 소급하지 않는다. ② 가등기 후에 이루어진 중간취득등기(가등기 후 가압류, 소유권이전등기)는? 가등기에 기해 본등기를 하게 되면 본등기의 순위가 가등기한 때로 소급함으로써 **중간취득등기는 직권말소된다.** 제22회 ③ **본등기의 상대방은?:** 가등기 후 소유자가 변경되더라도 **가등기 당시의 등기명의인을 상대로 하여야 한다.** 제32회

(5) 등기의 추정력

① **추정력의 물적 범위**

 ㉠ **절차의 적법추정**: 등기가 있으면 적법한 절차에 의하여 경료된 등기인 것으로 추정된다(판례).

 ㉡ **등기원인의 적법추정**: 등기원인에도 추정력이 미치고 따라서 등기원인의 무효를 주장하는 자가 원인사실을 입증하여야 한다(판례).

 ㉢ 담보물권의 등기는 그 **담보물권의 존재** 자체뿐만 아니라 이에 상응하는 **피담보채권이 존재**하는 것으로 추정된다(판례). 다만, 근저당권의 등기가 있어도 피담보채권을 성립시키는 기본계약의 존재는 추정되지 않는다. 제31회

② **추정력의 인적범위**

 ㉠ 물권변동의 당사자 사이에도 추정력을 원용할 수 있다. 제28회

 ㉡ 빈출 **소유권이전등기의 명의인**은 제3자에 대하여 뿐만 아니라 전소유자에 대하여 적법한 등기원인으로 소유권을 취득한 것으로 추정

⚡기출

01 가등기 후 소유자가 변경되더라도 가등기 권리자는 (   )를 상대로 본등기를 하여야 한다. 제33회

02 등기부상 물권변동의 당사자 사이에는 등기의 추정력을 원용할 수 (없다/있다). 제23회

기출정답

01 가등기 당시의 소유자
02 있다

③ 빈출 **점유의 추정력과의 관계:** 점유자가 점유물에 대하여 행사하는 권리는 적법하게 보유한 것으로 추정한다. 등기된 부동산에 대하여는 점유의 추정력이 적용되지 않는다.

④ **추정력이 깨어지는 경우**

> ㉠ 사망자 명의의 신청으로 이루어진 이전등기는 원인무효의 등기로서 등기의 추정력을 인정할 여지가 없으므로 등기의 유효를 주장하는 자가 현재의 실체관계와 부합함을 증명할 책임이 있다. 다만, 등기의무자의 사망 전에 그 등기원인(매매)이 이미 존재하는 등의 사정이 있는 경우, 그 등기는 위와 같은 절차에 따라 적법하게 경료된 것으로 추정된다(대판 95다51991).
> ㉡ 건물의 소유권보존등기의 명의자가 건물의 신축자가 아닌 것임이 증명된 경우 그 보존등기의 추정력은 깨어진다(대판 2007다46138).
> ㉢ 보존등기 명의자가 보존등기하기 이전의 소유자로부터 부동산을 양수한 것이라고 주장하고 전 소유자는 양도사실을 부인하는 경우에는 그 보존등기의 추정력은 깨어진다(대판 82다카707).
> ㉣ 소유권이전등기의 원인으로 주장된 계약서가 진정하지 않은 것으로 증명된 이상 그 등기의 추정은 복멸되는 것이고 계속 다른 적법한 등기원인이 있을 것으로 추정할 수는 없다(대판 98다29568).
> ㉤ 공유지분에서 분자의 합과 분모의 합이 다른 경우

⑤ **대리권의 존재가 추정:** 매매를 원인으로 하는 소유권이전등기의 등기명의인은 대리인에 의해 적법하게 매수한 것으로 추정된다(판례).

(6) 빈출 실체에 부합하는 등기

> ① 실제는 증여이나 매매로 기재하여 소유권이전등기한 경우 실체에 부합하여 유효한 등기이다.
> ② 甲 – 乙 – 丙으로 각 매매계약한 후 甲에서 **미등기전매로 丙에게** 이전등기한 경우 이 등기는 실체에 부합하는 등기로서 유효하다.
> ③ 甲이 신축하여 원시취득한 건물을 미등기로 매수인 乙에게 매매하면서 매수인명의로 소유권보존등기를 한 경우 이 등기는 유효하다.
> ④ **존속기간 시작 전에 경료된 전세권등기의 효력:** 합의한 전세권의 존속기간이 시작되기 전에 전세권등기가 경료된 경우 그 등기는 특별한 사정이 없는 한 유효로 추정된다(판례). 제32회

⚡**기출**

01 건물 소유권보존등기의 명의자가 이를 신축한 것이 아니라면 그 보존등기의 권리추정력은 (인정된다/깨어진다).　제27회

⚡**기출**

02 전세권의 존속기간이 시작되기 전에 전세권등기가 경료된 경우 그 등기는 특별한 사정이 없는 한 (유효/무효)로 추정된다.　제32회

기출정답

01 깨어진다　**02** 유효

(7) [빈출] 등기는 물권의 효력발생요건이다.

> ① 소유권등기가 원인 없이 불법말소된 때 소유권은 사라지는가?: 등기는 물권의 효력발생요건이고 존속요건이 아니므로 등기부가 멸실하여 기간 내에 멸실회복등기를 하지 않거나, 소유권이나 저당권등기가 원인 없이 불법말소된 경우에도 물권의 효력에는 아무런 영향이 없다(등기는 사라져도 물권은 사라지지 않는다).
> ② 소유권이전등기가 불법말소된 경우, 말소된 등기의 최종명의인은 그 회복등기가 경료되기 전이라도 적법한 권리자로 추정된다. 제25회

(8) [빈출] 진정명의회복을 원인으로 하는 이전등기(전원합의체)

> 서류를 위조한 상태로 등기를 마친 경우이거나, 매매나 증여가 취소 및 해제가 되어 등기 원인이 되었던 사유가 사후적으로 소멸된 경우에 이미 소유권을 가졌던 진정한 소유자가 현재의 부실한 등기명의자를 상대로 말소등기에 갈음하여 소유권이전등기절차의 이행을 직접 청구하는 것을 말한다.

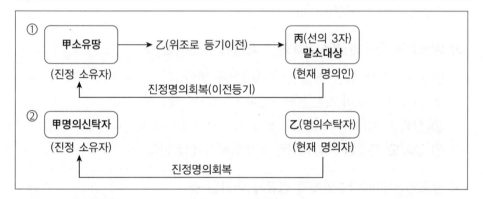

첫째, **전제조건은?** 이미 자기 앞으로 소유권등기가 되어 있었을 것
둘째, 부실등기명의자에서 진정한 소유자로 직접 이전등기절차를 취하고 이는 말소등기에 갈음하는 것으로 소유권에 기한 방해배제청구권의 일종이다.

01 부동산등기는 물권의 효력 (존속/발생)요건이다.

02 원인 없이 부적법말소된 등기에는 권리소멸의 추정력이 (인정된다/인정되지 않는다). 제23회

기출정답

01 발생
02 인정되지 않는다

제2장 물권의 변동 **93**

05 동산 물권의 변동(제249조) ⇨ 동산의 선의취득

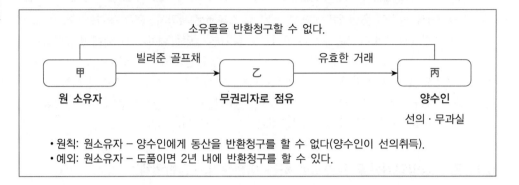

- 원칙: 원소유자 – 양수인에게 동산을 반환청구를 할 수 없다(양수인이 선의취득).
- 예외: 원소유자 – 도품이면 2년 내에 반환청구를 할 수 있다.

(1) 객체는?

동산만 가능하다. 그러므로 부동산, 분양권은 선의취득을 할 수 없다. 제19회

(2) 양도인이 무권리자로서 점유할 것

직접점유이든 간접점유이든 무방하다.

(3) 양도인과 양수인간에 유효한 거래행위가 존재할 것

① 매매, 경매 같은 유효한 거래이어야 한다.
② 거래가 무효이므로 선의취득이 인정되지 않는다. 제19회
③ 상속은 거래가 아니므로 상속인은 선의취득을 못한다.
④ 경매도 유효한 거래이므로 선의취득이 인정된다.

(4) 양도인에게서 양수인에게 점유가 이전될 것

① 현실인도, 간이인도, 반환청구권의 양도이든 무방하다.
② 점유개정으로는 양수인이 선의취득을 할 수 없다.

⚡기출

01 점유개정으로는 양수인이 선의취득을 할 수 (있다/없다).
02 양수인이 선의취득을 위하여는 선의이고 (   )이어야 한다.

(5) 양수인이 선의, 무과실일 것

① 양수인의 점유는 선의로 추정되지만 무과실은 추정되지 않는다.
② 양수인이 스스로 무과실을 입증하여야 한다.

(6) 선의취득의 효과

① 선의취득자는 원소유자에게 부당이득반환의무가 없다.
② **도품, 유실물의 특칙(제251조)** – 2년 내 반환청구: 도품이나 유실물인 경우 피해자는 2년 내에 물건의 반환을 청구할 수 있다. 그러나 도품이나 유실물이 금전인 때는 반환청구하지 못 한다.

06 물권의 소멸

(1) 목적물 멸실

① 건물이 멸실하면 물권은 말소등기 없이 소멸한다.
② **토지의 포락**: 포락되어 해면 아래에 잠김으로써 복구가 심히 곤란하여 토지로서의 효용을 상실하면 종전의 소유권이 영구히 소멸되고, 그 후 포락된 토지가 다시 성토되어도 종전의 소유자가 다시 소유권을 취득할 수는 없다 (대판 92다24677). 제18회

(2) 물권의 포기 – 의사표시를 요하는 법률행위이므로 등기를 하여야 한다.

① 빈출 **소유권의 포기**: 상대방 없는 단독행위이다. 제24회
② **전세권의 포기**: 상대방 있는 단독행위이다.
③ 빈출 **지상권(전세권)이 저당권의 목적인 경우**: 지상권자가 지상권을 포기하려면 저당권자의 동의 없이 할 수 없다. 제18 · 24회
④ 공유자의 공유지분의 포기는 의사표시를 요하는 법률행위이므로 **등기를 하여야 효력이 발생한다.** 제29회; 31회

(3) 소멸시효(일정기간 권리를 불행사할 것)

① **점유권과 소유권, 유치권**: 소멸시효에 안 걸린다.
② **지역권, 지상권**: 20년을 방치하면 소멸시효에 걸린다.
③ 저당권은 채권이 시효로 소멸하지 않는 한 담보물권만 소멸시효에 걸리지 않는다. 제24회

(4) 혼동(제191조)

① **의의**: 동일인에게 서로 양립할 수 없는 두 개의 권리가 생기는 것. 이때 혼동으로 인한 물권의 소멸은 등기를 요하지 아니한다.
[제191조] 동일한 물건에 대한 소유권과 다른 물권이 동일인에게 귀속한 때는 다른 물권은 소멸한다(원칙). 그러나 다른 물권이 제3자의 권리의 목적이 된 때에는 소멸하지 아니한다.

⚡기출

01 소유권과 저당권은 소멸시효에 (걸린다/걸리지 않는다). 제24회

⚡기출

02 빌라의 임차권자가 대항요건을 갖춘 후 매매로 빌라의 소유권을 취득하면 임차인의 보증금반환청구권은 혼동으로 (소멸한다/소멸하지 않는다).

기출정답

01 걸리지 않는다
02 소멸한다

② 혼동의 유형

　㉠ <제1유형> - 소유권과 제한물권의 혼동

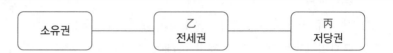

甲 소유의 X토지에 제한물권자 乙(예 전세권자, 저당권자 등)이 매매로 X토지의 소유권을 취득하면? 동일인 乙에게 병존시킬 가치가 없는 소유권과 전세권 두 개의 지위가 발생하는데 이를 혼동이라 한다.

원칙 제한물권(전세권, 저당권)은 말소등기 없이 혼동으로 소멸한다.

[기출1] 지상권자가 토지소유권을 상속으로 취득한 경우 지상권은 혼동으로 소멸한다.

[기출2] 빌라의 임차권자가 대항요건을 갖춘 후 매매로 소유권을 취득하면 임차인의 보증금반환청구권은 혼동으로 소멸한다.

[기출3] 근저당권자가 소유권을 취득하면 그 근저당권은 혼동에 의하여 소멸하지만 그 뒤 소유권취득원인이 무효인 것이 밝혀지면 소멸하였던 근저당권은 당연히 부활하므로 근저당권은 소멸하지 않는다.

예외 소멸하는 권리가 제3자의 권리의 목적이 된(후순위자가 존재할) 때 그 권리는 소멸하지 않는다.

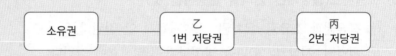

甲 소유 토지에 乙이 1번 저당권, 丙이 2번 저당권을 가진 경우?

[기출1] 2번 저당권자 丙이 토지소유권을 매매로 취득하면?
　　　　2번 저당권은 혼동으로 소멸한다.

[기출2] 1번 저당권자 乙이 토지소유권을 '매매'로 취득하면?
　　　　소유권과 저당권이 동일인에게 귀속하나 1번 저당권을 소멸시키게 되면 2번 저당권자 丙이 1순위자를 제치고 부당하게 배당에서 1순위로 배당받게 되므로 이를 방지하고자 1번 저당권은 소멸하지 않는다.

Ⓛ **<제2유형>** – 제한물권과 제한물권의 혼동

⚡ **기출**

01 甲의 지상권에 대한 乙이 1번 저당권, 丙이 2번 저당권을 취득한 후 乙이 그 지상권을 취득한 경우 乙의 1번 저당권은 (소멸한다/소멸하지 않는다).

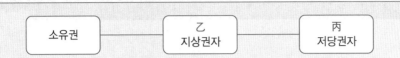

소유권	乙 지상권자	丙 저당권자

甲의 토지에 지상권자 乙이 지상권을 목적으로 丙에게 저당권을 설정한 경우?

[기출1] 지상권자 乙이 丙에게 지상권을 양도하여 저당권자 丙에게 '지상권'과 '저당권'이 동일인에게 귀속한 경우? 저당권은 소멸한다.

[기출2] 위 사례에서 丙 다음에 후순위 2번 저당권자 丁이 존재하는 경우? 지상권과 저당권이 丙에게 동시에 귀속하여도 丙의 저당권은 소멸하지 않는다(왜냐하면 후순위 권리자 丁이 존재하니까).

Ⓒ **<제3유형>** – 점유권과 다른 물권의 혼동

X토지의 무단점유자가 X토지를 매매하여 소유권을 취득한 경우?

빈출 점유권은 소유권과 병존하여 존재하므로 점유권은 혼동으로 소멸하지 않는다.

🔎 **판례 l**

가등기에 기한 본등기 절차에 의하지 않고 별도의 본등기를 경료받은 경우, 가등기 뒤에 제3자 명의로 중간처분의 가압류 등기가 존재하고 있는 경우, 가등기에 기한 본등기 절차의 이행을 구할 수 있는가 없는가? [**있다**/없다]

기출정답

01 소멸하지 않는다

제1절 서설

01 점유 제도

(1) 사실상 지배

> ① **물건에 대한 점유의 의미:** 점유란 사회관념상 어떤 사람의 사실적 지배에 있다고 보이는 객관적인 관계를 말하는 것으로서, 사실상의 지배가 있다고 하기 위해서는 반드시 물건을 물리적, 현실적으로 지배하는 것만을 의미하는 것이 아니다 (대판 97다2665).
> ② 본권(점유할 권리)과 점유권은 다르다.

(2) 건물의 부지 점유

> ① <u>건물의 부지가 된 토지</u>는 그 <u>건물의 소유자</u>가 점유하는 것으로 보아야 한다. 따라서 **건물의 소유권이 없는 자[건물에 유치권을 가지는 자]**가 건물에 거주하는 경우라도 건물의 부지를 점유한다고 볼 수 없다(판례). 제32회
> ② 건물의 공유자 중 일부만 건물을 점유하는 경우 건물의 부지는 **공유자 전원**이 공동으로 점유한다(판례).
> ③ 미등기건물을 매수하여 건물에 대한 사실상 처분권을 보유하게 된 **미등기건물**의 양수인은 건물의 부지도 점유한다(판례).

02 점유의 관념화

(1) 점유보조자

> **제195조 【점유보조자】** 가사상, 영업상 기타 유사한 관계에 의하여 타인의 지시를 받아 물건에 대한 사실상의 지배를 하는 때에는 그 타인만을 점유자로 한다.

① **점유주:** 점유권이 있다. ⇨ 점유침탈 당한 때 점유회수할 수 있다.
② **보조자:** 점유권이 없다. ⇨ 점유침탈 당한 때 점유회수할 수 없다.

(2) 간접점유

> **제194조【간접점유】** 지상권, 전세권, 질권, 사용대차, 임대차, 임치 기타의 관계로 타인으로 하여금 물건을 점유하게 한 자는 간접으로 점유권이 있다.

> **📖 사례 l 甲 소유의 토지를 임대차로 乙이 점유하다가 丙에게 전대차한 때** 제30회
> 1. 점유매개관계는 중첩적으로 존재할 수 있고 무효여도 무방하다.
> 2. 임차인 乙은 간접점유자로서 점유권이 있다.
> 3. 임대인 甲은 간접점유자로서 점유권이 있다.
> 4. 전차인 丙은 직접점유자이고 타주점유자이다.

(3) 상속인의 점유

피상속인이 사망하면 점유권은 상속인에게 이전한다. 피상속인의 **사망사실을** 알든 모르든 점유는 상속인에게 관념적으로 이전한다.

제2절 점유의 종류

01 자주점유와 타주점유 제15·16·17·18·19·21·23회

(1) 개념

자주점유란 물건을 마치 소유자인 것처럼 지배하려는 자연적 의사를 가지고 하는 점유를 의미하고, 반드시 소유권을 가지고 있거나 또는 소유권이 있다고 믿고서 하는 점유를 의미하는 것은 아니다(판례).

(2) [빈출] 판단기준은?

점유자의 내심적 의사가 기준이 아니라 **권원의 성질에 따라 객관적으로 결정**

(3) [빈출] 자주점유의 입증책임은?

점유자는 자주점유로 추정되므로(제197조) 점유자 스스로 자주점유를 입증할 책임이 없고 자주점유를 부인하는 상대방 쪽에서 자주점유가 아님을 뒤집어서 타주점유임을 입증해야 한다.

⚡기출

01 가사상, 영업상 기타 유사한 관계에 의하여 타인의 지시를 받아 물건에 대한 사실상의 지배를 하는 자는 점유권이 (있다/없다).

02 甲 소유 토지를 임대차로 乙이 점유하다가 丙에게 전대차한 경우?
丙의 점유는 (   ), 甲과 乙의 점유는 (   )이다.
제30회

⚡기출

03 점유자는 스스로 자주점유를 입증할 책임이 (   ).　　제29회

04 점유자가 매매와 같은 자주점유의 권원을 주장하였으나 자주점유의 권원이 부인된 경우 자주점유가 타주점유로 (전환된다/전환되지 않는다). 제32회

05 인접경계부분을 실제 면적이 등기된 면적보다 상당히 초과하는 토지를 매수하여 인도받은 때는 (   )점유로 본다.
제29회

기출정답

01 없다 02 직접, 간접
03 없다
04 전환되지 않는다
05 타주

(4) 자주점유와 타주점유의 구별

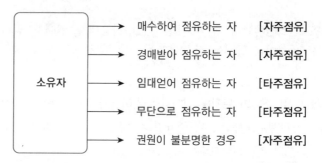

자주점유에 해당하는 경우	타주점유에 해당하는 경우
1. 매매가 **무효임을 모르는** 매수인의 점유	토지를 임차한 자, 지상권자의 점유
2. **경락대금을 완납**한 경우 경락인의 점유	목적물의 인도의무를 지고 있는 **매도인의 점유**
3. 지적공부가 6.25로 소실된 경우 지자체가 점유권원을 증명 못한 경우	명의수탁자의 토지 점유
4. [빈출] 점유자가 매매와 같은 자주점유의 권원을 주장하였으나 **권원이 부인**된 경우(전합)	소유자가 점유자를 상대로 말소청구소송을 제기하여 점유자가 **패소한 때부터 타주점유**
5. 타인권리 매매에서 **매수인의 점유**(전합)	타인토지에 분묘를 설치한 자의 점유 권원의 성질상 타주점유
6. 권원의 성질이 **불분명한 경우**(전합)	법률요건 없이 타인소유의 부동산임을 잘 알면서 무단 점유(전합)
7. 인접경계부분을 실제 면적이 등기된 면적보다 **소량 초과**하는 토지를 매수하여 인도받은 때	인접경계부분을 실제 면적이 등기된 면적보다 **상당히 초과**하는 토지를 매수하여 인도받은 때

02 선의 점유와 악의 점유

⚡ **기출**

01 선의의 점유자라도 본권에 관한 소에서 패소한 때에는 그 (　　　)부터 악의의 점유자로 간주된다.

제31회

제197조【점유의 태양】② 선의의 점유자라도 본권에 관한 소에 패소한 때에는 [그 소가 제기된 때/패소한 때]부터 악의의 점유자로 본다.

기출정답

01 소가 제기된 때

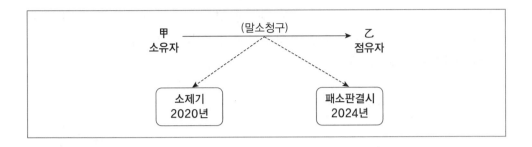

03 점유의 전환

① **새로운 권원이 있는 경우**: 타주점유가 자주점유로 전환되기 위해서는 새로운 권원(매매)에 의해 다시 소유의 의사로 점유하거나 자기에게 타주점유시킨 자에게 소유의 의사가 있음을 표시하여야 한다. 제19·22회
② 선대의 점유가 타주점유인 경우 상속인의 점유도 타주점유이다. 타주점유자가 상속을 원인으로 점유권을 승계한 경우, **새로운 권원**이 없으면 자주점유로 전환되지 않는다(판례).

제3절 점유의 취득·승계

01 점유의 승계 제27회

제199조【점유의 승계】
① 점유자의 승계인은 자기의 점유만을 주장하거나 자기의 점유와 전점유자의 점유를 아울러 주장할 수 있다.
② 전점유자의 점유를 아울러 주장하는 경우에는 **그 하자도 계승한다.**

(1) 점유의 분리

① 점유의 승계가 있는 경우 전 점유자의 점유가 타주점유라 하여도 점유자의 승계인이 **자기의 점유만을 주장하는 경우** 현 점유자의 점유는 자주점유로 추정된다(대판 99다72743).
② 전 점유자의 <u>점유개시시점</u>은 임의로 선택할 수 있으나, 중간시점은 임의로 선택할 수 없다.

(2) 상속에 의하여 점유권을 취득한 경우에는 상속인은 새로운 권원에 의하여 자기 고유의 점유를 개시하지 않는 한 피상속인의 점유를 떠나 자기만의 점유를 분리하여 주장할 수 없다(대판 92다22602).

제4절 점유권의 효력

⚡ 기출

01 점유자는 과실 없이 점유한 것으로 추정(된다 /되지 않는다).

01 점유의 추정력

(1) 자주점유의 추정(제197조)

> 제197조 【점유의 태양】
> ① 점유자는 소유의 의사로 선의, 평온 및 공연하게 점유한 것으로 추정한다.
> ② 선의의 점유자라도 본권에 관한 소에 패소한 때에는 그 소가 제기된 때로부터 악의의 점유자로 본다.

(2) 권리적법의 추정력

> 제200조 【권리의 적법의 추정】 점유자가 점유물에 대하여 행사하는 권리는 적법하게 보유한 것으로 추정한다.

빈출 제200조는 동산에만 추정력이 인정되고 부동산이나 미등기 부동산의 경우 점유의 권리적법추정력은 인정되지 아니한다(판례).

(3) 점유계속의 추정력

> 전후 양 시점의 점유자가 다른 경우에도 점유의 승계가 입증되는 한 점유계속은 추정된다(제198조).

> ① 점유자에게 추정 ⇨ 선의 점유/자주점유/평온, 공연한 점유/점유계속
> ② 점유자에게 추정되지 않는 것 ⇨ 무과실의 점유

기출정답

01 되지 않는다

02 점유자와 회복자의 관계 ◁빈출

[논점] 1. 과실반환문제(제201조), 2. 멸실문제(제202조), 3. 비용문제(제203조)

甲 회복자	—————— 건물매매 후 1년간 사용 중 계약 취소된 때	乙 점유자

[쟁점]
- **제201조**: 점유자 乙이 1년간 건물의 사용이익은 부당이득으로 반환하는가?
- **제202조**: 점유자 乙의 과실로 건물을 멸실한 경우 책임범위는?
- **제203조**: 악의점유자 乙이 수리비 1천만원을 상환청구할 수 있는가?

(1) 점유자의 과실 취득권(제201조)

> **제201조 【점유자와 과실】**
> ① **선의**의 점유자는 점유물의 **과실**을 **취득**한다.
> ② **악의**의 점유자는 수취한 **과실**을 **반환**하여야 하며 **소비**하였거나 **과실로 인하여**
> **훼손** 또는 **수취하지 못한** 경우에는 그 **과실의 대가를 보상**하여야 한다.
> ③ 전항의 규정은 **폭력** 또는 **은비**에 의한 점유자에 준용한다.■

① **해제의 경우 적용여부**: 제201조 규정은 <u>매매가 무효, 취소된 경우에 적용</u>되지만,
일방의 이행지체로 인한 <u>해제의 경우 제201조가 적용되지 않는다.</u>
② [빈출] **선의의 점유자란(내 것이라고 믿는 데 정당한 근거가 있을 때)**: 토지를 매수
하여 점유하던 매수인이 매매가 취소된 경우처럼 과실수취권을 포함하는 권원이
있다고 오신한 점유자를 말하고, 오신할 만한 **정당한 근거**가 있어야 한다. 제16·25회
③ **과실**: 천연과실이나 법정과실도 포함한다.
　[빈출] 토지의 사용이익이나 기계의 사용이익도 과실에 준한다(판례).
④ [주의] **과실취득**
　㉠ 선의의 점유자는 법률상 원인 없이 타인의 토지를 점유·사용하고 이로 말미
　암아 타인에게 손해를 입혔더라도 '점유·사용으로 인한 이득'을 타인에게 부
　당이득반환할 의무는 없다(대판).
　㉡ 반대로 악의 점유자, 은비에 의한 점유자는 수취한 과실을 반환해야 한다.
⑤ [주의] **악의점유자의 대가보상**: <u>악의점유자나 은비에 의한 점유자가 과실을 소비</u>하
　였거나 점유자의 잘못(과실)로 인하여 과실을 수취하지 못한 경우 과실의 대가
　를 보상하여야 한다.

■ 악의점유자, 폭력, 은비
에 의한 점유자는 수취한
과실을 반환하여야 한다.

⚡기출

01 악의의 점유자가 점유
물의 과실을 수취하여 소
비한 경우, 그 점유자는
과실의 (　　)을 하여야
한다.　　　　제33회
02 악의의 점유자는 그
의 잘못(으로/없이) 과실
을 수취하지 못한 때에는
과실의 대가를 보상하여
야 한다.　　제24·26회

기출정답

01 대가 보상　02 으로

⚡**기출**

01 점유물이 점유자의 책임으로 멸실한 경우 (   )이고, (   )점유자는 현존하는 한도에서 배상하여야 한다.

02 악의의 점유자가 책임 있는 사유로 점유물을 훼손한 경우 (   )를 배상하여야 한다.　제32회

03 점유자가 유익비를 지출한 경우, (   )의 선택에 좇아 그 지출금액이나 증가액의 상환을 청구할 수 있다.　제31회

(2) 멸실시 책임범위(제202조)

> ① 점유물이 점유자의 '책임 있는 사유'로 인하여 멸실 또는 훼손한 때에는 악의의 점유자는 그 손해의 전부를 배상하여야 한다.
> ② '선의'이고 '자주' 점유자는 이익이 현존하는 한도에서 배상하여야 한다.
> ③ 소유의 의사가 없는 점유자 '타주점유자'는 선의인 경우에도 손해의 전부를 배상하여야 한다.

주의 선의이고 자주점유자	현존한도에서 배상
악의점유자의 반환범위는? 타주점유자가 소유의사 있는 때?	손해 전부를 배상

(3) 비용상환청구권(제203조)

> ① 빈출 **필요비**: (선의·악의, 자주, 타주 불문) 점유자가 점유물을 반환할 때에는 회복자에 대하여 점유물을 보존하기 위하여 지출한 금액 기타 필요비의 상환을 청구할 수 있다. 그러나 점유자가 과실을 취득한 경우에는 통상의 필요비는 청구하지 못한다.
> ② 빈출 **유익비**: 점유자가 점유물을 개량하기 위하여 지출한 금액 기타 유익비에 관하여는 그 가액의 증가 현존한 경우에 한하여 회복자의 선택에 좇아 그 지출금액이나 증가액의 상환을 청구할 수 있다.
> ③ 주의 전항의 경우(유익비의 경우)에 법원은 회복자의 청구에 의하여 상당한 상환기간을 허여할 수 있다(필요비는 법원이 상환기간을 허여할 수 없다).

⭐**개념 PLUS** | 비용상환청구의 상대방 문제 정리

점유자가 계약 관계 등 적법한 점유 권원을 가지지 않은 경우 (계약관계 없는 사이)	점유회복 당시의 소유자 '회복자'에 대해 비용상환청구권을 행사할 수 있다.
점유자가 계약관계 등 적법한 점유의 권원을 가진 경우 (임대관계 있는 사이)	점유자는 그 계약관계 등의 상대방에 대하여 비용상환청구권을 행사할 수 있다.

기출 무효인 매매계약의 매수인이 점유목적물에 필요비 등을 지출한 후 매도인이 그 목적물을 제3자에게 양도한 경우, **점유자인 매수인은 양수인에게** 비용상환을 청구할 수 있다. 제31회

개념 PLUS | 점유자의 비용상환청구권과 임차인의 비용상환청구권 비교

구분	점유자가 비용을 지출한 경우	임차인이 비용을 지출한 경우
근거	제203조(계약관계가 없는 경우일 것)	제626조(계약관계가 있는 경우)
이행기	물건의 반환시	필요비(즉시)
상대방	회복 당시의 소유자	계약관계의 상대방

제5절　점유보호청구권(제204조~제207조)

소유자 A 간접점유	甲 직접소유자	乙 침탈자	丙(선의) 승계인

제204조 【점유의 회수】

① 점유자가 **점유의 침탈**을 당한 때에는 그 물건의 **반환 및 손해의 배상**을 청구할 수 있다.

② 전항의 청구권은 침탈자의 **특별승계인**에 대하여는 행사하지 못한다. 그러나 **승계인이 악의인 때**에는 그러하지 아니하다.

③ 제1항의 청구권은 **침탈을 당한 날로부터 1년 내**에 행사하여야 한다.

제205조 【점유의 보유】

① 점유자가 점유의 방해를 받은 때에는 그 방해의 **제거 및 손해의 배상**을 청구할 수 있다.

② 전항의 청구권은 방해가 종료한 날로부터 1년 내에 행사하여야 한다.

제206조 【점유의 보전】

① 점유자가 점유의 방해를 받을 염려가 있는 때에는 그 **방해의 예방 또는 손해배상의 담보**를 청구할 수 있다.

제207조 【간접점유의 보호】

① 전3조의 청구권은 제194조의 규정에 의한 **간접점유자**도 이를 행사할 수 있다.

② 점유자가 점유의 침탈을 당한 경우에 간접점유자는 그 물건을 점유자에게 반환할 것을 청구할 수 있고 점유자가 그 물건의 반환을 받을 수 없거나 이를 원하지 아니하는 때에는 자기에게 반환할 것을 청구할 수 있다.

제208조 【점유권에 기한 소와 본권에 기한 소의 관계】

① 점유권에 기인한 소와 본권에 기인한 소는 서로 영향을 미치지 아니한다.

주체	점유자일 것(직접점유자와 간접점유자 모두 가능하다)
상대방	① 침탈자의 **승계인이 악의인 경우** 점유회수할 수 있다. ② 침탈자의 **승계인이 선의인 경우** 점유회수할 수 없다. ③ 침탈자의 **선의인 특별승계인으로부터 다시 전득한 자가 악의인 경우**에도 점유물반환을 청구할 수 없다. 빈출 엄폐물의 법칙
침탈일 것	① 주의 점유자가 **사기를 당하여 점유물을 인도**해 준 경우에는 침탈이 아니 므로 점유회수할 수 없다. 제16·19·21·25회 ② 빈출 **직접점유자가 간접점유자의 의사에 반하여** 점유물을 제3자에게 인도 하여 준 경우 이는 침탈이 아니므로 간접점유자는 점유회수청구 할 수 없다. 제19회

제4장 │ 소유권

기본서 p.218~263

제1절 │ 서론

01 개념

(1) 물건에 대한 사용, 수익권과 처분할 권리를 모두 가진 자를 말한다.

(2) 소유권의 내용 중 사용, 수익권을 영구히 포기하는 약정은 무효이다(판례).

(3) 처분권이 없는 소유권은 있을 수 없다.

(4) 소유권의 객체는 물건이어야 하므로 분양권은 소유권의 객체가 될 수 없다.

⚡기출

01 소유권의 내용 중 사용, 수익권을 영구히 포기하는 약정은 (유효/무효)이다. 제31회

02 범위 및 경계

(1) 토지소유권의 범위는 '정당한 이익이 있는 범위 내에서 지상과 지하'에 미친다.

(2) 지적도상의 경계와 현실의 경계가 다를 경우 당사자간에 특별한 약정이 없는 경우 토지소유권의 범위는 **지적도상의 경계**로 정한다(판례).

> 예외 다만 지적도를 작성함에 있어서 기술적인 착오로 인하여 지적도상의 경계선이 진실한 경계선과 다르게 작성되었기 때문에 경계와 지적이 실제의 것과 일치하지 않게 되었다는 등의 특별한 사정이 있는 경우에는 '실제의 경계'에 의하여야 할 것이다(대판 97다42823). 제32회

기출정답

01 무효

01 의의

(1) 인접하는 부동산(토지, 건물) 상호간의 이용관계를 조율하기 위한 것. 이는 법률로 정한 것으로 등기 없이 발생하는 권리로서 소멸시효에 안 걸린다.

(2) 상린관계 규정은 소유권과 지상권, 전세권에도 준용된다.

(3) 규정의 성격

강행규정이 아니라 임의규정이다. 우물을 파거나 지하시설을 하는 경우에 경계로부터 2m 이상의 거리를 두어야 한다는 제244조의 규정과 다른 내용의 당사자 사이의 특약은 무효가 아니라 유효하다(대판 80다1634). 제33회

02 상린관계에 관한 「민법」 규정

(1) 생활방해의 금지(제217조)

> ① 열기체, 먼지, 매연, 악취, 폐수, 음향, 진동 그 밖의 이와 유사한 것으로 이웃토지의 사용을 방해 하거나 이웃거주자의 생활에 고통을 주지 아니하도록 적당한 조처를 할 의무가 있다.
> ② 이웃거주자는 생활방해가 이웃토지의 **통상의 용도에 적당한 것인 때는** 인용할 의무가 있다.

생활방해가 수인한도(참을 한도)를 넘는 경우 소유자는 소유권에 기하여 방해제거를 청구할 수 있으나 수인한도를 넘지 않으면 방해제거를 청구할 수 없다.

(2) 수도시설권

> **제218조 【수도 등 시설권】**
> ① 토지소유자는 타인의 토지를 통과하지 아니하면 필요한 수도, 소수관, 까스관, 전선 등을 시설할 수 없거나 과다한 비용을 요하는 경우에는 타인의 토지를 통과하여 이를 시설할 수 있다. 그러나 이로 인한 손해가 가장 적은 장소와 방법을 선택하여 이를 시설할 것이며 타토지의 소유자의 요청에 의하여 손해를 보상하여야 한다.

① 수도시설권은 법정의 요건을 갖추면 당연히 인정되고, 수도 등 시설을 하기 위하여 따로 수도 등이 통과 하는 토지소유자의 승낙을 얻을 필요가 없다(판례). 제32회

⚡**기출**

01 상린관계의 규정은 ( ), ( )에도 준용된다.

02 우물을 파거나 지하시설을 하는 경우에 경계로부터 2m 이상의 거리를 두어야 한다는 제244조의 규정과 다른 내용의 당사자 사이의 특약은 (유효/무효)이다. 제33회

기출정답

01 지상권, 전세권
02 유효

② 인접한 타인의 토지를 통과하지 않고도 시설을 하고 물을 소통할 수 있는 경우에는 스스로 그와 같은 시설을 하는 것이 타인의 토지 등을 이용하는 것보다 비용이 더 든다는 등의 사정이 있다는 이유만으로 이웃토지 소유자에게 그 토지의 사용 또는 그가 설치·보유한 시설의 공동사용을 수인하라고 요구할 수 있는 권리는 인정될 수 없다(대판 2010다103086).

(3) 주위토지통행권

> **제219조 【주위토지통행권】 ■**
> ① 어느 토지와 공로사이에 그 **토지의 용도**[2]에 **필요한 통로가 없는 경우**에 그 토지소유자는 주위의 토지를 통행 또는 통로로 하지 아니하면 공로에 출입할 수 없거나 과다한 비용을 요하는 때에는 그 주위의 토지를 통행할 수 있고 필요한 경우에는 **통로를 개설할 수 있다**. 그러나 이로 인한 손해가 가장 적은 장소와 방법을 선택하여야 한다.
> ② 전항의 **통행권자**는 통행지소유자의 **손해를 보상하여야** 한다.
>
> **제220조 【분할, 일부양도와 주위통행권】 ■**
> ① 분할로 인하여 공로에 통하지 못하는 토지가 있는 때에는 그 토지소유자는 공로에 출입하기 위하여 다른 분할자의 토지를 통행할 수 있다. 이 경우에는 **보상의 의무가 없다**.
> ② 전항의 규정은 토지소유자가 그 토지의 **일부를 양도**한 경우에 준용한다.

■ 주위토지통행권 = 유상통행권이 원칙

[2] 토지의 용도 = 장래의 용도가 아니라 현재의 용도

■ 분할, 일부양도와 주위통행권 = 무상통행권

① 통행권의 발생요건
   ㉠ 통행로가 없을 때
   ㉡ 이미 **통행로가 있을 때**에도 토지의 용도에 부적합하여 실제로 통로로서의 충분한 기능을 하지 못하는 경우 통행권이 인정된다(판례).

> **▤ 사례 | 주의 주위토지통행권을 인정하지 않는 경우**
> 1. 통행권자는 토지의 소유권자, 적법한 사용권을 가진 자이어야 하므로 토지의 불법점유자는 통행권을 주장할 수 없다.
> 2. 폭 2m의 우회도로가 있다면 주위토지를 통행하여 공로에 이르는 것이 보다 편리하다는 이유만으로 주위토지통행권을 주장할 수 없다(판례).
> 3. 주위토지통행권은 '현재의 토지의 용법'에 따른 이용의 범위에서 인정되는 것이지 더 나아가 '장차의 이용 상황까지를 미리 대비'하여 통행로를 정할 것은 아니다(판례). 그러므로 장래의 아파트 신축으로 도로이용량이 많아지게 될 것이라는 이유로 통행로를 주장할 수 없다.
> 4. 통행권자가 스스로 통로를 막는 건축행위를 한 경우에는 통행권이 생길 수 없다.

② 통행권의 내용

> ⊙ 통행권자는 통로를 개설할 수 있다. 이때 통로의 개설비용, 유지비용은? **통행권자가 부담**한다.
> ⊙ 통로를 이용하는 권리이지 배타적으로 점유하는 권리가 없다. 따라서 통행권 자가 이를 배타적으로 점유(주차장으로 사용)하고 있다면, 통행지의 소유자 는 통행권자에 대하여 토지의 인도를 청구할 수 있다.
> © **통행권자의 보상 여부**
> 첫째, 유상통행권 – 통행지소유자는 **통행권자에게** 손해보상을 청구할 수 있 다. 통행권자의 허락을 얻어 사실상 통행하고 있는 자에게는 그 손해의 보상 을 청구할 수 없다.
> 둘째, 무상통행권 – 분할로 인하여 공로에 통하지 못하는 토지가 있는 때에 는 다른 분할자의 토지를 통행할 수 있다. 이때 보상의 의무가 없다.
> [빈출] 무상통행권은 분할 당사자간에만 인정되고 특정승계인(토지의 양수인) 에게는 인정되지 않는다.

⚡**기출**

01 분할로 인하여 공로 에 통하지 못하는 토지가 있는 때에는 다른 분할자 의 토지를 통행할 수 있는 데 이때 보상의무가 (있다 /없다).

③ 통행권의 소멸

> 포위되었던 그 토지가 공로에 접하게 된 경우에는 종전의 주위토지통행권은 소 멸한다(판례).

(4) 물에 관한 상린관계

① 자연유수의 승수의무(제221조)

⚡**기출**

02 승수의무는 적극적으 로 물의 소통을 유지할 의 무까지 (포함한다/포함하 지 않는다). 제33회

> ⊙ 토지소유자는 이웃토지에서 자연히 흘러오는 물을 막지 못한다(승수의무).
> ⊙ 토지소유자는 이웃저지에서 자연히 흘러내리는 이웃저지에 필요한 물을 자 기의 정당한 사용범위를 넘어서 막지 못한다.
> © 승수의무는 소극적으로 이웃토지로부터 자연히 흘러오는 물을 막지 못한다 는 것일 뿐 적극적으로 물의 소통을 유지할 의무까지는 없다. 제33회

② 소통공사권(제222조)

> 흐르는 물이 저지에서 막힌 때는 고지소유자는 자비로 소통에 필요한 공사를 청 구할 수 있다. 비용부담에 관하여 관습이 있으면 그 관습에 의한다.

③ **여수급여 청구권**: 토지소유자는 과다한 비용을 요하지 아니하고는 가용이나 토지이용에 필요한 물을 얻기 곤란할 때는 이웃토지의 소유자에게 보상하고 여수의 급여를 청구할 수 있다(제228조).

기출정답

01 없다
02 포함하지 않는다

④ 수류의 변경(제229조)

> ⊙ 도랑(구거) 기타 수류지의 소유자는 대안(對岸, 강 건너편)의 토지가 다른 사람의 소유인 경우 그 수로나 수로의 폭을 변경하지 못한다.
> ⓒ 양안의 토지가 수류지소유자의 소유인 때는 소유자는 수로와 폭을 변경할 수 있다.
> ⓒ ⊙·ⓒ은 비용부담에 관하여 관습이 있으면 그 관습에 의한다.

(5) 경계에 관한 상린관계

① 경계표, 담의 설치권(제237조)

> ⊙ 인접하여 토지를 소유한 자는 공동비용으로 통상의 경계표나 담을 설치할 수 있다.
> ⓒ [빈출] 담설치비용은 쌍방이 절반씩 부담하나 **측량비용은 토지의 면적에 비례**한다. 어느 한쪽의 토지소유자는 인접한 다른 토지의 소유자에게 공동비용으로 담을 설치하는 데에 협력을 요구할 수 있고, **인접토지소유자는 이에 협력할 의무가 있다**(대판 97다6063). 제26회
> ⓒ [주의] 전2항은 비용부담에 관하여 다른 관습이 있으면 관습에 의한다.

② 경계표 등의 공유추정(제239조)

> 경계에 설치된 담, 구거 등은 상린자의 공유로 추정한다. 그러나 담, 구거 등이 **상린자 일방의 단독비용으로 설치되었거나 담이 건물의 일부인 때는 공유가 아니라 단독소유이다.**

③ 수지, 목근의 제거(제240조)

> ⊙ 인접지의 수목가지가 경계를 넘은 때는 그 소유자에 대하여 가지의 제거를 청구할 수 있다.
> ⓒ [빈출] 전항의 청구에 응하지 않을 때는 청구자는 그 가지를 제거할 수 있다.
> ⓒ 인접지의 수목의 뿌리가 경계를 넘은 때는 임의로 제거할 수 있다.

⚡**기출**

01 인접하여 토지를 소유한 경우 담 설치비용은 (　　)부담하나 측량비용은 (　　)에 비례한다.

기출정답

01 절반씩, 토지의 면적

⚡ 기출

01 경계선 부근의 건축시 경계로부터 반m 이상의 거리를 두어야 하는데 이를 위반하여 건물이 완성된 경우에는 건물의 철거를 청구할 수 (있다/없다).

④ 경계선 부근의 공작물 설치에 관한 상린관계(제242조): 관습이 우선

> ㉠ 건물을 축조함에는 특별한 관습이 없으면 **경계로부터 반미터 이상의 거리**를 두어야 한다. '경계로부터 반m'는 <u>경계로부터 건물의 가장 돌출된 부분까지의 거리</u>'를 말한다(판례). 제27회
> ㉡ 인접지 소유자는 전항의 규정에 위반한 자에 대하여 건물의 구조변경이나 철거를 청구할 수 있다.
> 〔빈출〕 그러나 건축에 착수 후 1년이 경과하거나 건물이 완성 된 후에는 건물의 철거를 청구할 수 없고 손해배상만을 청구할 수 있다.
> 여기에서 '건물의 완성'이란 사회통념상 독립한 건물로 인정될 수 있는 정도로 건축된 것을 말하며, 그것이 '건축 관계법령에 따른 건축허가나 착공신고 또는 사용승인 등 적법한 절차를 거친 것인지는 문제되지 아니한다(대판 2010다108883).'

제3절 소유권의 취득 원인

1. **법률행위**: 매매계약, 교환계약(등기가 필요하다)
2. **법률규정**: 취득시효, 무주물의 선점, 부합, 혼화, 가공(모두 원시취득이다)

01 점유취득시효(제245조)❶ 〔빈출〕

제245조【점유로 인한 부동산소유권의 취득기간】
① [점유취득시효] 20년간 소유의 의사로 평온, 공연하게 부동산을 점유하는 자는 **등기함으로써** 그 소유권을 취득한다.
② [등기부 취득시효] 부동산의 소유자로 등기한 자가 10년간 소유의 의사로 평온, 공연하게 **선의이며 과실 없이** 부동산을 점유한 때는 소유권을 취득한다.

제246조【점유로 인한 동산소유권의 취득기간】
① 10년간 소유의 의사로 평온, 공연하게 동산을 점유한 자는 소유권을 취득한다.
② 전항의 점유가 선의이며 과실 없이 개시된 경우에는 **5년**을 경과함으로써 그 소유권을 취득한다.

⚡ 기출

02 20년간 소유의 의사로 평온, 공연하게 부동산을 점유하는 자는 (　　) 그 소유권을 취득한다.

03 부동산의 소유자로 등기한 자가 10년간 소유의 의사로 평온, 공연하게 (　　) 그 부동산을 점유한 때에는 소유권을 취득한다.

기출정답

01 없다　02 등기함으로써
03 선의이며 과실 없이

점유취득시효	자주점유	20년	등기한 때 소유권 취득
등기부 취득시효	자주점유	10년	선 등기후 10년 점유시(선의, 무과실)

(1) 서론

① 취득시효의 주체 및 대상은?

> ⊙ **주체**: 자연인과 법인도 주체가 될 수 있다(종중 같은 법인 아닌 사단).
> ⓛ **대상**: 취득시효기간 동안 계속하여 **일반재산인 경우** 취득시효의 대상이 된다.
> ⓒ 성명불상자의 토지도 취득시효가 가능하다(판례). 제17·26회
> ⓔ **권원이 불분명한 토지도** 취득시효가능하다. 제26회

> 주의 공원같은 **행정재산**은 취득시효를 할 수 없다(판례).
> 집합건물법상의 **공용부분**은 취득시효를 할 수 없다. 제26회

② 점유를 일정기간 계속할 것

> ⊙ 점유의 승계가 있는 경우 시효이익을 받으려는 자는 자기 또는 전(前)점유자
> 의 점유개시일 중 임의로 기산점을 선택할 수 있다(다만, 임의로 중간시점은
> 선택할 수 없다).

> ⓛ '적법, 유효한 등기를 마치고 그 소유권을 취득한 사람이 자기소유의 부동산
> 을 점유하는 경우' 부동산의 소유명의자는 소유권을 적법하게 보유한 것으로
> 추정되어 소유권에 대한 증명의 곤란을 구제해 줄 필요성이 역시 없으므로,
> 그러한 점유는 취득시효의 기초가 되는 점유라고 할 수 없다.

③ 시효취득이 인정되는 권리

> ⊙ 점유를 수반하는 것이어야 하므로 점유를 요소로 하는 지상권, 분묘기지권,
> 소유권은 취득시효가 가능하다.
> ⓛ 주의 계속되고 표현된 지역권은 시효취득할 수 있다. 제16·25회

> 주의 저당권은 점유를 요소로 하지 않으므로 취득시효를 할 수 없다. 제26회

(2) 취득시효의 요건

① 20년(기산점 문제)

점유기간 중에 소유자의 변동이 없는 경우	임의로 기산점을 선택할 수 있다.
점유기간 중에 소유권자의 변동이 있는 경우	점유의 개시일로부터 기산한다.

> ㉠ 제3자를 점유매개자로 하여 농지를 간접으로 점유한 자도 시효취득할 수 있다(대판 93다5000).

> ㉡ **점유의 승계가 있는 경우:** 점유자는 점유승계의 효과로서 자신의 점유만을 주장하거나 전 점유자의 점유를 합산하여 주장할 수 있다(제199조 제1항). 점유의 승계가 있는 경우에는 자기의 특정된 점유개시일이나 전 점유자의 특정된 점유개시일을 선택할 수 있을 뿐이며 임의의 중간시점을 선택할 수는 없다(대판 81다826).

② 자주점유

> ㉠ 자주점유에 대한 판단은 '권원의 성질'에 의하여 객관적으로 결정한다.

> ㉡ 자주점유의 입증책임은? 제197조 제1항에 의하면 점유자는 소유의 의사로 점유한 것으로 추정되므로 **점유자가 스스로 소유의 의사를 입증할 책임은 없다.**

③ 평온, 공연한 점유

> 점유자는 특별한 사정이 없는 한 평온, 공연하게 점유하는 것으로 추정된다.

④ 취득시효의 중단

> 토지소유자가 점유자에게 재판상 청구를 하면 취득시효가 중단된다(예 토지인도 소송 등).

> 기출 **부동산에 대한 가압류는 취득시효를 중단시키지 않는다.**
> 점유취득시효의 중단사유는 점유를 파괴하여야 하는데 부동산에 대하여 가압류를 하여도 점유의 파괴를 가져오지 않기 때문이다(대판 2018다296878).

(3) 취득시효완성의 효과

① 시효완성자에게 등기청구권 발생

> ㉠ [기출] 취득시효완성으로 점유자에게 <u>바로 소유권이 발생하는 것이 아니라 등기청구권이 발생함에 그친다</u>. 취득시효가 완성되었다 하여도 시효완성자 앞으로 등기 전에는 시효완성자는 부동산의 소유권을 취득할 수 없다.
>
> ㉡ **미등기 부동산**이라도 점유자 앞으로 등기를 하여야 소유권을 취득할 수 있고 <u>등기 없이는 소유권을 취득할 수 없다</u>(판례).

② 취득시효로 인한 소유권의 취득은 원시취득이다.

> ⚡**판례 ┃ 시효완성 후 근저당권을 취득한 경우 법률관계**
>
> ㉠ 원소유자가 점유자명의로 소유권이전등기 경료 전까지는 원소유자로서 적법하게 토지를 제3자에게 처분할 수 있으므로 시효완성 후 등기 전에 원소유자가 제3자에 근저당권을 설정할 수 있다. 그러므로 원소유자가 저당권을 설정한 것은 시효취득자에 대한 관계에서 **불법행위가 성립하는 것은 아니고** 점유자는 취득시효의 소급효를 들어 **제3자에게 대항할 수 없다.**
>
> ㉡ 점유자가 취득시효 완성으로 소유권이전등기를 경료하는 경우 **시효완성자는 제한물권의 부담이 있는 상태, 즉 근저당권 '있는' 소유권을 취득한다.** 제24회
>
> ㉢ 시효완성자가 근저당채무를 소유자를 대위하여 변제하는 것은 시효취득자가 용인하여야 할 부담을 제거하여 완전한 소유권을 확보하기 위한 것으로 이는 자신의 이익을 위한 것이므로 위 **변제액에 대하여 구상권이나 부당이득반환을 청구할 수 없다**(대판 2005다75910).

③ 취득시효의 소급효와 제3자 제16 · 18 · 19회

> ㉠ 취득시효에 의한 소유권 취득의 효력은 **점유를 개시한 때에 소급한다**(제247조 제1항). 점유자가 소유권등기를 경료하면 점유를 개시한 때로 소급하여 소유권취득의 효력이 생긴다.
>
> ㉡ 따라서 시효기간 중에 시효취득자가 수취한 과실은 소유자가 아니라 점유자가 유효하게 취득한다.

⚡**기출**

01 시효완성 후 원소유자가 시효완성된 토지에 저당권을 설정하였고, 등기를 마친 시효취득자가 피담보채무를 변제한 경우, 원소유자에게 부당이득반환을 청구할 수 (없다/있다). 제31회

기출정답

01 없다

④ 점유자의 시효이익의 포기(이는 상대방 있는 단독행위이다)

> ○ 취득시효 만료 후 소유자인 국가에게 점유자가 당해 토지에 관하여 **어떠한 권리도 주장하지 않는다는 내용의 각서**를 작성하였다면 점유자는 취득시효 완성의 이익을 포기하는 적극적인 의사를 표시한 것이다(대판 96다24101).

> ○ **소유자에게 매수제의를 한 경우:** 취득시효 기간이 경과한 후 부동산의 점유자가 소유자에게 '매수제의'를 한 사실만을 들어서 취득시효이익의 포기나 타주점유라고 볼 수 없다.

★ 개념 PLUS ┃ 취득시효의 주요 쟁점 정리

1. 취득시효에 의한 등기청구권의 성질은?

① 등기청구권의 성질	채권적 청구권은 소멸시효에 걸린다. 단, **점유**하고 있는 한 소멸시효에 걸리지 않는다(판례).
② 점유를 상실한 경우	**점유를 상실**한 경우라도 시효이익의 포기로 볼 수 있는 경우가 아닌 한 등기청구권은 **바로 소멸하지 않으며** 10년 후에 시효가 완성된다(판례).
③ 등기청구권의 양도방법은?	점유취득시효의 완성으로 점유자가 소유자에 대해 갖는 소유권이전등기청구권은 **통상의 채권양도 법리에** 따라 양도될 수 있다(판례). **원소유자의 승낙 없이 양도가 가능하다.**
④ 시효완성자로부터 점유를 승계한 경우	점유승계인은 점유만 승계하고 등기청구권은 승계하지 않는다. 따라서 점유승계인은 시효완성자의 취득시효완성의 효과를 주장하여 원 소유자에 대한 등기청구권을 **대위행사할 수 있을 뿐 직접 등기청구권을 행사할 권원은 없다**(판례).

2. 등기청구권의 상대방은? 취득시효 완성 당시의 진정한 소유자이다.

> **① 시효완성 후 원소유자가 제3자에게 토지를 처분한 경우?**
> 시효완성한 점유자는 적법, 유효하게 등기를 마친 제3자(선의, 악의 불문한다)에게 원칙적으로 취득시효를 주장할 수 없다.
> 이때, 원소유자의 처분행위에 제3자가 소유명의인의 불법행위에 '적극 가담'한 경우 이는 사회질서에 반하는 행위로서 무효이다.

⚡**기출**

01 취득시효완성으로 인한 소유권이전등기청구권은 원소유자의 (동의 얻어야/동의 없이) 제3자에게 양도할 수 있다. 제31회

기출정답

01 동의 없이

② 제3자 명의 등기가 원인 무효인 경우?

시효완성 당시의 소유권보존등기 또는 이전등기가 무효라면 원칙적으로 그 등기명의인은 시효취득을 원인으로 한 소유권이전등기청구의 상대방이 될 수 없다.

③ 원소유자가 제3자에게 처분했다가 다시 회복된 경우? 소유자가 제3자에게 처분한 후 원소유자에게 소유권이 다시 회복된 때는 점유자는 원소유자에게 시효취득을 주장할 수 있다. 제19·21회

3. 시효완성자가 제3자에게 취득시효를 주장할 수 있는가?

원칙 ① 시효완성 전(시효진행 중)에 제3자에게 처분하여 등기명의인이 변동된 경우 점유자는 시효완성 당시의 제3자에게 취득시효를 주장할 수 있다(시효기간 진행 중에 소유명의인이 변동되어도 점유상태가 파괴되는 것이 아니어서 취득시효가 중단되지 않기 때문이다).

원칙 ② 시효'완성 후'에 소유자가 제3자에게 처분한 경우 시효완성자는 채권적 청구권으로 제3자에게 취득시효완성을 주장할 수 없다.

원칙 ③ 시효완성 후 소유자가 제3자에게 부동산을 처분한 경우 제3자에게 소유명의가 변동된 시점을 '새로운 기산점으로 삼아' 다시 취득시효가 완성된 경우(2차 취득시효) 점유자는 취득시효 완성 후 양도받은 제3자에게 취득시효를 주장할 수 있다.

📌 판례 Ⅰ

[기출] 시효완성 후 명의신탁해지를 원인으로 명의수탁자에서 명의신탁자로 소유권이전등기가 된 경우?

시효완성자는 수탁자로부터 명의를 이전받은 명의신탁자(시효완성 후 제3자)에게 시효완성을 주장할 수 **(있다/없다)**(대판).

4. 소유자는 등기 경료 전의 시효완성자에게 토지인도청구를 할 수 있는가?

① 소유자는 시효를 완성하였으나 등기하기 전의 점유자에게 소유물반환청구를 할 수 없다.

② 토지소유자는 시효완성자에게 대지에 대한 그 동안의 점유가 불법점유임을 이유로 그 지상건물의 철거와 대지의 인도를 청구할 수는 없다(판례).

⚡ 기출

01 시효진행 중에 부동산이 전전양도된 후 시효가 완성된 경우, 시효완성자는 최종 등기명의자에 대해 이전등기를 청구할 수 (있다/없다).

02 시효완성 후 명의신탁해지를 원인으로 명의수탁자에서 명의신탁자로 소유권이전등기가 된 경우, 시효완성자는 수탁자로부터 명의를 이전받은 명의신탁자에게 시효완성을 주장할 수 (있다/없다). 제31회

⚡ 기출

03 토지소유자는 시효완성자에게 대지에 대한 불법점유임을 이유로 건물의 철거와 대지의 인도를 청구할 수 (있다/없다).

기출정답

01 있다　02 없다　03 없다

③ 시효를 완성한 자는 정당한 권원이 있는 자 이므로 소유자가 점유자에 대하여 시효기간 동안의 점유로 인한 부당이득반환청구를 할 수 없다(판례). 제32회

5. 원소유자가 토지를 처분시 책임소재는?

① **채무불이행책임은 불성립**: 점유자가 취득시효 완성된 사실을 '알면서'(점유자가 시효취득을 주장하여 소를 제기하거나 이로 인한 소유권등기청구를 주장한 때) 등기의무를 회피하기 위하여 고의로 취득시효의 대상이 되는 부동산을 제3자에게 처분한 경우? 점유자와 소유자간에는 서로 계약상 채권, 채무관계가 성립하는 것이 아니므로 채무불이행책임이 성립하지 아니한다.

② **불법행위가 성립**: 부동산의 소유자가 취득시효완성사실을 알고 제3자에게 처분하여 시효취득자에게 손해를 입혔다면 불법행위가 성립한다(대판 92다47892).

02 등기부 취득시효

⚡**기출**

01 토지의 소유자가 취득시효완성사실을 알고 제3자에게 처분하여 시효취득자가 손해를 입었다면 (채무불이행/불법행위)책임이 성립한다.

제245조 【점유로 인한 부동산소유권의 취득기간】
② 부동산의 소유자로 **등기한 자가 10년간 소유의 의사로** 평온, 공연하게 **선의이며 과실 없이** 그 부동산을 점유한 때에는 소유권을 취득한다.

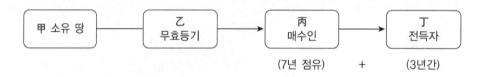

(1) 무효등기의 적격성

① 등기부 취득시효의 요건으로서 소유자로 등기한 자는 적법 유효한 등기를 마친 자일 필요는 없고, 무효의 등기를 마친 자라도 상관없다(판례).

② 빈출 무효인 이중보존등기에 기해서 등기부 취득시효 가능한가?
뒤에 된 소유권보존등기나 이에 터잡은 소유권이전등기를 근거로 하여서는 등기부 취득시효의 완성을 주장할 수 없다(대판 96다12511 전원합의체).

⚡**기출**

02 소유권보존등기가 이중으로 경료된 경우, 후행 소유권보존등기에 터잡은 등기부 취득시효를 할 수 ( ). 제31회

기출정답

01 불법행위 **02** 없다

(2) 등기의 승계(자기명의로 반드시 10년이어야만 하는가?)

> 빈출 소유권을 취득하는 자는 10년간 반드시 그의 명의로 등기되어 있어야 하는 것은 아니고 앞 사람의 등기기간까지 아울러(합쳐서) 부동산의 소유자로 등기되어 있으면 충분하다[전합].

(3) 선의 · 무과실로 점유할 것(특별요건)

> ① 등기부 취득시효에서 점유자의 무과실은 점유개시시점에만 요구된다.

> ② 매도인과 등기부상 등기명의인이 동일하다면 이를 믿고 매수한 자는 과실 없는 점유에 해당한다. 제18 · 33회

⚡기출

01 매도인과 등기명의인이 동일하다면 이를 믿고 매수한 자는 과실 (있는/없는) 점유이다. 제33회

03 기타 소유권의 취득원인

무주물의 선점	선점자가 소유권을 원시취득
유실물의 습득	습득자가 소유권을 원시취득
매장물의 발견	발견자가 소유권을 원시취득
가공으로 취득	가공자가 소유권을 원시취득
부합으로 취득	부동산의 소유자가 원시취득

(1) 무주물 선점(제252조)

> ① 무주의 동산을 소유의 의사로 선점한 자는 그 소유권을 원시취득한다.

> ② 주의 무주의 부동산은 국유로 한다. 그러므로 부동산은 선점할 수 없다.

(2) 매장물 발견(제254조)

> ① 타인의 토지에서 발견한 매장물은 토지소유자와 발견자가 절반씩 공유한다.

기출정답

01 없는

(3) 가공

① 가공물의 소유권은 원칙적으로 원재료 소유자의 소유이다.
② 가공으로 인하여 가액의 증가가 현저한 때에는 가공자 소유로 한다.

(4) 부합(제256조) [빈출]

① 부합의 요건(기존물건의 구성부분이 될 것)

[빈출] 기존건물의 구성부분이 된 때	• 부합물 ○ • 부속물매수청구대상 ×
기존건물과 독립성 있는 물건	• 부속물 ○ • 부속물매수청구대상 ○

㉠ 기존건물의 구성부분인 때

ⓐ [빈출] 부동산에 부합된 물건이 사실상 분리복구가 불가능하여 거래상 독립한 권리의 객체성을 상실하고 부동산의 구성부분이 된 때 증축된 부분에 별개의 소유권이 성립할 수 없다. 제23회
ⓑ 이 경우 부합된 동산의 소유권은 부동산 소유자가 취득하며 이 경우 부합된 물건의 면적이나 가격은 불문한다(판례). 제18·21회

㉡ 기존건물과 독립성이 있는 때

임차인이 임차한 건물에 그 권원에 의하여 증축을 한 경우 증축된 부분이 구조상, 이용상 기존의 건물과 구분되는 독립성이 있는 때는 구분소유권이 성립하여 증축된 부분은 독립한 소유권의 객체가 된다(판례). 제23회

② 부합의 모습

㉠ 동산간의 부합

ⓐ 원칙: 주종구별이 가능할 때는 주된 동산의 소유자에게 소유권이 귀속한다.
ⓑ 예외: 주종의 구별이 불가능하면 현재의 가격이 아니라 '부합 당시의 가액비율'로 합성물을 공유한다.

ⓛ 부동산과 동산의 부합

> ⓐ 동산의 가격이 부동산의 가격을 초과하는 경우에도 부동산의 소유자가 소유권을 취득한다.
>
> ⓑ 부합으로 인하여 소유권을 상실한 자는 부당이득의 요건이 충족되는 경우에 <u>보상을</u> 청구할 수 있다. 제30회
>
> ⓒ 부동산의 소유자는 부합한 물건의 소유권을 취득한다.

(5) 빈출 부합의 특수문제

① 건물은 토지에 부합하지 않으므로 별개의 물건으로 취급된다.

② 제3자가 남의 땅에 **권원 없이 무단으로 심은 수목은?** 수목을 심은 사람의 소유가 아니라 토지의 부합물로서 토지소유자의 소유이다.

> ㄱ 남의 땅에 심은 농작물은? 권원 없이 타인의 토지에 심은 농작물은 **명인방법을 갖추지 않아도** 언제나 경작자에게 소유권이 있다(판례).
>
> ㄴ 「입목에 관한 법률」로 등기된 입목, **명인방법을 갖춘 수목의 집단은?** 토지에 부합하지 않고 별개의 물건으로 취급된다.

③ 지상권자가 심은 수목은 토지에 부합하지 않고 지상권자의 소유이다.

> ㄱ 토지의 사용대차권에 기하여 심은 수목은 토지에 부합하지 않고 심은 사람의 소유이다. 따라서 그 토지를 경락받은 자는 수목의 소유까지 취득하는 것은 아니다(대판 89다카21095).
>
> ㄴ 여기서 권원이 없는 자가 토지소유자의 승낙을 받음이 없이 임차인의 승낙만을 받고 나무를 심은 경우, 토지소유자에게 그 나무의 소유권을 주장할 수 없다(판례). 제23회
>
> ㄷ 타인 소유의 토지에 수목을 식재할 당시 토지의 소유권자로부터 그에 관한 명시적 또는 묵시적 승낙·동의·허락 등을 받았다면, 이는 「민법」 제256조에서 부동산에의 부합의 예외 사유로 정한 '권원'에 해당한다고 볼 수 있으므로, 해당 수목은 토지에 부합하지 않고 식재한 자에게 그 소유권이 귀속된다(대판 2023도11885).

⚡기출

01 토지소유자의 승낙을 받음이 없이 임차인의 승낙만을 받고 나무를 심은 경우, 토지소유자에게 그 나무의 소유권을 주장할 수 (있다/없다).

기출정답

01 없다

④ 저당건물과 별개의 물건을 낙찰받은 경우

　㉠ 저당건물과는 별개의 독립된 건물을 저당건물의 부합물이나 종물로 보아 경매법원에서 저당건물과 같이 경매를 진행하고 경락허가를 하였다고 하여 위 건물의 소유권에 변동이 초래될 수는 없다(대판 90다카27969).

　㉡ 반대로 건물에 부합된 증축부분이 경매절차에서 경매목적물로 평가되지 않은 때에도 매수인은 그 소유권을 취득한다.

⑤ 시멘트가 제3자의 건물에 부합된 경우

⚡기출

01 매도인에게 소유권이 유보된 시멘트를 매수인이 제3자 소유의 건물 건축공사에 사용한 경우, 그 제3자가 매도인의 소유권 유보에 대해 악의라면 시멘트는 건물에 부합(한다/하지 않는다). 제30회

　㉠ 매도인에게 소유권이 유보된 시멘트를 매수한 자가 제3자 소유의 신축건물 공사에 사용한 경우 부합이 성립한다.

　㉡ 매매 목적물에 대한 소유권이 유보된 경우라 하더라도 이를 다시 매수한 제3자의 선의취득이 인정되는 때에는, 그 선의취득이 이익을 보유할 수 있는 법률상 원인이 되므로 매도인은 제3자에게 보상을 청구할 수 없다(판례).

제4절 　소유권에 기한 물권적 청구권

TIP
물권법 총론과 연계하여 학습할 재료이다.

제213조【소유물반환청구권】소유자는 그 소유에 속한 물건을 **점유한 자**에 대하여 반환을 청구할 수 있다. 그러나 **점유자가 그 물건을 점유할 권리**가 있는 때에는 반환을 거부할 수 있다.

제214조【소유물방해제거, 방해예방청구권】소유자는 소유권을 방해하는 자에 대하여 방해의 제거를 청구할 수 있고 소유권을 방해할 염려있는 행위를 하는 자에 대하여 그 **예방 또는 손해배상의 담보**를 청구할 수 있다.

⚡기출

02 소유자는 소유권을 방해할 염려있는 행위를 하는 자에 대하여 그 예방 (　　) 손해배상의 담보를 청구할 수 있다.

제33회

기출정답

01 한다　02 또는

01 소유물반환청구권(제213조)

(1) 주체는?

> ① **현재 소유자**: 소유권에 기한 물권적 청구권을 가진다.
> ② **종전소유자**: 소유권에 기한 물권적 청구권을 행사할 수 없다.
>   소유권을 양도한 전소유자는 불법점유자에 대하여 소유권에 기한 방해배제를 청구할 수 없다(전합).

(2) 상대방은?

> ① **현재 점유자**: 직접점유자와 간접점유자 모두 해당된다.

> ② 상대방이 '점유할 권리'를 가진 경우에는 소유자의 반환청구를 거부할 수 있다. 판례는 매매계약의 이행으로 토지를 인도받은 매수인이 이전등기를 마치지 않고 제3자에게 전매하여 인도한 경우, 매도인은 제3자에게 소유권에 기한 물권적 청구권을 행사할 수 없다.

02 방해제거청구권

> (1) [기출] 방해제거란 방해의 원인을 제거하는 것을 내용으로 하고, 이미 침해되어 종결된 방해결과의 제거를 내용으로 하는 손해배상청구와는 구별된다.

> (2) **진정명의회복으로 소유권이전등기청구**
> 진정한 소유권을 다른 사람이 원인 없이 불법으로 등기를 이전한 경우 진정소유자는 말소등기를 청구하거나 이에 갈음하여 진정명의회복을 원인으로 이전등기를 청구할 수 있다. 이 진정명의회복을 위한 이전등기청구권의 성질은 **방해제거청구권의 성질을 가진 것이다**(대판 2006다30921).

03 방해예방 또는 손해배상의 담보

(1) 소유자는 소유물을 방해할 염려가 있는 행위를 하는 자에 대하여 그 예방 또는 손해배상의 담보를 청구할 수 있다(제214조 후단).

(2) 소유자는 방해의 예방청구나 손해배상의 담보청구 중 하나만을 선택해야 하고 방해예방청구와 함께 손해배상의 담보를 청구할 수 없다.
방해받을 염려는 객관적으로 상당한 개연성을 요한다는 것이 판례이다. 방해의 염려를 발생시킨 데 대하여 귀책사유가 없더라도 방해예방청구권의 내용으로서 담보제공을 청구할 수 있다.

⚡**기출**

01 소유자는 소유물을 침탈한 자의 선의의 특별승계인에게 소유물반환청구를 할 수 ( ). 제31회

04 소유물반환청구권과 점유물반환청구권과의 비교

소유권에 기한 물권적 청구권	기간의 제한 없고 승계인의 선의여도 인정
점유권에 기한 물권적 청구권	1년 이내에만 가능, 악의 특별승계인에게만 가능

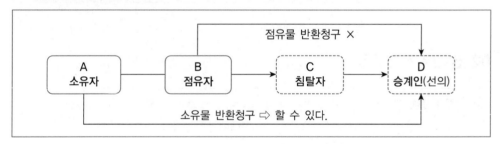

제5절 공동소유

01 공유 빈출

1. 지분

① 빌라에 甲$\frac{3}{5}$ - 乙$\frac{1}{5}$ - 丙$\left(\frac{1}{5}$ 지분$\right)$으로 투자하여 공동소유

② 토지에 甲$\left(\frac{1}{2}\right)$ - 乙$\left(\frac{1}{2}$ 지분$\right)$으로 투자하여 공동소유

기출정답

01 있다

(1) 지분이란?

하나의 물건에 대한 소유권의 비율을 말한다.

> ① 지분은 공유물 전부에 분포한다(예 물컵의 잉크처럼).
>
> ② 1개 물건에 여러 사람에게 지분을 인정해도 1물1권주의에 위반하지 않는다.

(2) 지분 처분의 자유

> ① 공유자는 공유자의 동의 없이 단독으로 자기 지분을 처분할 수 있다.
>
> ② 공유자 1인이 다른 공유자의 동의 없이 자기 지분 위에 한 저당권설정행위는 유효하다. 제23회

(3) 공유자가 지분을 포기하거나 상속인 없이 사망한 경우 제19회

> ① 사망한 자의 지분은 다른 공유자에게 균등하게 귀속하지 않고 지분비율로 귀속한다(국가에 귀속이 아니다).
>
> ② 기출 공유자의 공유지분의 포기는 의사표시를 요소로 하는 법률행위이므로 등기를 요한다.

2. 공유물의 이용관계

(1) 공유물의 보존행위(각자 단독으로!!)

① 공유물을 원인 없이 등기하여 침해한 경우

> ㉠ '공유자 1인'이 다른 공유자의 동의 없이 공유물 전부를 매도하여 타인명의로 소유권이전등기가 마쳐진 경우, 처분행위를 한 '공유자 자신의 지분범위 내에서는 실체에 부합하여 유효한 등기'이다. 따라서 다른 공유자는 그 등기의 전부말소를 청구할 수 없다.
>
> ㉡ 공유부동산에 관하여 '제3자에게 원인무효'의 소유권이전등기가 경료된 때, 각 공유자 중 1인은 공유물의 보존행위로서 그 '등기전부의 말소'를 청구할 수 있다(대판 92다52870).

⚡ **기출**

01 소수지분의 공유자 1인이 다른 공유자와 협의 없이 공유물을 '배타적으로 사용'하는 경우 다른 공유자에게 지분비율로 부당이득반환의무가 (있다/없다).

02 '소수공유자 중 1인'이 공유물 일부를 배타적으로 독점하는 경우 다른 소수지분권자는 보존행위로 전부반환을 청구할 수 (있다/없다).　　제32회

② 기출 소수지분의 공유자 1인이 다른 공유자와 협의 없이 공유물을 '배타적으로 사용'하는 경우 다른 공유자에게 <u>부당이득반환의무</u>가 있는가?

> 공유자들 사이에 지분의 과반수의 협의가 없이는 공유자 1인이 특정부분을 배타적으로 사용할 수 없는 것이므로 공유자 중 일부가 특정부분을 배타적으로 점유·사용하고 있다면, 특정부분의 면적이 자신의 지분비율에 상당하는 면적 범위 내라 하여도, 지분이 있으나 사용·수익은 전혀 하지 않고 있는 자에 대하여 그 지분비율만큼 부당이득으로 반환할 의무가 있다(전합).

③ 소수지분의 공유자 1인이 다른 공유자와 협의 없이 공유물을 '배타적으로 독점하여 사용'하는 경우 다른 소수지분권자는 <u>공유물의 보존행위로 인도청구</u>할 수 있는가?

> ㉠ '소수공유자 중 1인'이 공유물 일부를 배타적으로 독점, 사용하는 경우 다른 소수지분권자는 보존행위를 근거로 공유물의 전부반환을 청구할 수 없다(전합).

> ㉡ 공유자가 다른 공유자를 배제하고 공유물을 '독점적으로 점유·사용하는 것'은 위법하여 허용되지 않는다.

> ㉢ 일부 공유자가 '공유물의 전부나 일부'를 독점적으로 점유한다면 이는 다른 공유자의 지분권에 기초한 사용·수익권을 침해하는 것이다. 공유자는 자신의 지분권 행사를 방해하는 행위에 대해서 **제214조에 따른 방해배제청구권**을 행사할 수 있다.

> ㉣ 원고와 피고는 이 사건 건물을 1/2의 지분 비율로 공유하고 있다. 그렇다면 피고가 이 사건 건물 중 3층을 독점적으로 점유하고 있다고 하여도 소수지분권자인 원고는 피고를 상대로 그 **인도를 청구할 수 없다**(대판 2024다213157).

(2) 관리행위(공유자 수의 과반수가 아니라 공유지분의 과반수의 동의가 요건!!)

과반수지분권자가 자기 멋대로 건물을 임대 놓은 경우

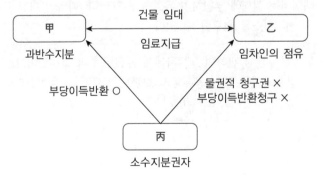

① 과반수지분권자가 단독으로 공유물 관리에 관한 사항을 정할 수 있다.

> 과반수지분권자는 관리방법으로 공유토지의 특정부분을 배타적으로 사용, 수익할 수 있지만, 그로 인해 특정부분을 사용하지 못한 소수지분권자에 대해 지분에 상응하는 부당이득반환의무를 부담한다(판례).

② 과반수지분권자로부터 사용, 수익을 허락받은 점유자(임차인)의 공유물 점유는?

> ⊙ 임차인의 점유는 관리권한을 가진 자로부터 임대하여 점유한 것으로 **적법한 점유**이므로 다른 소수지분권자는 점유자(임차인)에게 공유물에 대한 **물권적 반환청구**나 부당이득반환을 청구할 수 없다.

> ⓒ 주의 소수지분권자는 점유자(임차인)에게 임료 상당의 부당이득반환을 청구할 수 없다.

> ⓒ 주의 소수지분권자는 과반수지분권자에게 지분비율로 임료 상당의 부당이득반환청구할 수 있다.

③ 소수지분권자가 단독으로 공유물을 제3자에게 임대하여 제3자가 점유하는 경우? 제32회

> ⊙ 과반수지분권자의 입장에서는 불법점유이다.
> ⓒ 다른 지분권자는 제3자에게 지분비율로 부당이득반환을 청구할 수 있다.

쟁점 **비교정리**

소수지분권자가 독점 사용한 경우 <불법점유>	ⓐ 다른 소수지분권자는 **인도청구할 수 없다.**
	ⓑ 다른 지분권자에게 **부당이득반환의무가 있다.**
과반수지분권자의 허락하에 점유하는 자 <적법점유>	ⓐ 소수지분권자는 임차인에게 **인도청구 ×**
	ⓑ 소수지분권자는 임차인에게 **부당이득반환청구 ×**
소수지분권자의 허락하에 점유하는 자 <불법점유>	ⓐ 다른 지분권자는 **인도청구 ○**
	ⓑ 다른 지분권자에게 **부당이득반환의무 ○**

④ 상가건물의 공유자인 임대인이 임차인에게 계약갱신거절의 통지를 하는 것이 공유물의 관리행위인지 여부?

> ⊙ 빈출 공유자가 공유물을 타인에게 임대하는 행위 및 임대차계약을 해지하는 행위는 공유물의 관리행위에 해당하므로 공유자의 지분의 과반수로써 결정하여야 한다.
>
> ⓛ 상가건물의 공유자인 임대인이 임차인에게 갱신 거절의 통지를 하는 행위는 공유물의 관리행위에 해당하여 공유자의 지분의 과반수로써 결정하여야 한다. 제23회

⑤ 공유물의 관리에 관한 특약

> ⊙ 공유자간의 공유물관리에 관한 특약: 지분의 승계인에게도 효력이 있다.
>
> ⓛ 빈출 지분의 '본질적 침해'에 해당하는 공유물관리에 관한 특약: 승계인이 알고 있었다는 특별한 사정이 없는 한 지분의 승계인에게 승계되지 않는다.
>
> ⓒ 공유물관리에 관한 특약의 변경: 공유자지분의 과반수로서 변경할 수 있다.

(3) 공유물의 처분행위, 변경 – 공유자 전원의 동의를 요한다.

> 급소 과반수지분권자가 공유하는 나대지에 건물을 신축하는 행위
> ① 공유물의 관리방법으로 부적법하다.
> ② 이는 관리행위가 아니라 처분행위이므로 전원의 동의를 요한다.
> ③ 과반수지분권자가 단독으로 나대지에 건물을 신축하였다면 다른 공유자는 건물의 전부를 철거시킬 수 있다(판례).

3. 공유관계의 주장방법

(1) 공유자가 나의 지분(자기의 지분권)을 주장하는 경우

> ① 각 공유자는 무단점유자에게 공유물의 '보존행위'를 근거로 공유물의 전부반환을 청구할 수 있다.
>
> ② 공유자는 단독으로 지분권에 기하여 제3자의 취득시효를 중단시킬 수 있다.

⚡기출

01 상가건물의 공유자인 임대인이 임차인에게 계약갱신거절의 통지를 하는 것이 공유물의 (   )이다.

02 공유자간의 공유물관리에 관한 특약은 특별한 사정이 없는 한 지분의 승계인에게도 효력이 (있다/없다).

⚡기출

03 과반수지분권자가 공유하는 나대지에 건물을 신축하는 행위는 공유물의 (   )이다.

기출정답

01 관리행위 02 있다
03 처분행위

(2) 빈출 **공유자가 다른 공유자의 지분확인을 대외적으로 주장하는 것**

> 공유물이 타인 명의로 등기된 경우 공유자 1인이 다른 공유자의 지분권을 대외적으로 주장하여 말소등기를 청구하는 경우 이는 보존행위라고 할 수 없어 공유자가 단독으로 행사할 수 없다.

4. 공유물의 분할

(1) 분할의 자유

① 각 공유자는 분할금지특약이 없는 한 언제든지 공유물의 분할을 청구할 수 있다.

② 급소 **공유물의 분할금지특약**

> ⊙ 공유물의 분할금지특약을 등기하면 제3자에게 효력이 있다(물권적 효력).

> ⓒ 공유물의 분할금지특약을 등기하지 않으면 제3자에게 효력이 없다(채권적 효력).

③ 법률상 공유물의 분할청구가 금지되는 경우

> 「집합건물의 소유 및 관리에 관한 법률」상 공용부분이나 대지사용권은 분할청구할 수 없다.

(2) 분할청구권의 성질

① 형성권으로 본다.

② 공유관계가 존속하는 한 독립하여 공유물분할청구권만 소멸시효로 소멸하지 않는다.

(3) 분할방법

> ① 1차적으로 **협의분할**에 의한다. 이는 **등기를 하여야** 소유권이 발생한다.
> ⊙ 공유자 전원이 참가하지 않은 협의분할은 무효이다.
> ⓒ 공유자 1인을 누락한 공유물의 분할협의는 무효이다.

⚡ **기출**

01 공유물의 현물분할로 협의가 성립되어 합의사항을 조서에 기재하여 조정이 성립된 경우 (등기하여야/등기 없이) 소유권이 발생한다.

기출정답

01 등기하여야

② 빈출 **조정이 성립한 경우**: 공유물의 현물분할로 협의가 성립되어 합의사항을 조서에 기재하여 조정이 성립된 경우 즉시 공유관계가 소멸되고 새로운 법률관계가 창설되는 것은 아니고 협의한 바에 따라 **등기를 마쳐야** 소유권을 취득한다 (대판 2011두1917 전원합의체).

③ **재판상 분할**
  ㉠ **전제조건**: 협의가 성립되지 않을 때에만 가능하므로 협의가 성립되었으나 일부가 이전등기에 협력하지 않을 때는 공유물분할의 소를 제기할 수 없다(판례).
  ㉡ 빈출 **공유물분할판결의 성질**: 형성판결이므로 판결 즉시 **등기 없이** 각 공유자에게 소유권이 발생한다. 제18·23회
  ㉢ **분할방법**: 현물분할이 원칙이고 예외적으로 대금분할한다.

(4) 공유물분할의 효과

① 분할의 효과는 그때부터 발생하므로 소급효가 없다.
② 각 공유자는 분할로 인하여 취득한 물건에 매도인과 동일한 담보책임을 진다.
③ 빈출 **공유물분할시 지분상의 저당권(담보물권)은?** 공유지에 존재하던 저당권은 공유물이 분할된 개개의 부동산 위에 분산하여 지분비율로 그대로 존속하므로 해당 공유자가 취득한 분할된 물건위에 집중하는 것이 아니다(판례).

(5) 빈출 공유와 법정지상권 문제

① 공유자 1인이 과반수 동의 얻고 신축한 건물이 공유물 분할로 토지와 건물소유자가 달라진 경우	관습법상 지상권 불성립
② 공유자의 1인이 공유지상에 소유하던 건물이 있다가 단독으로 지분을 전매(단독처분)한 경우	관습법상 지상권 불성립
③ 공유지상에 존재하던 건물이 공유토지의 분할(전원 동의 있어야 가능)로 건물과 토지소유자가 달라진 때	관습법상 지상권 성립

5. 준공유

소유권 이외의 재산권(채권)을 여러 명이 공동으로 소유

02 총유

(1) 총유의 의의

법인 아닌 사단(비법인 사단)이 집합체로서 물건을 소유하는 공동소유의 형태
(예 교회, 종중 땅 등)

> ① 개인에게 지분이 없다. 구성원에게는 총유물의 사용권한만 있고 총유물의 처분
>   권한은 단체에게 귀속한다. 사원총회의 결의가 있어야 총유물의 처분행위를 할
>   수 있다.
>
> ② 개인지위가 상속되지 않는다.
>
> ③ 총유재산의 분할청구는 인정 안 된다. 즉, **교회의 분열을 인정하지 않는다.**
>   일부 교인들이 탈퇴한 경우 교회재산권은 **잔존교인들의 총유로** 귀속된다.

(2) 총유물의 법률관계

> ① 총유물의 **보존행위**에는 공유물의 보존행위규정이 적용될 수 없고 대표자 단독
>   으로 할 수 없다(비교 공유, 합유에서는 단독으로 할 수 있다).
>
> ② 총유물의 관리, 처분행위는 사원총회의 결의에 의한다. 따라서 총회의 결의를
>   거치지 아니한 처분행위는 무효이다.
>
> ③ **종중임야에 분묘를 설치하는 행위**는 관습에 의한 지상권과 유사한 물권의 취득
>   을 가져오는 처분행위에 해당하므로 구성원 단독으로 할 수 없고 총회결의가 필
>   요하다(판례).
>
> ④ 종중이 토지매매를 중개한 **중개업자에게 중개수수료를 지급**하는 약정은 단순채
>   무부담행위에 불과하여 총유물의 관리처분이라고 할 수 없다(판례).

⚡기출

01 총유물의 보존행위는 대표자 단독으로 할 수 (있다/없다).

03 합유

(1) 합유의 의의

> ① 「신탁법」상 수탁자가 수인인 경우, 조합원들이 상호 출자하여 동업목적으로 결
>   합된 단체
> ② 매수인들이 상호 출자하여 공동사업목적으로 조합이 만들어진 경우 조합재산
>   으로서 부동산의 소유권을 취득한 경우 합유가 성립한다(판례).

기출정답

01 없다

(2) 합유의 법률관계

⚡기출

01 합유자 1인이 합유자 전원의 동의 없이 합유지분을 매매한 경우, 이는 (유효/무효)이다.

02 합유자 전원의 동의 없이 합유물에 대한 지분을 처분하면 (유효/무효)이다.

03 합유물의 보존행위가 각자 단독으로 할 수 (있다/없다).

① 합유물에 대한 보존행위는 합유자 각자 단독으로 할 수 있다. 합유물에 관하여 경료된 원인무효의 소유권이전등기의 말소를 구하는 소송은 합유물의 보존행위로서 **합유자 각자가 할 수 있다**(대판 96다16896).

② 합유물의 처분, 합유지분의 처분은 **전원 동의**를 요한다. 합유자 전원의 동의 없이 합유물에 대한 지분을 매매하면 무효이다(비교 공유에서는 자신의 지분 처분의 범위 내에서는 유효하다).

③ **합유지분의 포기**: 포기된 지분은 나머지 잔존합유자들에게 **균등하게 귀속**되지만 합유지분의 포기로 인한 물권변동은 법률행위로서 등기를 하여야 효력이 생긴다.

④ 조합원의 지위는 상속인에게 상속되지 않는다.

기출정답

01 무효 **02** 무효
03 있다

제5장 | 용익물권

제1절 총설

지상권	지상권자는 타인의 토지에 건물, 공작물, 수목을 소유하기 위하여 타인의 토지를 사용하는 권리가 있다(제279조).
지역권	지역권자는 일정한 목적을 위하여 타인의 토지(승역지)를 자기 토지(요역지)의 편익에 이용하는 권리가 있다(제291조).
전세권	전세권자는 전세금을 지급하고 타인의 부동산을 점유하여 그 용도에 좇아 사용·수익하며, 그 부동산의 전부에 대하여 후순위권리자 기타 채권자보다 우선변제를 받을 권리가 있다(제303조).

제2절 지상권

건물, 공작물, 수목을 소유하기 위하여 타인의 토지를 점유하여 사용하는 물권

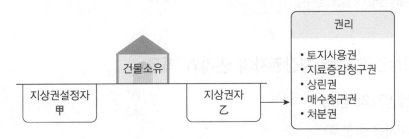

01 지상권의 취득

(1) 약정지상권은 토지소유자와 지상권자의 지상권 '설정계약'과 '등기'에 의하여 취득하는 것이 일반적이다. 지상권설정계약에 의한 취득은 법률행위에 의한 물권변동이므로 등기하여야 효력이 있다.

(2) 유상계약인 지상권설정계약에도 「민법」 제569조를 준용하여 **부동산의 소유자**
가 아닌 자[1]라도 향후 해당 부동산에 지상권을 설정하여 줄 것을 내용으로 하
는 계약을 체결할 수 있고, 단지 그 계약상 의무자는 향후 처분권한을 취득하거
나 소유자의 동의를 얻어 해당 부동산에 지상권을 설정하여 줄 의무를 부담할
뿐이라고 보아야 한다(대판 2018다37949·37956).

(3) 법정지상권은 법률의 규정에 의한 지상권취득으로서 등기 없이 성립한다.

[1] 소유자가 아닌 자가 체결한 지상권설정계약도 효력 있다.

02 빈출 존속기간(최단기 제한 있다: 영구적인 설정도 가능하다)

기간 약정 있을 때 **(제280조)**	① **견고한 건물(30년 이상: 최장기는 제한 없다)** 지상권의 존속기간을 영구적으로 설정하는 계약은 유효하다. ② 일반건물(15년 이상, **최장기 제한 없다**) ③ 공작물(5년 이상, 최장기 제한 없다)
기간 약정 없는 때 **(제281조)**	① 위 목적물의 **최단기간을 정한 것으로 본다.** ② 설정 당시에 공작물의 종류와 구조를 정하지 않은 경우? 15년으로 본다. 제18회

주의 • 지상권자가 신축한 것이 아니라 **기존건물의 사용을 목적으로 하는 경우**: 최단기간의 제한을
받지 않는다.
　　• **지상권의 기간 약정이 없는 경우**: 최단기간을 정한 것으로 간주하므로 당사자는 언제든지
　　지상권의 소멸을 청구할 수 있다(×).

03 지상권의 효력(지상권자의 권리와 의무)

1. 지상권자의 권리

(1) 토지사용권(본체)

① 지상권은 물권이므로 토지소유자가 소유권을 양도하여 토지양수인이 토지인도를 　청구해도 지상권자는 이를 거절하고 토지의 양수인(제3자)에게 대항할 수 있다. 　<div align="right">제21·23회</div>
② 제3자가 침범한 때는 지상권에 기하여 <u>반환·제거·예방청구</u>할 수 있다.
③ 지상권은 토지를 사용하는 권리이므로 **지상의 건물이 멸실, 철거, 개축하거나** 　계약 당시에 수목이 존재하지 않아도 지상권은 소멸하지 않는다. 제16·20회

(2) 지료증감청구권(전세금증감청구 · 차임증감청구 – 근거 사정변경의 원칙)

① 지료가 토지에 관한 조세 기타 부담의 증감이나 지가의 변동으로 인하여 상당하지 않게 된 때에는 당사자는 그 증감을 청구할 수 있다(제286조).

② 법원이 지료액수를 결정하는 판결을 오늘 하면 그 지료증액의 효력은 '판결이 확정된 때부터' 발생하는 것이 아니라 '증액청구를 한 날로부터 소급'하여 지료증액청구의 효력이 생긴다. 제18 · 23회

(3) 빈출 상린관계 준용

① 지상권자와 전세권자에도 준용규정이 있다. 제18 · 23회

② 지상권자는 지상권의 목적인 토지의 경계나 그 근방에서 건물을 수선하기 위하여 필요한 범위 내에서 이웃토지의 사용을 청구할 수 있다. 제26회

(4) 빈출 지상물매수청구권(지상권, 임차권에는 명문규정이 있다)🛈

① 지상권자의 지상물매수청구권(제283조)
지상권이 기간만료시 지상권자는 지상권의 갱신을 청구하고 '설정자가 거절하면' 지상물매수를 청구할 수 있다. 이는 형성권이다.

② 지상권설정자의 지상물매수청구권(제285조)
지상권설정자가 상당한 가액을 제공하여 그 공작물이나 수목의 매수를 청구한 때에는 지상권자는 정당한 이유 없이 이를 거절하지 못한다.

③ 지상물매수청구권은 지상권이 존속기간의 만료로 인하여 소멸하는 때에 지상권자에게 갱신청구권이 있어 갱신청구를 하였으나 지상권설정자가 계약갱신을 원하지 아니할 때 비로소 행사할 수 있는 권리이다. 한편, 지상권자의 갱신청구권의 행사는 지상권의 존속기간 만료 후 지체 없이 하여야 한다. 따라서 지상권의 **존속기간 만료 후 지체 없이 행사하지 아니하여 지상권자의 갱신청구권이 소멸한 경우**에는, 지상권자의 적법한 갱신청구권의 행사와 지상권설정자의 갱신 거절을 요건으로 하는 지상물매수청구권은 발생하지 않는다(대판 2022다306642).

⚡기출

01 지료증액청구를 하면 증액청구의 효력은 (   )부터 생긴다.   제23회

🛈
지상권이 기간만료시 지상권자는 지상권의 갱신을 청구하고 설정자가 거절하면 지상물매수를 청구할 수 있다.

기출정답

01 증액청구한 날

(5) 처분권

① 지상권자는 설정자의 동의 없이 지상권을 처분할 수 있고 지상권을 목적으로 저당권을 설정할 수 있다.
② [빈출] 지상권자의 처분권은 절대적으로 보장받으므로 **처분금지특약이 있어도 무효**이다. 지상권자는 설정자의 의사에 반하여 지상권을 처분할 수 있다. 제18·26회
③ [주의] 지상권자가 건물과 지상권을 분리하여 처분하는 것도 가능하다. 지상권자는 지상권을 유보한 채 지상물 소유권만을 양도할 수도 있고 지상물 소유권을 유보한 채 지상권만을 양도할 수도 있는 것이어서 지상권자와 그 지상물의 소유권자가 반드시 일치하여야 하는 것은 아니다(대판 2006다6126).

2. 지상권자의 의무[1]

[1] 비교
임대차는 임대인이 목적물의 유지, 관리의무를 부담한다.

(1) 토지의 유지, 관리의무

지상권자 스스로 토지의 유지, 관리의무를 부담한다.

(2) 지료

⚡기출

01 지료를 연체한 지상권자가 지상권을 양도한 경우, 지상권설정자는 지료약정이 (   )된 때에만 연체사실로 지상권을 이전받은 자에게 대항할 수 있다.　제29회

① 지료는 지상권의 성립요소가 아니다(지료없는 무상의 지상권도 유효하다). ② 지료액에 관한 약정은 '**등기하여야**' 제3자에게 대항할 수 있다. 　⊙ [빈출] **지료에 관한 유상약정을 등기하지 않은 경우** 　　ⓐ 토지소유자는 지상권을 이전받은 '제3자'에게 지료의 청구할 수 없다. 　　ⓑ 지료에 관하여 등기되지 않은 경우에는 무상의 지상권으로서 지료증액청구권도 발생할 수 없다. 제20회 　ⓒ [비교] **당사자간에 지료에 관한 약정이 등기되어 있을 경우** 　　ⓐ 지료지급의무도 지상권을 이전받은 자에게 수반된다. 　　ⓑ 토지소유자는 지상권을 이전받은 제3자에게 지료지급을 청구할 수 있다.
③ **법정지상권에서 지료액수가 미결정되어 지급할 수 없는 상태인 경우** 토지소유자는 지료연체를 이유로 법정지상권의 소멸을 청구할 수 없다(판례).

기출정답

01 등기

(3) 지상권이 저당권의 목적인 경우

> 지상권자가 지료를 2년간 연체하는 경우 지상권설정자는 지상권의 소멸청구를 할 수 있다. 그 효력은 즉시가 아니라 **상당기간이 경과한 후 발생한다.** 제17·24회

(4) 지료액을 2년 체납시 토지소유자는 지상권 소멸청구할 수 있다.

> ① 지료의 등기를 하지 않은 이상 토지소유자는 구 지상권자의 지료연체 사실을 들어 지상권을 이전받은 자에게 대항하지 못한다(판례). 제18회

> ② [빈출] 지상권자의 지료지급 연체가 토지소유권의 양도 전후에 걸쳐 이루어진 경우 토지 양수인에 대한 연체기간이 2년이 되지 않는다면 양수인은 전소유자에 대한 연체기간의 합산을 주장하여 지상권소멸청구를 할 수 없다. 제17·22회

⚡기출

01 지료체납 중 토지소유권이 양도된 경우, 양도 전·후를 통산하여 지료연체가 2년에 이르면 지상권소멸청구를 할 수 (있다/없다). 제31회

04 지상권의 소멸

1. [주의] 존속기간의 만료
지상권에는 법정갱신이 인정되지 않으므로 지상권은 말소등기 없이 소멸한다.

2. 선순위저당권의 실행
지상권보다 우선하는 선순위저당권자가 경매를 실행한 경우 지상권은 소멸한다.

3. 지상권이 저당권의 목적인 때
지상권자가 2년간 지료를 연체한 경우 토지소유자는 지상권의 소멸청구를 할 수 있다. 다만, 지상권소멸청구는 저당권자에게 통지한 후 상당한 기간이 경과함으로써 그 효력이 생긴다(제288조). 제18회

4. 혼동
지상권자가 토지소유권을 취득하여 혼동이 생긴 경우 지상권은 소멸한다. 다만, 지상권이 저당권의 목적인 경우에는 혼동으로 소멸하지 않는다.

기출정답

01 없다

제5장 용익물권 **137**

5. 빈출 근저당권자가 아울러 담보목적의 지상권을 취득(소위 담보지상권)

	건물축조를 억제	
甲 소유[나대지]	(3억원 대출)	乙
		•근저당권
		•무상의 지상권

① 저당권의 담보가치를 확보하기 위하여 지상권을 취득한 경우, 지상권자는 건물을 신축하는 제3자에게 '건물의 철거와 대지의 인도를 청구'할 수 있다(대판 2005다47205).

② 담보지상권은 저당권의 피담보채권이 소멸하면 그에 부종하여 소멸한다. 채권자 앞으로 근저당권과 아울러 지상권을 설정하였다면, 그 **피담보채권이 변제로 소멸하게 되면 지상권은 소멸한다**(대판 2011다6342).

③ 제3자가 토지 위에 건물을 신축하는 경우 제3자가 지상권자에게 대항할 수 있는 권원을 가지고 있다는 특별한 사정이 없는 한, **지상권자는 그 방해배제청구로서 신축 중인 건물의 철거와 대지인도를 구할 수 있다**(대판 2005다47205).

④ 저당부동산의 담보가치 확보를 목적으로 하는 담보지상권자는 토지의 사용권이 본체가 아니라 담보가치의 확보를 목적으로 하므로 제3자가 토지를 불법사용한다는 사정만으로는 금융기관에게 어떤 손해가 발생하였다고 볼 수 없어 손해배상이나 **부당이득반환을 청구할 수 없다**(대판 2006다586).

⑤ 토지소유자는 저당 부동산의 담보가치를 하락시킬 우려가 있는 등의 특별한 사정이 없는 한 토지를 사용·수익할 수 있다(대판 2015다69907).

05 특수지상권

1. 구분지상권

(1) **지하 또는 지상**에 상하범위를 정하여 건물, 공작물을 소유할 목적으로 지상권의 목적으로 할 수 있다. 이 경우 제3자가 토지를 사용할 권리가 있는 때는 제3자의 승낙을 얻고 설정할 수 있다.

(2) 빈출 **수목을 목적으로 구분지상권을 설정할 수 없다.** 제17회

(3) 구분지상권의 존속기간을 영구로 할 수도 있다.

2. 분묘기지권

(1) 의의

타인의 토지에 분묘를 설치한 자는 분묘의 수호를 위해 기지를 사용할 수 있는 지상권에 유사한 관습법상의 물권을 취득하는데 이를 분묘기지권이라 한다.

(2) 분묘기지권이 성립하는 경우

① **'시효취득'형 분묘기지권의 경우**: 토지소유자가 **지료의 지급을 청구한 때부터** 지료를 지급하여야 한다(판례). 제32회
구 「장사 등에 관한 법률」의 시행일인 2001.1.13. 이전에 타인의 토지에 분묘를 설치한 다음 20년간 평온·공연하게 분묘의 기지를 점유함으로써 분묘기지권을 시효로 취득하였더라도, 분묘기지권자는 토지소유자가 분묘기지에 관한 지료를 청구하면 그 **지료를 청구한 날부터**(대법원의 소수 견해는 분묘기지권이 성립한 날로부터) 지료를 지급할 의무가 있다(대판 2017다228007 전원합의체). **■**
주의 장사법 시행 이후 타인의 임야에 분묘를 설치하여 점유한 자는 분묘기지권을 시효취득할 수 없다(판례).
② **양도형 분묘기지권**: 분묘기지권이 성립한 때로부터 지료를 지급하여야 한다. 자기 소유 토지에 분묘를 설치한 사람이 그 토지를 양도하면서 분묘를 이장하겠다는 특약을 하지 않음으로써 분묘기지권을 취득한 경우, 특별한 사정이 없는 한 분묘기지권자는 분묘기지권이 성립한 때부터 토지소유자에게 그 분묘의 기지에 대한 토지사용의 대가로서 지료를 지급할 의무가 있다(대판 2020다295892).
③ **승낙형 분묘기지권**: 토지소유자가 분묘의 수호자에 대하여 분묘의 설치를 승낙한 때에는 분묘기지권이 발생하는데 성립 당시에 토지소유자와 분묘수호자가 지료지급의 범위 등에 관하여 약정을 하였다면, 그 약정의 효력은 **분묘기지의 승계인에게도 미친다**(대판 2017다27183).

(3) 내용

① **분묘기지권의 범위**: 분묘가 설치된 기지에 국한하는 것이 아니고 분묘를 수호하는 데 필요한 주위의 빈 땅에도 미친다(판례). 기존에 분묘가 있다하여 새로운 분묘를 설치할 권능은 허용되지 않으므로 부부일방을 단분형태로 합장하거나 쌍분형태로 **합장하여 분묘를 설치하는 것도 허용되지 않는다**(대판 2001다28367). 제26회

⚡**기출**

01 시효취득형 분묘기지권자는 토지소유자가 ( )부터 지료를 지급하여야 한다. 제32회

02 자기토지에 분묘를 설치한 자가토지를 양도하면서 분묘를 이장한다는 특약을 하지 않음으로써 분묘기지권을 취득한 경우, ( )부터 지료를 지급하여야 한다.

■
대법원의 소수견해는 분묘기지권이 성립한 날로부터 지료를 지급하여야 한다는 입장이다.

기출정답

01 지료지급을 청구한 때
02 분묘기지권이 성립한 때

② **존속기간**: 약정이 있는 경우 약정한 기간 동안 사용하되 약정이 없는 경우 권리자가 분묘의 수호를 계속하는 한 분묘가 존속하는 동안 분묘기지권도 존속한다. 따라서 공작물의 존속기간인 5년이 적용되지 아니한다.

③ 분묘의 소유자는 등기 없이 관습법에 의한 분묘기지를 '사용'할 권리가 생기는 것이지 분묘기지의 '소유권' 자체를 시효취득하는 것이 아니다(대판 97다3651).

기출 분묘기지권자는 분묘기지를 사용할 뿐 분묘기지의 소유권을 이전해달라고 청구할 수 없다.

④ 기출 분묘기지권은 물권이므로 토지의 새로운 소유자는 분묘기지권자에게 분묘를 이장해달라고 청구할 수 없다.

⑤ **지료 지급시기**

'시효취득'형 분묘기지권의 경우	토지소유자가 지료의 지급을 청구한 때부터 지료를 지급하여야 한다(전합).
양도형 분묘기지권	분묘기지권이 성립한 때로부터 지료를 지급하여야 한다.

(4) 분묘기지권의 소멸

① **분묘기지권의 포기**: 분묘기지권자가 분묘기지권을 포기하는 의사를 표시하면 곧바로 소멸하고 점유의 포기까지는 필요가 없다(판례).

② 2년간 지료를 지체한 경우 토지의 소유자는 분묘기지권의 소멸청구할 수 있다.

③ 분묘가 일시적으로 멸실된 경우에도 유골이 존재하고 '분묘의 원상회복이 가능하다면' 분묘기지권은 소멸하지 않고 존속한다. 제26회

3. 관습법상 법정지상권 빈출

(1) 의의

「민법」은 토지와 건물을 별개로 취급하는바 소유주가 둘 중 어느 하나만 처분하면서 건물을 철거한다는 특약이 없는 경우 건물철거를 방지하고자 건물소유자에게 관습법으로 지상권을 인정하여 준 것이다. 관습법상의 법정지상권은 강행규정이 아니라 임의규정이다. 따라서 당사자가 이를 포기할 수 있다.

⚡ **기출**

01 분묘기지권자는 토지소유자에게 분묘기지의 소유권을 이전해 달라고 청구할 수 (있다/없다).

기출정답

01 없다

(2) 성립요건

토지와 건물이 동일인 소유	토지주인과 건물주가 달라질 때

토지와 건물이 처분 당시에 동일인 소유	[주의] 토지와 건물이 다른 사람 소유시 불성립 ① 원시적으로 동일인의 소유일 필요 없다. ② 무허가 건물의 경우에도 성립할 수 있다.
매매 기타사유로 처분할 것	매매, 강제경매도 해당된다.
토지와 건물의 소유자가 달라질 것	–
건물 철거특약이 없을 것	[주의] 건물 철거특약 있으면 불성립 [주의] 환매특약 있을 때 불성립 [주의] 토지에 임대차 약정 있을 때 불성립

(3) [주의] 강제경매시 동일인의 판단

① 강제경매의 경우	압류의 효력발생시를 기준으로 동일인을 판단한다. 제26회
② 저당권설정 후 강제경매가 있는 때	저당권설정 당시를 기준으로 토지와 건물의 동일인을 판단한다.

(4) 당사자간에 다른 특약이 없을 것

> ① 동일인 소유이던 토지와 그 지상 건물이 매매 등으로 인하여 각각 소유자를 달리하게 되었을 때 건물 소유자와 토지 소유자 사이에 대지의 사용관계에 관하여 어떠한 약정이 있다면 이를 우선적으로 존중하므로, 관습법상 법정지상권은 당사자 사이에 아무런 약정이 없을 때 보충적으로 인정된다고 볼 수 있다(대판 2017다236749 전원합의체).
> ② **건물철거 특약이 없어야 성립:** 동일한 소유자에 속하는 대지와 그 지상건물이 매매에 의하여 각기 소유자가 달라지게 된 경우에는 특히 건물을 철거한다는 조건이 없는 한 건물소유자는 대지 위에 건물을 위한 관습상의 법정지상권을 취득하는 것이다. 제25회

⚡**기출**

01 '타인소유의 토지 위에 토지소유자의 승낙을 얻어 신축한 건물만을 매수한 경우 관습상 지상권이 (성립한다/불성립한다).

⚡**기출**

02 동일인 소유의 건물과 토지가 매매로 인하여 서로 소유자가 다르게 되었으나, 당사자가 그 건물을 철거하기로 합의한 때에는 관습법상 지상권이 (성립한다/성립하지 않는다). 제24회

기출정답

01 불성립한다
02 성립하지 않는다

③ [주의] **건물철거 특약이 있으면 불성립**: 당사자 사이에 **건물을 철거한다는 특약**이 있는 경우 관습상 지상권은 성립하지 않는다. 관습법상의 법정지상권은 강행규정이 아니라 임의규정으로서 당사자가 포기할 수 있다. 따라서 건물철거에 관한 특약의 존재에 관한 입증책임은 그러한 사정의 존재를 주장하는 자에게 있다(대판 1988.9.27, 87다카279). 제25회

④ [주의] **건물철거 후 다시 신축하기로 약정한 경우 성립**: 토지와 건물의 소유자가 토지만을 타인에게 증여한 후 구 건물을 철거하되 그 지상에 자신의 이름으로 건물을 다시 신축하기로 합의한 경우 이는 토지의 계속 사용을 그만두겠다는 합의가 아니므로 관습법상 법정지상권이 인정된다(대판 98다58467).

(5) 효과

① 건물주가 남의 토지를 등기 없이 30년간 사용할 권리가 발생하므로 토지소유자는 건물의 철거를 청구할 수 없다.
② 관습법상 법정지상권의 경우, 지료에 관한 협의나 법원의 지료결정이 없으면 토지소유자는 지료연체를 주장하지 못한다.
③ [빈출] 법정지상권 성립한 후 구 건물을 철거하고, 철거한 후 건물은 신축한 경우 법정지상권의 범위는 구 건물 기준 만큼이고 법정지상권은 신축건물에 생긴다.
④ [빈출] 관습법상 법정지상권을 취득한 자는 등기 없이 지상권을 취득 당시의 토지소유자에게 주장할 수 있으며 그로부터 토지를 전득한 제3자에게 대항하기 위하여 등기가 필요 없다(판례). 제17·19·25회

(6) 관습법상 지상권이 불성립하는 주요판례

① [주의] **건물철거 특약이 있는 경우**: 당사자 사이에 **건물을 철거한다는 특약**이 있는 경우 관습상 지상권은 성립하지 않는다. 관습법상의 법정지상권은 임의규정으로서 당사자가 포기할 수 있다.
② 대지상의 건물 매수하면서 **대지에 관한 임대차계약을 체결하였다면** 위 건물매수로 인하여 취득하게 될 관습상의 법정지상권을 포기하였으므로 관습상 지상권이 성립하지 않는다(대판 91다1912). 제17회
③ [빈출] **나대지에 환매특약이 있는 경우**: 나대지상에 환매특약의 등기가 마쳐진 상태에서 대지소유자가 그 지상에 건물을 신축하였다면, 대지소유자는 환매특약 당시의 상태로 반환하여야 할 의무를 부담하는 것이므로 환매권자가 환매기간 내에 적법하게 환매권을 행사하면 환매특약의 등기 후에 마쳐진 제3자의 근저당권도 소멸하므로, 환매권의 행사에 따라 토지와 건물의 소유자가 달라진 경우 그 건물을 위한 관습상의 법정지상권은 애초부터 생기지 않는다(판례). 제20·22회

⚡기출

01 환매특약의 등기가 경료된 나대지의 소유자가 그 지상에 건물을 신축한 후, 환매권이 행사되면 관습상의 지상권은 (성립한다/성립하지 않는다).

제23회

기출정답

01 성립하지 않는다

④ **공유토지 위에 과반수지분권자의 동의 얻고 건물을 신축한 경우**: 나머지 공유자를 제외하고 공유자 1인이 지상권설정의 처분행위를 용인하는 것은 부당하므로 건물에는 관습법상 지상권이 성립하지 않는다.

⑤ **'타인소유의 토지 위에 토지소유자의 승낙'을 얻어 신축한 건물을 매매한 경우** '타인소유의 토지 위에 토지소유자의 승낙'을 얻어 신축한 건물을 매수자가 건물만을 매매로 취득한 경우에는 처분 당시에 동일인이 아니므로 관습상 지상권이 성립하지 않는다(대판 66다504).

⑥ **나대지에 저당권설정 후 건물신축하고 대지가 강제경매된 때**: 甲 소유 나대지(X토지)에 乙의 저당권을 취득한 뒤 甲이 건물을 신축하였는데 X토지에 대해 통상의 강제경매가 실시되어 낙찰자가 그 토지를 취득한 경우, 甲은 관습상 법정지상권을 취득하지 못한다. 제26회

⑦ [빈출] **미등기 건물과 토지를 함께 매수한 사건**: 미등기건물을 그 대지와 함께 매도하였다면 비록 매수인에게 그 대지에 관하여만 소유권이전등기가 경료되고 건물에 관하여는 등기가 경료되지 아니하여 형식적으로 대지와 건물이 그 소유명의자를 달리하게 되었다 하더라도 토지매수자가 건물처분권까지 같이 얻은 경우 매도인에게 관습상의 법정지상권을 인정할 이유가 없다(대판 2002다9660 전원합의체). 제21·24회

[★] **개념 PLUS Ⅰ 관습법상 법정지상권이 성립하는 경우**

1. **동일인소유의 무허가 건물이 존재하는 경우**
   토지와 건물이 처분 당시에 동일인의 소유나 무허가 건물이었던 경우 무허가 건물에도 관습상 지상권이 성립한다.

2. [비교] **공유대지의 분할로 달라질 때**
   공유대지에 건물을 소유하다가 **공유대지를 분할로 인하여** 다른 소유자에게 귀속하게 된 경우 대지를 분할할 때에 건물의 소유자에게 이미 지상권의 성립을 묵시적으로 승인하여 준 것이므로 건물에는 관습법상 지상권이 성립한다.

3. **대지의 소유자 甲이 乙과 건물을 甲, 乙이 공유**하면서 대지만을 다른 사람에게 증여나 매도하여 소유자가 달라진 경우 건물에는 관습상 법정지상권이 성립한다 (판례) 제34회

⚡ **기출**

01 乙 소유의 토지 위에 乙의 승낙을 얻어 신축한 丙 소유의 건물을 甲이 매수한 경우 관습상 지상권이 (성립한다/불성립한다). 제33회

TIP
'저당권'에서 상세히 분석한다.

기출정답

01 불성립한다

4. 법정지상권

⚡기출

01 법정지상권자는 지상권을 (등기하여야/등기 없이) 지상권을 취득할 당시의 토지소유자로부터 토지를 양수한 제3자에게 대항할 수 있다. 제24회

02 건물을 위한 법정지상권이 성립한 경우, 그 건물에 대한 저당권이 실행되면 경락인은 (등기하여야/등기 없이) 법정지상권을 취득한다. 제29회

03 법정지상권이 성립한 건물을 양도한 경우 토지소유자가 건물의 양수인에게 토지인도 및 건물철거를 청구하는 것은 허용될 수 (   ). 제28회

(1) 의의

토지와 건물 중 하나만 처분하여 소유자가 달라질 경우에 법률의 명문 규정으로 지상권취득을 등기 없이 인정한다.

(2) 「민법」상 명문규정

제305조	토지와 건물이 동일한 소유자에게 속한 경우 건물에 대해서만 전세권을 설정한 후 토지소유자가 변경된 경우 토지소유자는 **전세권설정자(건물주)**에게 지상권을 설정한 것으로 본다.
제366조	토지와 건물이 저당권설정 당시 동일인 소유이었다가 저당권자가 **경매실행**으로 소유자가 달라진 경우 토지소유자는 **건물소유자에게** 지상권을 설정한 것으로 본다.

(3) 성격

강행규정으로 당사자간의 특약으로 법정지상권의 성립을 배제할 수 없다.

(4) 관습법상 지상권과 법정지상권의 비교

구분	분리의 원인	동일인 시점	성격
관습법상 지상권	매매 기타사유	처분 당시 동일인	임의규정
제366조의 법정지상권	저당권실행경매	저당권설정 당시 동일인	강행규정

(5) 빈출 법정지상권이 성립한 건물을 양도한 경우

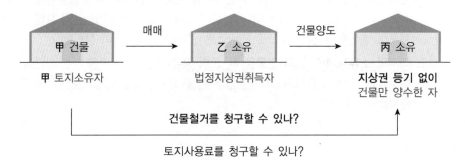

甲 건물 ──매매──▶ 乙 소유 ──건물양도──▶ 丙 소유

甲 토지소유자 　　　법정지상권취득자 　　　**지상권 등기 없이** 건물만 양수한 자

건물철거를 청구할 수 있나?

토지사용료를 청구할 수 있나?

기출정답

01 등기 없이
02 등기 없이　**03** 없다

甲 소유 토지와 건물 중 건물만 乙에게 경매하여 乙에게 법정지상권이 성립한 뒤 건물의 소유자(乙)가 건물을 제3자에게 매도하고 건물양수인에게 건물만 소유권이전등기하고 지상권은 이전등기를 경료하지 않은 상태이다.

① 건물양수인이 등기 전에 지상권을 승계 취득하는가?	첫째, 건물을 매매한 경우 ㉠ 건물양도 계약 속에는 지상권을 함께 양도한다는 의사가 포함되어 있다. 건물양수인은 지상권에 관한 이전등기를 경료하지 아니한 자로서 현재 지상권을 취득하지 못하였으므로 대지소유자에게 지상권을 주장할 수 없다. ㉡ 법정지상권은 건물의 양도인에게 유보되어 남아있다. 건물양수인이 지상권을 승계취득하려면 '지상권이전등기를 하여야 한다. 둘째, 건물이 경매된 경우 ㉠ 관습법상 법정지상권이 붙어 있는 건물을 경매를 통하여 매각받은 자는 법정지상권의 등기 없이 당연히 관습상 법정지상권을 취득한다(대판 90다16214). ㉡ 이 경우 건물의 경락인은 지상권의 '등기 없이' 그 후 토지소유권을 취득한 제3자에게 지상권을 주장할 수 있다(대판 79다1087).
② 건물 철거 여부는?	㉠ 건물양수인은 장차 지상권을 취득할 지위에 있는 자이고 토지소유자는 지상권을 설정해 줄 의무가 있는 자이다. ㉡ [빈출] 지상권을 설정해 줄 의무를 부담하는 토지소유자(설정해 줄 사람)가 장차 지상권을 취득할 지위에 있는 자(장차 취득할 사람)에게 토지인도 및 건물철거를 청구하는 것은 신의칙에 반하여 허용될 수 없다(전합).
③ 지상권등기 방법은?	㉠ [빈출] 건물양수인은 건물양도인을 순차 대위하여 지상권 설정 및 이전을 청구할 수 있다. ㉡ 건물양수인은 건물양도인과 계약을 한 것이므로 토지소유자에게 직접 지상권 설정을 청구할 수 없다.
④ 토지사용료 부담 여부	[주의] 건물양수인은 건물의 철거를 당하지 않으나 타인의 대지 사용에 대하여는 부당이득반환의무를 부담한다. 따라서 토지소유자가 법정지상권을 취득할 지위에 있는 건물양수인에게 임료상당의 부당이득반환을 청구하는 것은 신의칙 위반이라고 할 수 없다(판례).
⑤ 대지만 양도된 때	[빈출] 법정지상권자는 지상권취득 당시의 토지소유자에게 등기 없이 대항할 수 있고, 그로부터 토지 전득자인 제3자에게 대항하기 위해서 등기가 필요한 것이 아니다(판례).

01 의의

요역지	편익을 요청하는 땅 ⇨ 1필지 **전부를 위하여**
승역지	지역권을 설정해 주는 땅 – 편익을 제공해 주는 땅 ⇨ 1필지 **전부나 일부**에 대해서

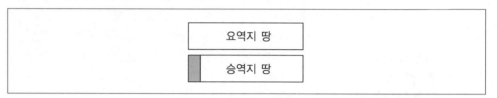

1. 개념

(1) 의의

타인의 토지(승역지)를 자기 토지(요역지)의 편익에 점유 없이 이용하는 권리이다.

(2) 지역권은 요역지 땅에 딸려 있는 종된 권리이다.

2. 지역권의 취득

(1) 지역권 설정계약과 등기해야 한다.

---

① 빈출 편익을 얻는 요역지는 1필지 '전부를 위하여' 성립한다(전부요!).
　주의 요역지는 1필지 전부이어야 한다.
② 주의 편익을 제공하는 **승역지**는 1필지 전부나 일부에 대하여 가능
　㉠ 지역권설정의 부담은 승역지의 소유자이다.
　㉡ 1필 토지의 일부를 승역지로 하여 지역권을 설정할 수(있다/없다).
　㉢ 공유자의 1인은 다른 공유자의 동의 없이 지역권을 설정할 수 없다.
③ 지역권의 존속기간을 영구무한으로 약정할 수 (있다/없다). 제33회

---

(2) 지역권의 시효취득

① 빈출 계속되고 표현된 지역권은 시효취득할 수 있다.
② 통로를 개설하여 통행할 것: 통행지역권의 시효취득이 인정되기 위해서는 요역지 소유자가 승역지상에 통로를 개설하여 항시 사용하는 객관적 상태가 시효기간 동안 계속한 사실이 있어야 한다(대판 2001다8493). 또한 통행지역권을 주장하는 사람은 통행으로 편익을 얻는 요역지가 있음을 주장·증명하여야 한다(판례).
③ 소유의 대지를 위한 통행로를 개설함이 없이 오랜 기간 통로로 사용해 온 경우 그 토지에 관하여 통행지역권을 시효취득할 수 없다(판례).
④ 토지의 적법점유자이어야 하므로 토지의 지상권자는 지역권을 시효취득할 수 있으나 토지의 불법점유자는 통행지역권의 시효취득을 주장할 수 없다.
⑤ 주의 지역권의 점유시효취득도 등기하여야 지역권을 취득한다. 제25회
⑥ 주의 지역권자가 지역권을 시효취득할 경우 주위토지통행권과 마찬가지로 승역지 소유자에게 보상하여야 한다(판례).

⚡기출

01 통행지역권을 시효취득하였다면, 특별한 사정이 없는 한 요역지 소유자는 도로설치로 인해 승역지 소유자가 입은 손실을 (   ) 한다. 제30회

02 지역권의 특성 빈출

1. 부종성(수반성)

(1) 지역권은 요역지 소유권에 종된 권리이다.
(2) 빈출 요역지와 분리하여 지역권만을 양도할 수 없다.
(3) 주의 요역지와 분리하여 저당권의 목적으로 하지 못한다. 제20·22·25회

2. 불가분성

(1) 요역지가 수인의 공유인 경우

① 주의 요역지 공유자 1인은 지분에 관하여 그 토지를 위한 지역권을 소멸하게 하지 못한다.
② 요역지가 분할되면 종전에 공유지에 있던 지역권은 분할된 토지 위에 존속한다.

⚡기출

02 토지공유자 1인은 자기지분에 대한 지역권을 소멸시킬 수 (   ). 제28회

(2) 취득의 불가분성

빈출 공유자 1인이 지역권을 시효취득하면 다른 공유자에게도 효력이 있다.

기출정답

01 보상하여야 **02** 없다

(3) 소멸시효중단의 불가분성

> 주의 요역지 공유자 1인이 지역권의 소멸시효를 정지, 중단시키면 다른 공유자에게 효력이 있다.

(4) 빈출 취득시효중단의 불가분성

> 승역지 소유자가 지역권 취득을 중단시키려면 요역지의 공유자 '전원'에 대하여 하지 않으면 효력이 없다.

03 지역권의 효력

(1) 지역권자는 배타적인 점유권이 없다.

(2) 공작물의 사용권

승역지의 소유자는 지역권의 행사를 방해하지 않는 범위에서 지역권자가 지역권의 행사를 위하여 승역지 위에 설치한 공작물을 사용할 수 있고 그 비용은 수익을 받는 비율로 부담한다. 제23회

(3) 선순위 지역권이 후순위 권리보다 우선함 제28회

지역권은 물권이므로 먼저 성립한 지역권이 나중에 성립한 지역권에 우선한다. 따라서 승역지에 수개의 용수지역권이 설정된 때에는 **후순위 지역권자는 선순위 지역권자의 용수를 방해하지 못한다**(제297조 제2항).

(4) 지역권 침해시 구제수단

① 승역지를 침해당하면 지역권에 기한 방해제거, 방해예방청구를 할 수 있다.
② 빈출 승역지를 제3자가 침해한 경우 지역권에는 제213조(반환청구)가 준용되지 않으므로 **지역권에 기한 반환청구권은 인정되지 않는다.**

(5) 지역권의 소멸

① **승역지 소유자의 위기**: 지역권자가 아니라 승역자 소유자가 승역지 토지를 지역권자에게 이전하여 넘겨준다는 일방적 의사표시를 위기(委棄)라 한다.
② 지역권은 20년간 방치하면 소멸시효로 소멸한다.

⚡기출

01 지역권에는 소유물반환청구권에 관한 제213조 규정은 준용(된다/되지 않는다). 제29회

02 승역지를 제3자가 침해한 경우 지역권자는 지역권에 기한 (　　)청구를 할 수 없으나 지역권에 기해 (　　)청구는 할 수 있다. 제26회

기출정답

01 되지 않는다
02 반환, 방해제거 · 예방

01 전세권의 개념과 성립

1. 전세권의 개념

• 전세권 설정계약 + 전세금 지급 + 전세권 등기
• 건물의 최단존속기간 1년

> **제303조【전세권의 내용】** ① 전세권자는 전세금을 지급하고 타인의 부동산을 점유하여 그 부동산의 용도에 좇아 사용 · 수익하며(용익물권적 성질), 그 부동산 전부에 대하여 후순위권리자 기타 채권자보다 전세금의 우선변제를 받을 권리가 있다(담보물권적 성질)

2. 전세권의 성립

(1) 전세권 설정계약과 등기

> ① 전세권을 상속받은 경우에는 등기 없이 전세권을 취득한다.
> ② [빈출] 목적물의 **인도는 성립요건이 아니다.** 당사자가 주로 채권담보의 목적으로 전세권을 설정하면서 목적물을 인도하지 않은 경우, 장차 전세권자가 <u>목적물의 사용 · 수익하는 것을 완전히 배제하지 않는 한</u> 전세권이 유효하다. 임대인과 임차인이 임대차계약에 따른 임대차보증금반환채권을 담보할 목적으로 전세권을 설정하기 위하여 전세권설정계약을 체결한 경우(대판 2018다268538). 그 전세권등기도 유효하다.
> ③ [빈출] 전세권의 설정: **처분행위로서 처분 권한이 필요하다.**
> ④ 당사자는 전세권자, 전세권설정자 두 사람이다. 전세권자 아닌 **제3자 명의 전세권**도 특별한 사정이 있으면 유효하다.

(2) 전세금[1]

> ① 필수적 등기사항이다. 등기된 전세금 금액에 한하여 제3자에게 대항할 수 있다.
> ② [빈출] 전세금을 현실적으로 수수해야 하는 것은 아니고 기존채권으로 갈음할 수 있다.
> ③ **전세금증감청구권**: 1년 후, 전세금의 5%인 20분의 1 이내에서 증액청구제한이 있다.

[1] **쟁점**
건물전세권에 인정되는 것: 최단기 1년/법정갱신

(3) 존속기간 - 토지, 건물이든 갱신할 수 있으나, <u>10년</u>을 넘을 수 없다.

> ① 급소 <u>건물전세권(토지는 제외)의 존속기간을 1년 미만으로 한때는 1년으로 본다.</u>
> 이때 전세권자는 1년만 주장할 수 있고 2년 주장할 수 없다.
> 비교 주택임대차의 최단 기간은 2년이고 2년을 주장할 수 있다.
> ② 급소 **법정갱신(건물전세권에만 인정되고 토지전세권에는 불인정)**
> 기간 만료 전 6월~1월 전까지 전세권설정자가 아무런 통지가 없을 것
> ㉠ '전세금'은 전과 동일한 조건으로 본다. 존속기간은 '종전과 동일한 것'으로
> 간주되지 않고 기간의 **정함이 없는 것**으로 본다.**❶**
> ㉡ 전세권의 법정갱신은 법률의 규정에 의한 물권변동이므로 전세권의 갱신에
> 관한 등기를 필요로 하지 아니하며 그 <u>등기 없이도</u> 목적물을 취득한 제3자에
> 게 그 권리를 주장할 수 있다(대판 88다카21029).
> ③ 급소 기간의 정함이 없는 경우 **양당사자는 언제든지 소멸통고할 수 있고,** 효력은
> **6월 후**에 발생한다.
> 비교 「**주택임대차보호법**」: 임차인만 해지가능하고 효력은 3월 후 발생
> ④ 합의한 전세권 존속기간이 시작되기 전에 전세권자 앞으로 전세권설정등기가
> 마쳐진 경우, 그 등기는 특별한 사정이 없는 한 (<u>유효</u>/무효)로 추정된다.

❶ 비교
「주택임대차보호법」2년

⚡기출

01 건물전세권이 법정갱신되면 그 기간은 (　　　)으로 본다.　제26회

02 전세권의 효력 ⬤빈출

1. 전세권자의 권리

(1) 부동산 사용권(물권)

> ① 전세권의 사용·수익 권능을 배제하고 채권담보만을 위해 전세권을 설정하는
> 것은 허용되지 아니한다. 제34회
> ② 기출 **전세금의 반환의무자는?**
> 전세목적물이 양도되면 소유권과 일체로 전세금반환채무도 이전하므로 신소유
> 자(건물의 양수인)가 전세권설정자의 지위를 승계하고 전세권설정자는 전세금반
> 환의무를 면하므로 소유자가 전세금반환의무를 부담한다(판례).
> ③ 기출 **전세권에 기한 물권적 청구권**: 전세권을 제3자가 방해하면 전세권에 기한
> 물권적 청구권을 행사할 수 있다.

(2) 전세금증감청구권(지상권에서 지료증감청구권과 유사하다)

① 증액청구의 한도는 20분의 1(5% 이내)이다.
② 형성권이므로 전세권자의 동의를 요하지 않는다.

기출정답

01 정함이 없는 것

(3) 기출 **상린관계** - 전세권자에게도 상린관계가 준용된다.

(4) 부속물매수청구권[1]

> ① **전세권자의 부속물매수청구권(제316조 제2항):** 빈출 전세권설정자의 동의를 얻어 부속시킨 경우나 전세권설정자로부터 매수한 때에는 전세권자가 전세권설정자에게 부속물매수청구를 할 수 있다.
> ② **전세권설정자의 부속물매수청구권:** 전세권설정자가 부속물의 매수를 청구한 때는 전세권자는 '정당한 이유 없이' 거절하지 못한다(제316조 제1항 단서).

(5) 처분권

> ① 전세권은 물권이므로 설정자의 동의 없이 처분할 수 있다.
> ② 전세권의 처분금지특약은 유효하다.
>   ⊙ **조문:** 전세권자는(소유자의 동의 없이) 전세권을 양도, 저당권설정할 수 있으며, 목적물을 전전세, 임대할 수 있다.
>   ⓛ 빈출 설정 당시에 전세권 양도금지특약(등기하여야 제3자에게 대항 가능)은 유효하다. 제23회

(6) 이중의 성격(용익물권과 동시에 담보물권의 성격을 함께 가진다)

> ① **우선변제권:** 건물 일부의 전세권자는 후순위권리자보다 목적물 전부에서 우선변제권이 있다.
> ② **경매권:** 건물일부의 전세권자가 건물의 전부를 경매할 수 있는가?
>   ⇨ 건물 일부의 전세권자는 '전세권에 기하여' 건물의 전부를 경매신청할 수 없다.

2. 전세권자의 의무

(1) 목적물의 유지, 관리의무

> ① 전세권자는(전세권설정자 아님) 목적물의 유지, 수선의무를 부담한다.
>   비교 **임대차:** 임대인이 유지, 관리의무를 부담한다.
> ② 전세권자는 목적물에 지출한 필요비청구권이 인정되지 않으며 유익비만 상환청구할 수 있다.
> ③ **유익비:** 전세권자가 목적물의 개량을 위하여 지출한 유익비에 관하여 가액의 증가가 현존하는 경우에 한하여 전세권자가 아니라 소유자의 선택에 좇아 그 지출액이나 증가액의 상환을 청구할 수 있다(제310조).

(2) 용도대로 사용할 의무 – 전세권자가 용도를 위반하여 사용한 경우 전세권설정자는 전세권의 소멸청구를 할 수 있다. 제24회

1 쟁점 비교
• 건물의 전세권자는 지상물매수청구권이 인정되지 않는다. 제25회
• 판례는 토지전세권자에게는 지상물매수청구권을 인정한다. 제33회

⚡ **기출**

01 건물 일부의 전세권자는 전세권에 기하여 건물의 전부를 경매신청할 수 ( ). 제29회

기출정답

01 없다

3. 특수 문제

(1) 빈출 법정지상권 성립(제305조)

⚡기출

01 토지와 건물이 동일한 소유자인 경우 건물에 전세권설정 후 토지만 승계인에게 매매한 때 대지의 특별승계인은 (   )에게 지상권을 설정한 것으로 본다.   제19회

토지와 건물이 동일한 소유자인 경우 건물에 전세권설정 후 토지만 승계인에게 매매한 때?
① 대지의 특별승계인은 전세권설정자(전세권자가 아님)에게 지상권을 설정한 것으로 본다.
② 이 경우 지상권이 이미 성립하였으므로 토지소유자는 동일토지를 다른 사람에게 전세권설정할 수 없다. 제18회

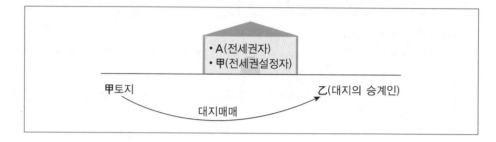

(2) 빈출 타인 토지 위에 건물 전세권자의 지위

⚡기출

02 타인의 토지 위에 건물을 신축한 자가 그 건물에 전세권을 설정한 경우, 전세권은 건물의 소유를 목적으로 하는 토지 (   )에도 그 효력이 미친다.   제23회

타인 소유 토지 위에 지상권을 취득하여 건물 신축한 소유자가 건물에 전세를 놓은 경우 그 법률관계는?
① 기출 '건물' 전세권의 효력범위는?(제304조) [권리의 종물이론]
  ㉠ 건물소유를 목적으로 하는 '토지'에 대한 지상권, 임차권(종물)에도 효력이 미친다.
  ㉡ 건물주는 전세권자의 동의 없이 지상권이나 임차권을 소멸시키는 행위를 할 수 없다.
② 빈출 지상권자가 지료연체로 지상권이 소멸하였을 때 건물의 전세권자나 대항력 있는 임차권은 토지소유자의 퇴거요구에 대하여 대항할 수 없다.

기출정답

01 전세권설정자
02 임차권

03 전세권의 처분

1. 전세권의 양도

> (1) **당사자:** 양도인과 양수인의 양도합의와 전세권이전등기로 할 수 있다.
>
> (2) **전세금반환의무:** 전세권 양도시 전세권설정자는 전세권양수인에게 전세금반환의무를 진다. 제18회
>
> (3) 기출 전세권과 전세금반환채권의 분리양도 여부
>   ㄱ **원칙:** 전세권과 전세금반환채권의 분리양도는 허용되지 않는다.
>   ㄴ **예외:** 전세권이 존속기간의 만료로 소멸한 경우 전세권이 없는 전세금반환채권만 양도할 수 있다(판례).
>   ㄷ **존속 중 조건부 양도:** 장래에 그 전세권이 소멸하는 경우 전세금반환채권이 발생하는 것을 조건으로 그 조건부 채권을 양도할 수 있다.

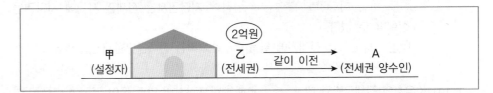

2. 전전세

> (1) **당사자:** 전세권자와 전전세권자이다.
>
> (2) **원전세권의 존속:** 전세권자가 전전세권을 설정해도 원전세권은 소멸하지 않고 존속한다.
>
> (3) 전전세의 존속기간은 원전세권의 범위를 넘을 수 없다.
>
> (4) 기출 **전세권자의 무과실 책임:** 건물이 불가항력으로 멸실한 때에는 전세권자는 남의 집을 자기가 주인 동의 없이 전세를 놓은 것이기에 전세목적물이 불가항력으로 멸실한 경우에도 무과실책임을 진다.
>
> (5) **전전세권자의 경매청구 요건:** 원전세, 전전세 모두 소멸하여야 한다.

3. 전세권 목적 저당권

(1) **전세권설정자의 동의 여부**: 전세권자가 전세권을 목적으로 저당권을 설정하는 경우 전세권설정자의 동의가 필요 없다.

(2) **전세권의 존속기간이 기간 만료한 경우**
   기출 용익물권적 전세권은 전세권의 말소등기 없이 소멸한다. 이때 담보물권적 전세권은 소멸하지 않는다.

(3) **저당권자의 경매실행 대상**
   ① 저당권의 목적물인 전세권이 소멸하면 저당권도 소멸하므로 전세권을 목적으로 하는 저당권도 당연히 소멸하여 **저당권자는 전세권 자체에 저당권을 실행할 수 없다.**
   ② 빈출 저당권자는 **전세권에 갈음하여 존속하는 전세금반환채권을 압류하여** 배당요구를 하는 방법으로 자신의 권리를 행사할 수 있다(대판 98다31301).

(4) **소유자의 전세금반환 대상**: 전세금에 대한 **제3자의 압류 등이 없는 한** 전세권설정자는 **전세권자에 대하여** 전세금반환의무를 부담한다(대판 98다31301).

(5) **물상대위(전세권 대신에 전세금채권에 압류)**: 저당권자는 물상대위권을 행사하기 위하여 저당권설정자가 받을 금전 기타 물건의 지급 또는 인도 전에 압류하여야 하므로, 적법한 방법으로 물상대위권을 행사한 저당권자는 전세권자에 대한 일반채권자보다 우선변제를 받을 수 있다.

⚡기출

01 전세권을 목적으로 한 저당권은 전세권 존속기간이 만료되더라도 그 전세권 자체에 대하여 저당권을 실행할 수 (있다/없다).
제23회

04 전세권의 소멸

(1) 목적물의 멸실

전세목적물의 일부가 불가항력으로 멸실하여 잔존부분만으로 목적을 달성할 수 없는 경우 전세금은 멸실부분만큼 당연히 감액된다.

기출정답

01 없다

(2) 저당권과 전세권의 경합문제

① [빈출] 전세권이 먼저 성립한 경우(인수주의): 목적물에 전세권이 먼저 성립한 후 저당권이 성립하면 경매시에 전세권은 배당요구 없는 한 존속한다.

② 저당권이 먼저 성립한 경우(삭제주의): 목적물에 저당권이 성립한 후 전세권이 성립한 경우 목적물 경매시 모두 소멸하고 순위에 따라 배당받는다. 따라서 낙찰자는 전세금의 반환의무가 전혀 없다.

③ [빈출] 전세권이 중간에 낀 경우: 1번 저당권, 전세권, 2번 저당권 순서로 성립한 때 목적물 경매시 모두 소멸하고 순서대로 배당받는다.

(3) 전세권 소멸시 법률관계

① 동시이행관계: [빈출] 전세권설정자의 전세금반환과 전세권자의 목적물 인도 및 등기말소서류 제공의무는 동시이행관계에 있다. 제19회

② 유익비상환청구권: 전세권자는 목적물의 개량을 위하여 지출한 유익비의 상환을 청구할 수 있다.

제1절 총설

01 채권의 만족을 얻는 방법

(1) 일반채권자

대여금반환소송해서 채무자의 전재산에 강제경매 실행절차

(2) 담보권자

소송 없이 특정담보물에 임의 경매 실행절차

⚡기출

01 가등기담보권을 채권과 함께 제3자에게 양도할 수 (있다/없다). 제33회

02 부종성, 수반성, 불가분성, 물상대위 중 유치권에는 인정되지 않는 것은 (　　)이다. 제31회

02 담보물권의 종류

(1) 유치권, 질권, 저당권 – 「민법」상 담보물권

(2) 가등기담보권, 양도담보권 – 「가등기담보 등에 관한 법률」상 담보물권

03 담보물권의 특성

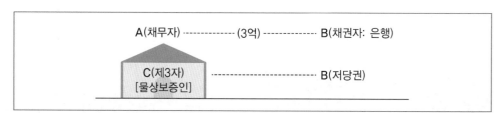

(1) **부종성**: 채권이 성립할 때 담보물권도 성립하는 것

(2) **수반성**: 채권과 함께 담보물권도 같이 이전하는 것

(3) **불가분성**: 채권전부를 변제할 때까지 담보물권이 존속하는 것

(4) **물상대위**: 담보물건이 멸실해도 가치적 변형물(화재보험금)위에 존속하는 것.

✛ 저당권, 가등기담보권, 양도담보권에는 위 4가지 특성이 인정된다.

✛ 유치권에는 물상대위가 인정되지 않는다.

기출정답

01 있다　02 물상대위

제2절 유치권

01 유치권의 의의 및 특성

1. 의의

물건에 관하여 채권이 발생하고 그 물건을 점유한 자가 채권이 변제기에 도래하면 물건을 유치할 권리가 있다.

예 공사미수금채권자가 미수금을 받으려고 공사해 준 빌라건물을 점유한 때

2. 특성

급소 우(우선변제권) · 물(물상대위) · 물(물권적 청구권) ⇨ 없다.

> **(1) 우선변제권**
> 유치권자는 저당권자와 달리 우선변제를 받을 수 없다.
>
> **(2) 물상대위**
> 유치물이 멸실하거나 수용당한 경우 소유자는 손해배상청구권이나 보상금청구권이 발생하는데, 이때 저당권자는 그 손해배상청구권을 압류하여 물상대위가 인정되지만 유치권에는 물상대위가 인정되지 않는다.
>
> **(3) 유치권에 기한 물권적 청구권 인정되지 않는다.**
> 유치물의 점유를 침탈당한 경우 '유치권에 기한 물권적 청구권'이 인정되지 않는다. 대신에 점유권에 기하여 반환청구할 수 있다.

(4) 유치권에 부종성, 수반성, 불가분성이 인정된다.

> ① 불가분성: '유치권은 채권 전부의 변제를 받을 때까지 유치물 전부에 대하여 권리를 행사할 수 있다.'
>   ㉠ 유치물의 각 부분으로 피담보채권의 전부를 담보하며, 유치권의 불가분성은 유치물이 분할가능하거나 여러 개의 물건에도 성립한다.
>   ㉡ 다세대주택의 창호공사를 완성한 공사업자가 한 세대를 점유하여 유치권을 행사하는 경우, 한 세대에 시행한 공사대금채권이 아니라 '전체세대에 대한 공사대금채권'을 피담보채권으로 하는 유치권이 성립한다(대판 2005다16942).
> ② 유치권에는 물상대위는 인정되지 않는다.

⚡ **기출**

01 다세대주택의 창호공사를 완성한 공사업자가 한 세대를 점유하여 유치권을 행사하는 경우, ( )에 대한 공사대금채권을 피담보채권으로 하는 유치권이 성립한다. 제28회

02 유치권에는 물상대위, 우선변제권이 (인정된다/인정되지 않는다).

기출정답

01 전체 세대
02 인정되지 않는다.

3. 유치권과 동시이행항변권의 차이점

구분	제3자에게 주장	경매권	점유여부	공통점
유치권	물권 – 제3자 대항○	있다	점유가 요건	상환급부 판결
동시이행항변권	제3자에 대항×	없다	점유 요건 ×	

02 유치권의 성립요건 빈출

'목적물에 관하여 채권이 발생'(견련성)하고, 물건의 점유를 장악할 것

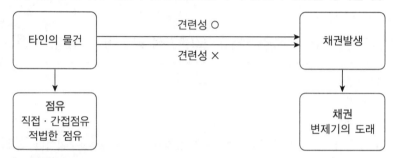

1. 타인의 물건일 것

(1) 기출 **자기소유의 물건 – 유치권이 성립하지 않는다.**
건축업자인 수급인이 자신의 노력과 출재로 완성하여 독립된 건물에 해당하는 기성부분은 도급인과 수급인 사이에 도급인에게 소유권을 귀속하기로 한다는 특약이 없다면 '수급인 자신의 소유'라 할 것이므로, 자기소유물에 대하여는 수급인은 유치권을 가질 수 없다(대판 91다14116).

(2) **채무자의 소유물이 아닌 '제3자의 소유물'에도 유치권이 성립한다.** 제24회

(3) **구조물에 불과한 정착물인 경우(거푸집 사건)**
건물의 신축공사를 도급받은 수급인이 사회통념상 독립한 건물이라고 볼 수 없는 정착물(거푸집)을 토지에 설치한 상태에서 공사가 중단된 경우에 위 정착물은 토지의 부합물에 불과하여 이러한 정착물에 대하여 유치권을 행사할 수 없다.

2. 빈출 물건에 관하여 채권이 발생할 것(견련성)

(1) 목적물과 채권 발생간 견련성 여부(유치권의 <u>피담보채권</u> 여부)

견련성 인정 <피담보채권이 될 수 있는 것>	① 건물 수리로 인한 **수리비 채권**에 기해 **건물**을 점유한 경우 ② 도급인과 수급인간에 도급계약으로 발생한 **공사비채권과 건축물** ③ 동물의 농작물에 대한 불법행위로 인한 **손해배상채권과 동물** ④ 필요비상환채무의 불이행으로 인한 임차인의 손해배상청구권 ⑤ 임대차목적물의 하자(예 건물의 누수)로부터 발생한 임차인의 　손해배상청구권
견련성 부인 <피담보채권이 될 수 없는 것>	① 건물과 **임대보증금반환채권**을 가진 경우(판례) ② 건물과 **권리금반환채권**을 가진 경우(판례) ③ 명의신탁자가 제공한 수탁자에 대한 매매대금상당의 **부당이득** 　반환청구권 ④ 임차건물에 부착한 **간판대금채권**과 임차건물 ⑤ 건물과 **건축자재 매매대금채권**(자재대금)

⚡ **기출**

01 필요비상환채무의 불이행으로 인한 임차인의 손해배상청구권은 유치권의 피담보채권이 될 수 (　　). 　제27회

02 건물의 임대차에서 임차인의 임차보증금반환청구권은 유치권의 피담보채권이 될 수 (　　). 　제32회

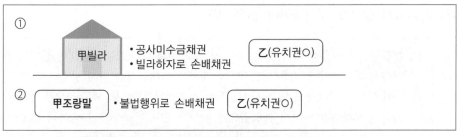

① 빈출 **계약명의신탁에서 신탁자의 부당이득반환청구권**: 계약명의신탁에서 신탁자의 매매대금상당의 부당이득반환청구권(예 땅 사라고 대준 돈)은 부동산 자체로부터 발생한 채권이 아니므로 물건과 채권 사이의 견련관계가 없으므로 부동산에 관하여 유치권을 주장할 수 없다(판례).

② 빈출 **건축자재 매매대금 채권**: 수급인에게 모래 등의 **건축자재의 공급으로 인한** 매매대금채권(자재대금채권)은 건물 자체에 관하여 생긴 채권이라고 할 수는 없으므로 자재대금채권에 기하여 건물에 유치권이 성립할 수 없다(판례).

기출정답

01 있다 　**02** 없다

③ **토지의 매매대금채권**: 매도인이 부동산을 점유하고 있고 소유권을 이전받은 매수인에게서 매매대금 일부를 지급받지 못하고 있다고 하여 매매대금채권을 피담보채권으로 매수인이나 그에게서 부동산 소유권을 취득한 제3자를 상대로 유치권을 주장할 수 없다(판례).

④ **임대차에서 견련성 여부**

견련성 인정	① 건물임차인이 임차건물의 수도관에 비용을 지출한 경우 ① 임대인이 필요비상환채무불이행으로 인한 손해배상채권
견련성 부인	① 임대차보증금반환청구권을 피담보채권으로 유치권X ① 임대인이 시설물을 해주지 않아서 임차인이 임차목적물을 사용하지 못한 것을 이유로 하는 손해배상청구권은 건물에 관하여 생긴 채권이 아니라 임대인의 배신행위로 생긴 채권으로 목적물과 견련성이 없다.

3. 채권자가 물건을 점유할 것

(1) 적법하게 점유를 개시하여야 인정된다.

> ① 불법행위로 점유한 자는 유치권이 성립하지 않는다(점유자가 점유권원이 없음을 알면서 점유하거나 중과실로 점유를 개시한 때에는 유치권이 성립하지 않는다).
> ② [기출] 물건을 점유하고 있는 유치권자는 불법점유가 아니라 적법점유로 추정된다. 따라서 유치권자 자신이 불법점유가 아님을 입증할 책임을 부담하지 않고 유치권의 성립을 부인하는 채무자가 유치권자의 점유가 불법점유임을 입증하여야 한다(판례).

⚡**기출**

01 채무자가 유치물을 직접 점유하고 있는 경우, 채권자는 자신의 간접점유를 이유로 유치권을 행사할 수 (   ). 제27회

(2) 유치권자의 점유는 직접점유, 간접점유를 불문한다.

> ① [빈출] 채권자가 제3자에게 위탁관리하여 제3자가 직접점유하고 채권자가 간접점유하는 경우 유치권자로서의 점유에 해당하므로 유치권은 성립한다. 제25회
> ② [비교] 목적물을 채무자가 직접점유하고 채권자가 간접점유하는 경우는 유치권자의 점유에 해당하지 않으므로 유치권이 성립하지 않는다.

(3) [주의] 채권 발생시점에 물건을 점유하고 있어야 하는가?

> 유치권자가 목적물을 점유하기 전에 채권이 발생 후 나중에 목적물의 점유를 취득한 경우에도 유치권은 성립한다. 즉, 점유하고 있는 중에 채권발생을 요건으로 하지 않는다.

기출정답

01 없다

4. 채권의 변제기가 도래할 것

> (1) 유치권에서는 변제기의 도래가 성립요건이다.
>
> (2) 채권의 변제기가 도래하기 전에는 유치권은 성립하지 않는다.
>
> (3) 임차인의 유익비상환청구에 대하여는 법원의 상환기간의 유예가 허용된다. 유익비상환청구에 대하여 법원이 상환기간을 유예한 경우 유익비상환청구권을 기초로 유치권이 성립할 수 없다. 제28회

5. 유치권 배제특약이 없을 것

> (1) 당사자간 유치권의 성립을 배제하는 특약은 유효하다. 제23회
>
> (2) [급소] 유치권을 사전, 사후에 포기하는 특약은 유효하다(대판). 이 경우 유치권의 포기특약은 당사자뿐만 아니라 <u>제3자도 주장</u>할 수 있다. 제33회
>
> (3) [급소] 임대차의 종료시 **건물을 원상복구하여 명도하기로 하는 특약**: 이 특약은 임차인이 지출한 유익비상환청구권을 포기하는 내용으로 유효하며 이는 그 경우 목적물에 유치권이 성립할 수 없다. 제31회

03 유치권의 효력

1. [빈출] 유치권자의 권리[1]

> (1) **경매권이 있다.**
> ① 유치권자는 피담보채권의 변제를 받기 위하여 경매할 수 있다.
> ② 환가를 위한 경매이지 우선변제를 받기 위한 경매권이 없다(저당권과 다르다).
>
> (2) **유치적 효력(점유 + 인도 거부)**
> ① **유치권자의 <u>인도 거부</u>의 상대방은?**
> [급소] 유치권자는 경락인에 대하여 유치목적물의 인도거절할 수 있다.
> ② **채권자의 변제청구의 상대방은?** 채무자에게 변제를 청구해야 하고 유치물의 경락인에게 변제를 청구할 수 (있다/<u>없다</u>).
> ③ **상환급부판결**: 소유자의 소유물반환청구에 대하여 소송에서 유치권자가 유치권으로 항변하면 법원은 상환급부판결을 해야 한다(원고 일부승소).
>
> (3) **비용상환청구권** – 유치권자가 유치물에 지출한 유익비는 상환청구할 수 있다.

[1]
경/유/비/간/과 + 보존을 위한 사용권

⚡**기출**

01 유치권자는 유치물의 경락인에게 채권의 변제를 청구할 수 (있다/없다).
제27회

기출정답

01 없다

(4) 간이변제충당

경매하기 곤란한 물건은 법원의 허가를 얻어 유치물의 소유권을 취득하여 채권의 변제에 충당할 수 있다(대물변제의 성격).

(5) [급소] 과실수취권(제323조)

① 변제충당권: 유치권자는 유치물의 과실을 수취하여 다른 채권보다 먼저 자기 채권의 변제에 충당할 수 있다. 이는 유치권자가 '과실에 대한 사용수익권'을 취득하는 것이 아니라 유치물의 '과실에 대한 변제충당권'을 말한다. 과실은 먼저 <u>이자</u>에 충당하고 나머지를 원본에 충당한다.

② 유치권자가 소유자의 <u>승낙 없이</u> 유치한 건물을 임대한 경우 법률관계: 임차권자는 소유자에게 대항할 수 있는 권원이 없으므로 유치물의 경락인에게 임차권을 주장할 수 없다(판례). 제19회

(6) [급소] 보존을 위한 사용권

① 유치권자는 채무자의 승낙 없이 보존을 위한 사용이 가능하다.

② [빈출] 건물공사대금의 유치권자가 주택에 거주한 경우?

> ㉠ 유치권자가 유치권의 행사로서 건물에 거주한 것은 보존에 필요한 사용으로 **불법행위가 성립하지 않는다.** 따라서 채무자는 유치권의 소멸을 청구할 수 없다.
> ㉡ 유치권자가 건물을 사용하여 얻은 이익은 **부당이득반환**해야 한다.

⚡기출

01 압류의 효력이 발생한 후에 채무자가 채권자에게 그 점유를 이전하여 성립한 유치권으로 낙찰자에게 대항할 수 (　　). 제31회

02 압류 전에 발행한 채권이나 압류 후 채권의 변제기가 도래한 유치권자는 낙찰자에게 유치권으로 대항할 수 (　　). 제27회

[급소] 압류의 효력발생 후(경매 기입등기 후) 점유하여 성립한 유치권

1. 압류의 효력이 발생한 후에 채무자가 채권자에게 그 점유를 이전한 경우(불완전한 유치권이 성립)	'경락인'에게 유치권을 주장할 수 없다(낙찰자의 인도청구에 유치권으로 거절할 수 없다).
2. 경매로 압류의 효력이 발생하기 전에 채무자로부터 점유를 이전받아 유치권을 취득한 경우(완전한 유치권이 성립)	'경락인'에게 유치권을 주장할 수 있다.
3. 건물에 가압류등기가 경료된 후 채무자가 채권자에게 건물점유를 이전하여 유치권이 성립한 경우(완전한 유치권이 성립)	경락인에게 유치권을 대항할 수 있다.
4. 저당권설정 후 성립한 유치권	경락인에게 유치권으로 대항할 수 있다.

[주의] 압류 전에 발행한 채권이나 <u>압류 후 채권의 변제기가 도래한 경우?</u>

<압류 후 성립한 유치권>에 해당하므로 유치권자는 유치물의 낙찰자에게 유치권을 주장할 수 없고 동시이행항변권도 주장할 수 없다. 제27회

기출정답

01 없다 **02** 없다

2. 유치권자의 의무

> **(1) 선관주의 의무** - 유치권자는 선관주의로 유치물을 관리하여야 한다.
> [비교] '자기재산과 동일한 주의'가 아니다.
>
> **(2) 유치물의 사용, 대여, 담보제공시 소유자의 승낙을 받을 의무**
> [빈출] 유치권자가 유치물을 사용, 대여, 담보제공시 소유자의 승낙 없이는 할 수 없다. 단, 보존을 위한 사용은 소유자의 승낙 없이 할 수 있다.
> 유치권자가 유치물을 채무자의 승낙없이 사용, 대여한 경우 소유자는 유치권의 소멸을 청구할 수 있다.

04 유치권의 소멸

1. 점유 상실

(1) 유치권자가 점유를 침탈당한 경우

① 유치권에 기한 물권적 청구권: 「민법」에 준용규정이 없어 허용되지 않는다.
② 점유권에 기한 물권적 청구권으로 침탈당한 날부터 1년 내에 회수할 수 있다.
③ 유치물의 점유를 침탈당하면 일시적으로 유치권은 소멸한다. 다만, 점유권에 기한 반환청구로 승소판결을 얻고 점유를 회복하여야 유치권이 부활한다.

(2) [급소] 직접점유자가 간접점유자(유치권자)의 의사에 반하여 물건을 인도시

유치물을 제3자에게 보관시켰으나 직접 점유하는 제3자가 간접점유자(유치권자)의 의사에 반하여 채무자에게 물건의 점유를 인도해 준 경우 이는 직접점유자의 의사에 기한 것이지 점유침탈이 아니므로 유치권은 소멸한다.

2. 상당한 담보제공

채무자는 상당한 담보를 제공하고 유치권의 소멸을 청구할 수 있다.

3. 피담보채권이 소멸하면 유치권은 소멸한다.

(1) [빈출] 유치권의 행사는 피담보채권의 소멸시효 진행에 영향을 미치지 않는다.

(2) [주의] 물건에 대한 유치권을 행사하고 있어도 채권의 소멸시효는 중단되지 않는다(왜냐하면 유치권의 행사는 물건에 대한 점유이고 채권은 물건이 아니라 채무자에 대한 것이므로 별개이다).

⚡기출

01 물건에 대한 유치권을 행사하고 있어도 채권의 소멸시효는 중단(된다/되지 않는다). 제22회

기출정답

01 되지 않는다

제3절 저당권

01 저당권의 의의와 성립

> **제356조 【저당권의 내용】** 저당권자는 채무자 또는 제3자가 <u>점유를 이전하지 아니하고</u> 채무의 담보로 제공한 부동산에 대하여 그 목적물로부터 다른 채권자보다 자기채권의 우선변제를 받을 권리가 있다.

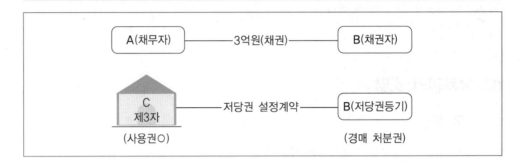

1. 급소 저당권설정계약

(1) 소비대차계약(주된 계약)의 종된 계약이다.

(2) 불요식이며 조건을 붙일 수 있다. 제17회

(3) 저당권설정행위는 **처분행위이므로** 처분권한이 필요하다. 따라서 처분권 없는 자가 남의 집에 설정한 저당권은 무효이다. 제24회

(4) 저당권등기

저당권설정계약과 저당권등기를 하여야 성립한다.

> 빈출 **저당권등기가 원인 없이 불법 말소된 경우?** 제24·26회
> ① **경매실행 전**: 등기는 물권의 효력존속요건이 아니므로 저당권등기가 원인 없이 불법 말소되어도 저당권의 효력에는 아무 영향이 없으므로 저당권의 말소회복등기를 경료하지 못한 경우에도 말소된 등기명의인은 적법한 권리자로 추정된다.
> ② **경매실행된 경우**: 근저당권등기가 불법하게 말소된 후에 목적부동산에 대한 후순위 권리자에 의하여 경매가 실행되어 낙찰대금을 완납한 경우 원인 없이 <u>말소된 저당권은 소멸하고 이제는 말소회복등기는 할 수 없고</u> 배당받은 자에게 부당이득반환을 청구할 수 있을 뿐이다. 제23회

⚡기출

01 저당권등기는 효력존속요건이므로 저당권 등기가 불법말소되면 저당권은 소멸한다(○/×). 제25회

02 근저당권설정자, 가등기담보설정자는 채무자가 아닌 제3자도 될 수 (   ). 제33회

기출정답

01 ×   **02** 있다

2. 급소 당사자

(1) 저당권설정자는?
채무자나 제3자(물상보증인)도 될 수 있다.

(2) 저당권자는?
채권자와 일치하는 것이 원칙이다. 따라서 **채권자 아닌 제3자 명의 저당권은 특별한 사정이 없는 한 무효이다.**
  ① **원칙:** 채권자와 저당권자는 주체를 달리할 수 없다(부종성 원리). 제19회
  ② **예외**
    ㉠ '특별한 사정'이 있을 때 채권자가 아닌 제3자 명의 저당권도 유효이다. 판례는 채무자, 채권자, 제3자 합의가 있고 채권이 제3자에게 귀속되었다고 볼 수 있는 '특별한 사정이' 있을 경우 유효하다(전합).
    ㉡ 아파트를 매매하면서 돈이 없는 매수자를 위하여 매도인을 채무자로 하고 은행을 채권자로 하는 제3자 합의가 있는 경우 제3자 명의로 설정한 저당권은 유효하다(전합). 제24회

⚡기출

01 채권자 아닌 제3자 명의 저당권은 특별한 사정이 없는 한 ( )이다.
제31회

3. 빈출 저당권의 객체 제28회

(1) 부동산이며 등록이 가능한 선박, 자동차도 가능하다(동산에 불가능).
(2) 공유지분에 저당권을 설정할 수 있다(1필지 일부에 불가능). 제21회
(3) 지상권, 전세권을 목적으로 저당권을 설정할 수 있다(지역권에 불가능).
(4) 「입목에 관한 법률」으로 등기된 입목에는 가능하다(명인방법을 갖춘 수목에 불가능).

⚡기출

02 1필지의 일부에 저당권은 성립할 수 ( ).
제33회

4. 피담보채권

(1) 저당권에 의하여 담보되는 채권을 말한다.
(2) 보통은 금전채권이지만 금전채권에 한하지 않는다.
(3) 설정 당시 비금전채권이나 실행시에 금전채권으로 전환되면 가능하다.
(4) • 조건부 채권도 저당권의 피담보채권이 될 수 있다.
  • 장래 증감변동하는 채권에도 저당권을 설정할 수 있다(근저당). 제24회

기출정답

01 무효 02 없다

02 저당권의 효력 〔빈출〕

1. 피담보채권의 범위(제360조)

(1) 원본, 이자, 위약금, 채무불이행으로 인한 손해배상 및 실행비용을 담보한다. 지연이자는 '후순위자가 있을 때 1년분에 한하여 저당권의 효력이 미친다'. 여기서 지연이자의 1년 제한은 채무자가 '후순위 권리자나 제3자가 존재할 때의 제한'이며, '채무자가 저당권자에 대하여' 주장할 수 있는 것은 아니다(대판 90다8855).

(2) 〔주의〕 저당물의 보존비용: 저당권자는 유치권과 달리 물건을 유지, 관리를 하지 않기 때문에 담보잡은 부동산의 보존비용은 피담보채권에 포함하지 않는다.

2. 저당권의 효력범위(제358조)

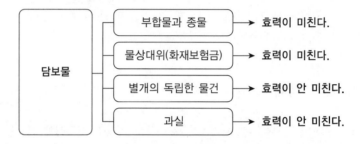

⚡기출

01 저당권의 목적인 건물에 증축되어 독립적 효용이 없는 부분은 저당권의 효력이 (미친다/미치지 않는다).

제27회

(1) 〔빈출〕 **저당권의 효력범위** - 저당부동산의 부합물과 종물에 효력이 미친다 제19·22회

① 위 규정은 강행규정이 아니라 임의규정이다(물권법정주의 예외). 따라서 저당권 설정 당시에 당사자간 **특약으로 부합물과 종물에 효력을 배제하는 약정은 유효하다.** 당사자는 설정계약으로 저당권의 효력이 종물에 미치지 않는 것으로 정할 수 있다. 제21회

② 설정 전·후의 부합물(예 주유소 토지에 매설한 유류저장탱크, 토지 위에 심은 수목)과 종물에 저당권의 효력이 미친다.

③ 제3자가 **권원 없이** 심은 수목은 토지의 부합물이므로 저당권의 효력이 미친다.

④ **건물에 설정한 저당권의 효력이 증축부분에 미치는가?**
건물의 증축부분이 기존건물에 부합하여 기존건물과 분리하여서는 '별개의 독립물로서의 효용을 갖지 못하는 이상' 기존건물에 대한 근저당권은 부합된 증축 부분에도 미치는 것이므로 기존 건물에 대한 경매절차에서 '경매목적물로 평가되지 아니하였다'고 할지라도 경락인은 저당권설정 후 부합된 증축 부분의 소유권을 취득한다(판례).

기출정답

01 미친다

⑤ **권리의 종물이론** 제19 · 23 · 25회
ㄱ 아파트 <u>전유부분</u>에 설정한 저당권, 압류의 효력은 대지사용권에도 미친다.
ㄴ 건물의 소유를 목적으로 하는 토지임차권자가 <u>건물</u>에 설정한 저당권의 효력
은 <u>토지임차권</u>에도 효력이 미친다. 따라서 건물의 경락인은 특별한 사정이
없는 한 토지임차권도 함께 취득한다. 제27회

(2) 주의 **토지저당권의 효력이 미치지 않는 것은?** 제19 · 22회

① **저당권과 별개의 물건**
ㄱ 저당토지와 별개의 건물
ㄴ 저당잡힌 토지 위에 제3자가 권원 없이 심은 농작물
ㄷ 저당토지의 전세권자가 그 토지에 식재하고 등기한 입목
② **과실(건물의 임대료):** 저당잡힌 부동산에서 얻은 과실은 원칙적으로 저당권설정
자의 소유이다. 그러므로 저당목적물의 '<u>압류 전 차임채권</u>'에는 저당권의 효력
이 미치지 않는다. 단, 저당목적물을 <u>압류한 후</u> 수취한 '<u>차임채권</u>'에는 저당권의
효력이 미친다(판례). 제32회

(3) 물상대위

① **개념:** 빈출 저당권의 효력이 저당물의 멸실, 훼손, 공용징수로 인하여 저당권설
정자가 받을 가치적 변형물(보험금청구권, 손해배상청구권)에 대하여도 효력이
미치는 것
② **전제조건 – 저당목적물이 멸실, 공용징수로 가치적 변형물이 존재할 것:** 주의 저
당권의 목적토지가 「공익사업을 위한 토지 등의 취득 및 보상에 관한 법률」에
따라 <u>협의취득</u>된 경우, 이는 <u>사법상의 매매</u>에 해당되므로 저당권자는 그 보상금
청구권에 대해 물상대위권을 행사할 수 없다. 제26 · 27회
③ **지급 전 인도, 압류를 할 것:** 보험금청구권에 대한 압류를 누가해야 하는가? 대
위물의 특정성을 유지하는 한 압류는 반드시 저당권자 자신에 의해 행해질 것을
요하지는 않는다. 따라서 일반채권자나 제3자에 의해 압류가 된 때에도 그 특정
성은 유지되는 것이므로 저당권자는 일반채권자가 압류한 금전에 대하여도 물
상대위권을 행사하여 일반채권자보다 우선변제를 받을 수가 있다(대판 96다
21058). 제23회

⚡**기출**

01 저당목적물의 변형물
인 금전에 대해 이미 제
3자가 압류한 경우 저당
권자는 물상대위권을 행사
할 수 (있다/없다). 제32회

3. 우선변제권

(1) 모든 **저당권은 경매로 항상 소멸**하고 후순위 권리자보다 우선변제받는다. 따라
서 후순위 저당권자가 경매실행한 경우 선순위 저당권은 이를 거부하고 저당권
의 존속을 주장할 수 없다. 제21회

기출정답

01 있다

(2) 배당순위

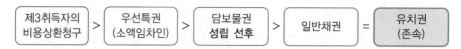

① 우선특권[소액임차인의 최우선변제권, 조세채권(당해세), 3월분의 임금채권]: 선순위 저당권보다 경매시 우선변제받는다.
② 주의 선순위 가압류와 후순위 저당권자의 배당관계: 상호간에는 우열이 없으므로 안분배당한다.
③ 저당권과 확정일자부 임차인의 관계: 저당권설정등기와 확정일자의 순위로 결정한다.

4. 저당권과 용익권의 관계

⚡기출

01 X건물에 甲은 1번 저당권, 이어서 乙이 전세권을, 그 후 丙이 2번 저당권을 취득하였고, X건물의 지붕을 수리한 丁이 현재 유치권을 행사 중에 건물이 경매되면 소멸하는 권리는 (   )이다.

제24회

(1) 빈출 삭제주의
경매로 소멸하는 최선순위 저당권(1번 지당권)보다 나중에 설정된 후순위 전세권은 경매시 소멸한다. 따라서 1번 저당권보다 후순위 전세권자는 경락인에게 대항할 수 없다.

(2) 인수주의
선순위 전세권(甲)이 설정되고 나중에 저당권이 설정된 경우에는 저당권자가 경매를 신청하더라도 선순위 전세권자가 배당을 요구하지 않는 한 전세권은 소멸하지 않고 낙찰자에게 인수된다.

(3) 주의 유치권은 경매로 소멸하지 않는다.
선순위 저당권이 성립한 뒤에 전세권, 유치권이 순서대로 성립한 경우 목적물이 경매되면 저당권, 전세권은 순위에 따라 배당을 받고 소멸하나 유치권은 소멸하지 않는다.

(4) 빈출 용익권이 중간에 낀 경우
1번 저당권, 전세권, 2번 저당권의 순서로 성립하여 전세권이 중간에 끼어있을 때에 2번 저당권자가 경매신청하면 전세권자는 어떻게 될까?
말소기준권리는 1번 저당권이므로 전세권은 배당요구를 하든 하지 않든 언제나 소멸하며 순위에 따라 배당을 받는다.

기출정답

01 1번 저당권, 전세권, 2번 저당권

5. 법정지상권과 일괄경매권

토지에 저당권설정 당시 동일인 소유 건물이 존재하다가 경매로 달라질 때	법정지상권이 성립한다.
나대지에 저당권설정 후 설정자가 건물을 신축하여 동일인 소유일 때	일괄경매청구권

(1) 법정지상권(제366조)

> 저당권설정 당시에 토지 위에 건물이 존재하고 동일인의 소유였다가 저당권실행의 경매로 인하여 소유자가 달라질 때 건물소유자에게 법률규정으로 지상권의 성립을 인정한다. 이는 강행규정으로 당사자간에 법정지상권의 성립을 배제하는 약정은 효력이 없다.

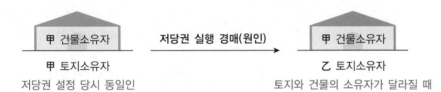

甲 건물소유자   저당권 실행 경매(원인)   甲 건물소유자
甲 토지소유자   乙 토지소유자
저당권 설정 당시 동일인   토지와 건물의 소유자가 달라질 때

① [빈출] 성립요건

    ㉠ 토지에 저당권설정 당시 건물이 존재하고 동일인의 소유일 것

    ㉡ 저당권 실행 경매(임의 경매)로 소유자가 달라질 것

② [빈출] 법정지상권이 성립하는 주요 판례

> ㉠ 저당권설정 당시 무허가 건축물이 존재하는 경우 양자가 동일인의 소유라면 토지만의 경매가 실행될 때 건물에 법정지상권이 성립한다. 제19회
>
> ㉡ ing건물사건: 토지에 저당권설정 당시 완성된 건물은 존재하지 않았으나 건물공사가 진행 중인 경우 토지만 경매실행되면 법정지상권이 발생한다 (판례). 제22회
>
> ㉢ 중간에 건물주가 바뀐 때: 저당권설정 당시에 토지와 건물이 동일인이었다가 경매실행 전에 건물만 양도(중간에 건물주 바뀐 경우)하여 경매실행 당시에는 토지와 건물의 소유자가 다른 경우 저당권이 실행되면 건물에 법정지상권이 성립한다. 제16·22회
>
> ㉣ 건물공유자인 甲과 乙 중 1인이 그 건물의 부지인 토지를 단독으로 소유하면서 그 토지에 관하여만 저당권을 설정하였다가 위 저당권에 의한 경매로 인하여 토지의 소유자가 달라진 경우, 법정지상권이 성립한다(토지소유자는 자기뿐만 아니라 다른 건물공유자들을 위하여도 위 토지의 이용을 인정하고 있었다고 할 것이기 때문이다). 제33회

⚡기출

01 乙 소유의 토지 위에 甲과 乙이 건물을 공유하면서 토지에만 저당권을 설정하였다가, 경매로 丙이 토지소유권을 취득한 경우 甲에게 법정지상권이 (성립한다/불성립한다). 제33회

기출정답

01 성립한다

ⓜ 토지에 단독저당권 설정한 후 구건물 철거 후 신축한 경우: 저당권설정 당시의 건물을 그 후 '개축·증축한 경우는 물론이고 그 건물이 멸실되거나 철거된 후 재건축한 경우'에도 법정지상권이 성립하며, 이 경우 신 건물과 구 건물 사이에 동일성이 있거나 소유자가 동일할 것을 요하는 것은 아니며, 법정지상권의 내용인 존속기간·범위 등은 '구 건물을 기준'으로 하되 신축건물에 법정지상권이 성립한다(대판 2000다48517).

③ 빈출 법정지상권이 성립하지 않는 주요판례

ⓐ 가설 건축물: 저당설정 당시에 토지 위에 가설 건축물이 존재하는 경우(토지의 정착물로 간주되지 않기 때문이다)

ⓑ (나대지)에 저당권을 설정한 후에 저당권설정자가 저당권자로부터 법정지상권의 성립을 인정한다는 '양해를 얻어서 건물을 건축'한 경우

ⓒ 공동저당 사건(건물철거 후 신축한 경우): 동일인의 소유에 속하는 토지 및 그 지상 건물에 관하여 공동저당권이 설정된 후 그 지상 건물이 철거되고 새로 건물이 신축된 경우에는 '특별한 사정이 없는 한, 저당물의 경매로 인하여 토지와 그 신축건물이 다른 소유자에 속하게 되더라도' 그 신축건물을 위한 법정지상권은 성립하지 않는다(대판 98다43601 전원합의체).

제19·20·22회

ⓓ 미등기건물과 대지를 함께 인수한 사건: 미등기건물을 그 대지와 함께 매수한 사람이 그 대지에 관하여만 소유권이전등기를 넘겨받고 건물에 대하여는 그 등기를 이전받지 못하고 있다가 '대지에 대하여 저당권을 설정'하고 그 저당권의 실행으로 대지가 경매되어 다른 사람의 소유로 된 경우에는 그 '저당권설정 당시에 이미 대지와 건물이 각각 다른 사람의 소유에 속하고 있었으므로' 법정지상권이 성립될 여지가 없다(대판 2002다9660 전원합의체).

(2) 일괄경매권

① 법조문(제365조)

토지(나대지)를 목적으로 저당권을 설정한 후 그 저당권설정자가 건물을 신축한 때(동일인 소유일 것) 저당권자는 토지와 함께 건물을 경매청구할 수 있다. 건물의 경매대가에서는 우선변제를 받을 수 없다.

② 급소 요건

┌───┐
│ ㉠ 토지에 저당권설정 당시 건물이 없을 것(나대지일 것)   │
│ ㉡ 토지에 저당권설정 후 설정자가 건물을 신축하여 동일인일 것   │
│   ⓐ 토지와 건물이 동일인 소유이어야 한다.   │
│   ⓑ 동일인이 아닌 경우: 토지에 저당권설정 후 설정자가 건물을 신축하여 제   │
│   3자에게 양도한 경우 동일인의 소유가 아니므로 저당권자는 토지와 건물   │
│   을 일괄경매할 수 없다. 제18 · 24회   │
│   ⓒ 나중에 동일인이 된 경우: 토지의 용익권자(지상권자)가 건물 신축한 후   │
│   저당권설정자가 건물을 매입하여 인수하면 토지와 건물이 동일인 소유이   │
│   므로 저당권자는 일괄경매청구할 수 있다(판례).   │
└───┘

③ 효과

┌───┐
│ ㉠ 저당권자는 토지와 건물을 일괄경매할 수 있다.   │
│   ⓐ 빈출 토지와 건물을 일괄경매할 수 있으나 건물매각대금에는 우선변제권   │
│   이 없고 토지의 환가대금에서만 우선변제받는다.   │
│   ⓑ 저당권자는 토지와 건물의 매각대금에서 우선변제받는다(틀림). 제17 · 23회 │
│ ㉡ 주의 저당권설정 후 신축한 경우 토지만 경매하면 어떻게 될까?   │
│   저당권설정 후에 신축한 건물이므로 토지만 경매시 건물에는 법정지상권은   │
│   발생하지 않는다.   │
└───┘

⚡ 기출

01 저당권설정자가 저당권설정 후 건물을 축조하였으나 경매 당시 제3자가 그 건물을 소유하는 때에도 일괄경매청구권이 (인정된다/인정되지 않는다). 제29회

6. 제3취득자

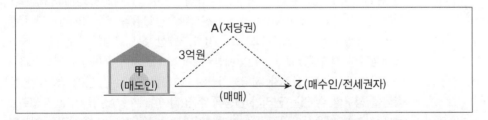

(1) 의의

저당권이 설정된 매도인 소유의 부동산을 매입한 자 또는 저당권설정 후에 전세권이나 임차권을 취득한 자를 말하는데 이들은 저당권자가 경매실행 여부에 따라 불안정한 상황에 놓여 있다. 이 제3취득자를 보호하고자 「민법」에 규정을 두었다.

기출정답

01 인정되지 않는다

(2) 제3취득자의 지위

① 저당물의 제3취득자는 <u>경매인이 될 수 있다.</u>

② 제3취득자는 채권을 변제하고 저당권의 소멸을 청구할 수 있다.

③ 저당권이 설정된 목적물을 매수한 경우 저당권말소청구를 할 수 있는 자는?

> 급소 종전 소유자는 저당권설정계약 당사자의 지위에 기해서, 현 소유자는 소유권에 기해서 저당권의 말소를 청구할 수 있다(전합).

④ 빈출 **제3취득자의 우선상환권**:(건물에 유익비용을 지출하여 건물의 경매 가치가 증가된 경우)?

> ㉠ 제3취득자가 비용을 지출하여 경매가격을 높게 만든 경우 경매대가에서 우선상환받을수 있다. 제17·19·22·31회

> ㉡ 제3취득자가 아닌 저당권설정자나 물상보증인이 비용을 지출해도 경매대가에서 우선상환을 받을 수 없다. 제18·20회

> ㉢ 급소 근저당권보다 '후순위 저당권자'는 제3취득자에 해당하지 않는다. 따라서 후순위 저당권자는 선순위 근저당권자의 피담보채권을 변제하고 근저당권의 말소를 청구할 수 없다(판례). 제32회

⑤ 저당권이 설정되어 있는 부동산의 제3취득자가 저당부동산에 관하여 지출한 필요비, 유익비는 부동산 가치의 유지·증가를 위하여 지출된 일종의 공익비용이므로 저당부동산의 환가대금에서 부담하여야 할 성질의 비용이고 더욱이 제3취득자는 경매의 결과 그 권리를 상실하게 되므로 특별히 경매로 인한 매각대금에서 우선적으로 상환을 받도록 한 것이다. 저당부동산의 소유권을 취득한 자도 「민법」 제367조의 제3취득자에 해당한다. 제3취득자가 제367조에 의하여 우선상환을 받으려면 저당부동산의 경매절차에서 배당요구의 종기까지 배당요구를 하여야 한다(「민사집행법」 제268조, 제88조).

위와 같이 「민법」 제367조에 의한 우선상환은 제3취득자가 경매절차에서 배당받는 방법으로 「민법」 제203조 제1항, 제2항에서 규정한 비용에 관하여 경매절차의 매각대금에서 우선변제받을 수 있다는 것이지 이를 근거로 제3취득자가 직접 저당권설정자, 저당권자 또는 경매절차 매수인 등에 대하여 비용상환을 청구할 수 있는 권리가 인정될 수 없다. 따라서 제3취득자가 저당부동산에 지출한 비용상환청구권을 피담보채권으로 주장하면서 유치권을 행사할 수 없다(대판 2022다265093).

03 저당권의 양도

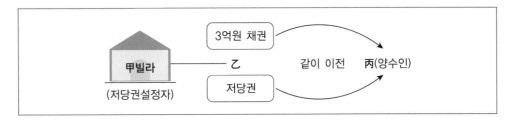

1. 수반성의 원리

(1) 급소 저당권은 피담보채권과 분리하여 타인에게 양도하지 못한다.

(2) 저당권과 채권은 함께 양도하여야 한다(독일은 채권과 저당권의 독립성을 인정한다).

(3) 저당권자가 저당권을 양도함에는 설정자나 물상보증인의 동의 없이 양도 당사자 간의 합의로 족하다. 제21회

2. 급소 채권소멸 후 저당권을 이전등기한 경우

채권소멸 후 저당권의 말소등기를 않는 동안 저당권부채권을 압류, 전부 명령받아 제3자가 저당권을 이전등기를 마치면 채권이 소멸한 때 부종성의 원리에 따라 저당권은 소멸하므로 제3자가 저당권이전등기를 마쳐도 저당권을 취득할 수 없다. 제21회

04 저당권의 침해시 구제수단

1. 저당권에 기한 물권적 청구권

(1) 저당물이 제3자의 불법점유로 반출된 경우 저당권에 기한 반환청구는 할 수 없다.

(2) 저당권을 침해한 경우 저당권에 기해 방해제거, 예방청구는 할 수 있다.

(3) **저당권자 앞으로 담보목적 무상의 지상권을 설정한 경우(이른바 담보지상권)**
 ① 제3자가 토지위에 건물을 건축하면 지상권자는 지상권에 기한 방해배제청구권으로 건물의 철거와 대지인도를 청구할 수 있다(대판).
 ② 채권담보를 위하여 토지에 저당권과 함께 무상의 담보지상권을 취득한 채권자는 특별한 사정이 없는 한 제3자가 토지를 불법점유하더라도 임료 상당의 손해배상청구를 할 수 없다. 제31회

⚡ 기출

01 저당권의 피담보채권 소멸 후 그 말소등기 전에 피담보채권의 전부명령을 받아 저당권이전등기가 이루어진 경우, 그 저당권은 효력이 (있다/없다). 제24회

기출정답

01 없다

2. 빈출 담보물 보충청구권

> 제362조 【저당물의 보충】 저당권설정자의 책임 있는 사유로 인하여 저당물의 가액이 현저히 감소한 때는 저당권자는 저당권설정자에게 그 원상회복 또는 상당한 담보의 제공을 청구할 수 있다.

3. 손해배상청구권

> (1) 담보물의 잔존가치(50억원)가 아직 피담보채권액(10억원)을 넘고 있는 때?
>   저당권자에게 아직 손해가 발생한 것은 아니므로 그로 인한 손해배상청구권이 인정되지 않는다.
>
> (2) 담보물의 교환가치가 피담보채권액 미만으로 하락한 경우?
>   저당권의 침해를 이유로 손해배상을 청구할 수 있다. 제30회

제4절 특수 저당권(근저당권과 공동저당권)

01 근저당권 · 빈출

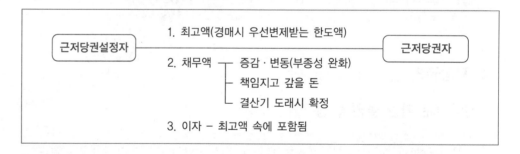

1. 의의

(1) 결산기까지의 장래의 증감 변동하는 **불특정 채권**을 **최고액 한도**로 담보하는 저당권을 말한다.

(2) 주의 채무액이 결산기까지 **불특정 채권**이다(채무액이 증감 변동한다).

(3) 급소 부종성이 완화된다. 채무액이 확정될 때까지 **채무가 일시적으로 소멸하거나 이전하여도 근저당권이 소멸하지 않는다.**

2. 성립

> **(1) 근저당권설정자는?**
> ① 채무자나 제3자(물상보증인)도 될 수 있다.
> ② **채무자가 아닌 제3자**도 근저당권을 설정할 수 있다. 제31회
>
> **(2) 근저당권자는?**
> **채권자가 아닌 제3자 명의의 근저당권등기**는 특별한 사정이 없는 한 무효이다. 제31회
>
> **(3)** 근저당권등기가 경료된 경우 기본계약의 존재의 추정되지 아니한다. 근저당권 설정행위와 피담보채권의 기초가 되는 법률행위, 즉 기본 계약관계는 별도로 있어야 하므로 근저당권 설정계약만을 체결하고 **기본 계약관계를 성립시키는 의사표시가 없는 때**에는 근저당권은 무효이다(대판 2003다70041).
>
> **(4) 최고액:** 필요적 등기사항이나 결산기는 임의적 등기사항이다.

3. 효력

(1) 최고액

> ① [빈출] 최고액이란 **우선변제를 받는 한도액**을 말한다(책임의 한도액이 아님).
> ② 최고액 안에 **이자, 지연이자** 등은 **포함**된 것으로 본다.
> ③ 최고액 안에 '실행비용'은 포함되지 않는다.
> ④ 최고액을 증액할 경우 후순위자의 배당액이 줄어들게 되므로 후순위자의 승낙이 필요하다.

(2) 채무액(책임의 한도액 = 갚을 돈)

> ① 채무가 일시적으로 0원이어도 소멸하지 않는다(부종성이 완화).
> ② 채권액이 확정되기 전에는 근저당권이지만 채권액이 확정된 후에 일반저당권으로 변한다.
> ③ [빈출] 채권액이 확정된 후에는 **확정된 채권액까지만** 저당권으로 담보되는 것이므로 확정된 채권액이 최고액에 미달해도 그 **후에 발생한 대여금**은 근저당권으로 담보되지 않는다.
> [주의] ㉠ **결산기 도래 후 발행된 약속어음상의 채권**은 근저당권이 담보않는다.
> ㉡ 근저당권자가 **경매신청한 후 발생한 대여금채권**은 담보않는다.

⚡기출

01 채무자가 아닌 제3자도 근저당권을 설정할 수 ( ). 제31회

02 채권자가 아닌 제3자 명의의 근저당권설정등기는 특별한 사정이 없는 한 ( )이다. 제31회

⚡기출

03 ( )이란 책임의 한도액이 아니라 우선변제를 받는 한도액을 말한다. 제23회

기출정답

01 있다 **02** 무효
03 최고액

④ 빈출 채무액(3억원)이 최고액(1억원)을 초과한 경우 근저당권의 말소를 위하여 변제범위는?

○ 채무자는 '채무전액'을 변제해야 근저당권말소청구할 수 있다.
○ 물상보증인은 '최고액'만 변제하면 근저당권을 말소할 수 있다.
○ 제3취득자는 최고액범위 내에서 채무변제하고 근저당권의 소멸을 청구할 수 있다.
○ 채무자가 채무의 일부를 변제한 경우 제3취득자는 잔존 피담보채권액이 최고액을 초과하는 한 자신의 책임이 감축된다고 주장할 수 없다(판례).

⚡ 기출

01 채무액이 채권최고액을 초과한 경우 근저당권의 말소를 위하여 채무자는 (   )을 변제하여야 한다. 제20회

(3) 존속기간을 정하지 않은 경우

기간이 만료한 때 채무액은 확정된다. 반면에, 존속기간을 약정하지 않은 경우, 근저당권설정자는 근저당권자를 상대로 언제든지 해지의 의사표시를 함으로써 피담보채무를 확정시킬 수 있고, 이러한 해지권한은 근저당 부동산의 제3취득자도 원용할 수 있다(대판 1996.10.29, 95다2494).

(4) 채무확정 전에 채무자를 변경할 수 있고, 채무범위를 변경할 수 있다.

(5) 빈출 채무액의 확정시기는? 경매신청시, 기본계약을 해지,결산기 도래

⚡ 기출

02 후순위근저당권자가 경매를 신청하는 경우 선순위근저당권의 채권액이 확정되는 시기는 (   )이다. 제29회

① 빈출 1번 근저당권자가 경매신청한 경우 '경매신청시'에 근저당권의 채권액이 확정된다. 경매신청시점에 거래는 종결되고 그때까지 대출해 준 돈이 채권액으로 확정된다.
② 주의 2번 근저당권자가 경매신청시: 후순위근저당권자가 경매를 신청하는 경우 선순위근저당권의 채권액이 확정되는 시기는 경매신청시가 아니라 '경락대금을 완납할 때'이다(판례).
③ 경매신청 취하: 경매신청했다가 경매개시결정이 있은 후 경매신청을 취하하여도 채무확정의 효과는 번복되지 않는다(판례). 제17회

4. 근저당권의 소멸

(1) 급소 근저당권이 설정된 후 소유권이 제3자에게 이전한 경우?

현재 소유자(제3자)는 '소유권에 기하여' 채무소멸을 원인으로 근저당권의 말소를 청구할 수 있고, 종전 소유자는 근저당권설정의 '계약당사자로서' 채무소멸을 원인으로 근저당권 말소를 청구할 수 있다(대판 93다16338 전원합의체).

(2) 기출 당사자간의 약정이나 합의로 근저당권을 소멸시킬 수 있다. 제26회

기출정답

01 채무전액
02 경락대금을 완납할 때

02 공동저당권

1. 특성

(1) 하나의 채권을 담보하기 위하여 담보물이 여러 개인 저당권을 말한다.

(2) 하나의 채권을 담보하기 위해서 각 물건별로 따로 따로 저당권이 성립한다. 공동저당에서는 '목적물의 수만큼 저당권의 수'가 동일하게 존재한다.

2. 실행방법

채권자는 선택에 의해 공동담보 중에서 전부를 일괄경매하든가 아니면 저당 부동산 중 일부의 경매대가를 먼저 배당하여 그 채권 전부를 우선변제받을 수 있다. 제19·21회

(1) 동시배당

① 배당채권의 안분은 '각 부동산의 경매대가에 비례'하여 정한다(제368조).

② 동시배당에 있어서의 안분에 관한 규정 적용

　㉠ **전제조건**: 목적 부동산이 모두 채무자 소유인 경우에만 적용된다.

$$\text{채권액(1억 5천만원)} \times \frac{A}{A+B+C} = \text{부동산별 안분액}$$

　㉡ 주의 제368조의 동시배상의 규정이 적용되지 않는 경우: 하나는 채무자소유이고 다른 하나는 물상보증인 소유일 경우 '채권액을 안분하지 않고' 채무자 부동산에서 먼저 우선배당하고 부족분을 물상보증인에서 추가로 배당받는다(대판 2010.4.15, 2008다41475).

(2) 이시배당(순차배당)

> ### 📖 사례 ㅣ
>
> **1. 공동담보물이 모두 채무자소유인 경우**
>
>
>
> 여기서 1번 저당권자가 담보물건 중 **토지 하나만** 경매실행한 경우?
> ① 1번 저당권자가 먼저 X토지경매가에서 채권전액을 변제받을 수 있다.
> ② **후순위자의 대위권**: X토지의 경매절차에서 1번 저당권자로 인하여 변제를 못
>   받은 후순위자 丙은 채무자소유의 Y건물에서 '동시배당시에 1번 저당권자가
>   건질 범위만큼' 후순위자의 대위권 있다.
>
> **2. 공동담보물이 하나는 채무자의 소유, 다른 하나는 물상보증인의 소유인 경우**
>
>
>
> ① **여기서 1번 저당권자가 채무자소유 부동산을 먼저 경매실행한 경우**
>   채무자소유 부동산의 경매대가에서 1번 저당권자가 2번 저당권보다 자기 채권
>   전액을 우선변제받을 수 있다.
> ② 기출 **1번 저당권자가 물상 보증인소유의 부동산을 먼저 경매한 경우**
>
> | 채무자 소유 X부동산에 먼저 경매가 이루어진 경우 | 채무자 소유의 2번 저당권자는 물상보증인 부동산에 1번 저당권의 자리를 대위하여 차지할 수 없다. |
> |---|---|
> | 물상보증인 소유의 Y부동산에 먼저 경매가 이루어진 경우 | ㉠ 물상보증인은 채무자에게 구상권을 취득하여 채무자부동산에 있는 1번 저당권을 대위취득할 수 있다(판례).
㉡ 이때 물상보증인 부동산의 2번 저당권자가 채무자부동산에 있는 1번 저당권을 대위할 수 있다(판례). |

01 甲은 乙에 대한 3억원의 채권을 담보하기 위하여 乙소유의 X토지와 Y건물에 각각 1번 공동저당권을 취득하고, 丙은 X토지에 피담보채권 2억 4천만원의 2번 저당권을, 丁은 Y건물에 피담보채권 1억 6천만원의 2번 저당권을 취득하였다.

X토지와 Y건물이 모두 경매되어 X토지의 경매대가 4억원과 Y건물의 경매대가 2억원이 동시에 배당되는 경우, 丁이 Y건물의 경매대가에서 배당받을 수 있는 금액은? (경매비용이나 이자 등은 고려하지 않음) 제27회

① 0원　　　　　② 4천만원　　　　　③ 6천만원

④ 1억원　　　　　⑤ 1억 6천만원

해설

01 논점 이시배당의 법리와 후순위자의 배당액

> 乙 소유 X토지(4억원) - 甲(1번 저당권) - 丙(2번 저당권)
> 乙 소유 Y건물(2억원) - 甲(1번 저당권) - 丁(2번 저당권)

1) 동시경매시 X토지에서 배당액 = 채권액 3억원 $\times \dfrac{4억원}{4억원 + 2억원}$ = 2억원

2) 동시경매시 Y건물에서 배당액 = 채권액 3억원 $\times \dfrac{2억원}{4억원 + 2억원}$ = 1억원

3) 동시배당시 Y건물(시가 2억원)에서 1번 저당권자의 배당액(1억원)을 빼고 남은 금액, 즉 건물의 낙찰가(2억원) - 1번 저당권자의 배당액(1억원) = 1억원

∴ 이 1억원의 금액이 2번 저당권자가 건물에서 2순위로 배당받는 금액이다.　　답: ④

03 공동근저당권

(1) 의의

담보물이 여러 개인 공동저당권과 채권최고액을 한도로 하는 근저당권이 결합된 형태를 말한다.

(2) 공동근저당에서 채권액의 확정

공동근저당권자가 목적 부동산 중 일부 X부동산에 대하여 제3자가 신청한 경매절차에 소극적으로 참가하여 우선배당을 받은 경우, 해당 부동산에 관한 근저당권의 피담보채권은 그 근저당권이 소멸하는 시기, 즉 매수인이 매각대금을 지급한 때에 확정된다. 그러나 나머지 목적 부동산 Y에 관한 근저당권의 피담보채권은 기본거래가 종료하거나 채무자나 물상보증인에 대하여 파산이 선고되는 등의 다른 확정사유가 발생하지 아니하는 한 확정되지 아니한다.

공동근저당권자가 제3자가 신청한 경매절차에 소극적으로 참가하여 우선배당을 받았다는 사정만으로는 당연히 채권자와 채무자 사이의 기본거래가 종료된다고 볼 수 없다(대판 2015다50637).

(3) 공동근저당권에서 동시배당이 이루어지는 경우

공동근저당권자는 채권최고액 범위 내에서 피담보채권을 「민법」 제368조 제1항에 따라 부동산별로 나누어 각 환가대금에 비례한 액수로 배당받으며, 공동근저당권의 각 목적 부동산에 대하여 채권최고액만큼 반복하여, 이른바 누적적으로 배당받지 아니한다(대판 2013다16992 전원합의체).

(4) 공동근저당에서 이시배당이 이루어지는 경우 배당방법은?

판례 | 공동근저당에서 이시배당

- 乙소유 X토지(낙찰가 7천만원) - 甲(1번 저당·최고액 1억원) - 丙(2번)
- 乙소유 Y건물(낙찰가 5천만원) - 甲(1번 저당·배당액은?) - 丁(2번)

X토지(낙찰가 7천만원)의 경매에서 甲이 먼저 7천만원을 우선배당받은 경우 그 후 Y건물의 경매에서 甲이 우선변세받는 금액은? [이시배당]
최고액 1억원 - X토지(낙찰가 7천만원) = Y건물에서 우선 배당받는 금액(3천만원)

공동근저당권이 설정된 목적 부동산에 대하여 **이시배당이 이루어지는 경우**에도 동시배당의 경우와 마찬가지로 공동근저당권자가 공동근저당권 목적 부동산의 **각 환가대금으로부터 채권최고액만큼 반복하여 배당받을 수는 없다**고 해석하는 것이 제368조 제1항 및 제2항의 취지에 부합한다. 공동담보의 나머지 목적 부동산에 대하여 공동근저당권자로서 행사할 수 있는 우선변제권의 범위는 **이후에 피담보채권액이 증가하더라도 최초의 채권최고액에서 위와 같이 우선변제받은 금액을 공제한 나머지 채권최고액으로 제한된다**(대판 2013다16992 전원합의체).

01 甲은 乙에게 1억원을 대출해주고, 乙소유의 X토지와 Y토지에 관하여 채권최고액 1억 2,000만원으로 하는 1순위 공동근저당권을 취득하였다. 그 후 甲은 丙이 신청한 X토지의 경매절차에서 8,000만원을 우선 변제받았다. 이후 丁이 신청한 경매절차에서 Y토지가 2억원에 매각되었고, 甲의 채권은 원리금과 지연이자 등을 포함하여 경매신청 당시는 5,000만원, 매각대금 완납시는 5,500만원이다. 甲이 Y토지의 매각대금에서 우선배당받을 수 있는 금액은? (다툼이 있으면 판례에 따름) 제29회

① 2,000만원   ② 4,000만원

③ 5,000만원   ④ 5,500만원

⑤ 6,000만원

해설

01 최고액(1억 2천만원) – X에서 배당받은 돈(8천만원) = Y에서 배당받는 돈(4천만원)

답: ②

제3편

계약법

제1절 계약의 종류와 약관

01 계약의 의의

1. 개념

일방의 청약과 상대방의 승낙의 합치로 성립하는 법률행위로, 여기서는 채권계약을 말한다.

2. 계약의 자유(법률행위의 자유)

> (1) 계약 자유의 원칙 – 내용결정의 자유, 체결의 자유, 방식의 자유, 상대방 선택의 자유를 포함한다.
> (2) 계약 자유의 제한
> ① 계약내용을 제한하는 경우: 제103조, 특별법규정인 강행법규 등
> ② 지상물매수청구권, 부속물매수청구권, 차임증감청구권, 시가매도청구권: 일방적 통보에 의해 효력이 발생하므로 상대방의 승낙 없이 효력이 생긴다.

02 계약의 종류

1. 쌍무계약과 편무계약

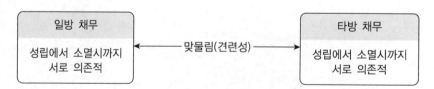

일방 채무

성립에서 소멸시까지
서로 의존적

←— 맞물림(견련성) —→

타방 채무

성립에서 소멸시까지
서로 의존적

기출

01 증여, 사용대차계약은 (쌍무/편무), (낙성/요물)계약이다. 제26회

(1) 쌍방채무가 대가적 의존적 관계인 것(처음부터 끝까지 맞물림)

① 매매계약, 교환계약, 임대차계약	쌍무, 유상, 낙성, 불요식계약
② 증여, 사용대차계약, 무이자 소비대차	편무, 무상, 낙성, 불요식계약

기출정답

01 편무, 낙성

(2) 쌍무계약의 견련성(맞물림)

① 일방이 채무를 이행하면 대응하는 타방도 똑같이 이행해라(동시이행항변권 인정).

② 일방채무가 소멸하면 대응하는 타방채무도 똑같이 소멸(위험부담의 문제)

2. 유상계약

(1) 개념

① 계약이 성립해서 끝날 때까지 **대가적 출연을 하는 계약**	매매, 교환, 임대차, 주택임대차
② [급소] 유상계약에서 담보책임이 인정	무상계약에서는 담보책임이 인정 안 됨

(2) 쌍무계약과 유상계약의 관계

① 쌍무계약에서는 서로 대가적 출연이 반드시 존재한다.
② [빈출] 쌍무계약은 모두 반드시 유상계약이다.
③ 반대로 유상계약이 모두 쌍무계약은 아니다.

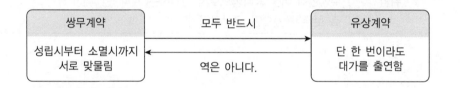

3. 낙성계약과 요물계약

(1) 낙성계약

당사자간의 합의(약정)만으로 성립하는 계약(예 매매, 임대차, 교환계약)

(2) 요물계약

① 당사자간의 합의 외에 '현실적인 급부이행이 있어야 성립하는 계약'
② 계약금계약은 계약금을 지급하는 약정으로 성립하지 않고 계약금 전부를 지급한 때 성립하는 요물계약이다(판례). 제19회
③ 현상광고는 요물계약이다. '광고자의 광고내용대로 응모자가 「지정행위를 완료」해야 성립하는 편무, 유상, 요물계약이다'

⚡ **기출**

01 쌍무계약은 모두 반드시 유상계약이다(○/×).

02 유상계약은 모두 쌍무계약이다(○/×).

03 계약의 종류와 그에 해당하는 예가 잘못 짝지어진 것은? 제31회
① 쌍무계약 - 도급계약
② 편무계약 - 무상임치계약
③ 유상계약 - 임대차계약
④ 무상계약 - 사용대차계약
⑤ 낙성계약 - 현상광고

기출정답

01 ○ 02 × 03 ⑤

종류	내용	구별
매매	일방이 재산권을 이전할 것을 약정하고, 상대방이 그 매매대금을 지급할 것을 약정	쌍무/유상
교환	금전이외의 재산권을 상호이전하기로 약정하는 계약	쌍무/유상
임대차	임대인이 목적물을 사용, 수익하게 할 것을 약정하고 임차인이 차임을 지급할 것을 약정	쌍무/유상
도급계약	일방(수급인)이 일을 완성할 것을 약정하고 상대방(도급인)이 그 일의 완성에 대하여 보수를 지급할 것을 약정	쌍무/유상
증여	증여자가 재산을 무상으로 상대방에게 준다는 의사를 표시하고 수증자가 이것을 수락함으로써 성립하는 계약	편무/무상
사용대차	일방이 상대방에게 물건을 무상으로 사용하기로 약정하고 상대방은 이를 사용·수익한 후 그 물건을 반환하기로 하는 약정	편무/무상
위임	위임인이 상대방에 대하여 '사무의 처리'를 위탁하고, 수임인이 이를 승낙함으로써 성립하는 계약. 단, 대가로 보수가 있으면 유상위임이디.	

제2절 계약의 성립

01 계약의 성립유형

청약과 승낙에 의한 계약성립	격지자간 계약은 '승낙의 발송시'에 성립한다.
교차청약에 의한 성립	양청약이 모두 '도달'한 때 성립한다.
의사실현에 의한 성립	일정한 사실행위가 있는 때 성립한다.

02 청약과 승낙의 합치에 의한 성립

여기서 합치란? 계약의 내용에 대한 객관적 합치와 계약체결하려는 상대방에 대해서도 주관적인 합치가 있어야 한다.**1**

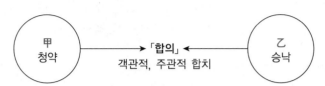

「합의」
객관적, 주관적 합치

청약	승낙
① **개념**: 구체적, 확정적 의사표시이다. [구별] **청약의 유인**: 분양광고, 교섭당사자가 견적서를 제출하는 행위	① **개념**: 확정적 의사표시이다.
② [빈출] **상대방은?** 불특정 다수인에 대한 청약도 효력 있다.	② 특정인에 대한 승낙은 유효하다(불특정 다수인에 대한 승낙은 효력이 없다).
③ **청약의 효력발생**: 도달시(청약의 구속력) 청약이 도달한 후 철회할 수 없다.	③ [빈출] **격지자간의 계약의 성립시기**: 승낙 통지를 발송한 때(제531조)
④ **내용결정의 자유**: 청약자는 '승낙기간'을 설정할 의무가 없다.	④ **승낙의 자유**: [빈출] 승낙자는 승낙기간 내 회답의무가 없다.
⑤ 사고로 연착한 때?	⑤ 변경을 한 승낙, 조건부 승낙은 새로운 청약으로 본다.

1. 청약

(1) [빈출] 청약의 의의

> ① 청약은 구체적, 확정적인 의사표시이다.
> ② **대금확정 시기**: 계약 체결 당시에 반드시 목적물과 대금이 구체적으로 확정해야 하는 것은 아니고 사후에라도 확정방법과 기준이 정해져 있으면 계약이 성립할 수 있다. 제17·19회

1
甲이 그림을 乙에게 1억 원에 청약한 것을 丙이 승낙하면 상대방에 관해 합치가 되지 않았기에 계약은 성립하지 않는다.

⚡기출

01 불특정인에 대한 청약은 효력이 (   ). 제23회

02 불특정인에 대한 승낙은 효력이 (   ). 제23회

기출정답

01 있다   02 없다

(2) 청약의 유인

① 청약의 유인은 흥정, 교섭에 끌어들이는 것이다.
② **아파트의 분양광고**: 청약의 유인으로서의 성질을 갖는 것이 일반적이다.
  ㉠ 계약내용이 제시되지 않은 광고는 청약이 아니라 청약의 유인에 해당한다.
  ㉡ 하도급계약을 체결하려는 교섭당사자가 **견적서를 제출**하는 행위는 청약의 유인에 해당한다. 제32회
③ 甲(유인자)이 할인매장에서 고객 乙에게 유인을 한 후 乙이 이에 대하여 구매의사를 표시하여도 아직 계약은 성립하지 않으며 유인자 甲이 다시 승낙을 하여야 계약은 비로소 성립한다. 제24회

(3) 청약의 효력 발생시기

① 청약을 발한 후 청약자가 사망한 경우 청약은 유효하다. 제19·22회
② 격지자간의 <u>청약</u>은 발송시가 아니라 상대방에게 **도달시에 효력이 생긴다.**
③ **청약의 구속력**: 청약이 상대방에게 **도달 후에는 철회할 수 없다**(제527조). 따라서 청약이 도달 후 철회를 하여도 청약은 유효하게 존속한다.

2. 승낙

(1) 청약의 존속기간

① **승낙기간을 정한 계약의 청약**: 청약자가 승낙기간 내에 승낙의 통지를 받지 못한 때는 그 효력을 잃는다.
② **승낙기간을 정하지 않은 계약의 청약**: 청약자가 **상당한 기간 내에**(즉시가 아님) 승낙의 통지를 받지 못한 때는 효력을 잃는다.

(2) 연착된 승낙, 조건을 붙이거나 변경을 가한 승낙은 새로운 청약으로 본다.

(3) 승낙자에게 회답의무가 있는가?

> 급소 '일정기간 내에 회답하지 않으면 계약이 성립한 것으로 간주한다'는 청약을 수령하고 기간 내에 아무런 회답을 하지 않고 승낙기간이 지나버린 때에도 상대방은 이에 구속받지 않으며 계약은 성립하지 않는다(판례).

(4) 격지자간의 계약성립시기

> 빈출 승낙의 통지가 승낙기간 내에 도달하면 **'승낙을 발송한 때'** 성립한다(제531조). 甲이 10월 30일을 승낙기간으로 乙에게 청약을 한 때에 乙이 10월 27일 승낙통지를 발송하여 10월 29일에 도달하면 계약은 10월 (27일/29일)에 성립한다.
> 주의 격지자간 **'청약'의 효력발생시기**: 승낙자에게 **'도달한 때'**이다.

(5) 사고로 연착되어 배달된 경우

청약자는 연착사실의 통지 의무가 있다.
① 법조문(제528조)

> 승낙의 통지가 승낙기간 후에 도달한 경우에 보통 그 기간 내에 도달할 수 있는 발송인 때는 청약자는 지체 없이 승낙자에게 그 연착의 통지를 하여야 한다. 청약자가 **연착 통지를 하지 아니한 때**는 승낙의 통지는 **연착되지 아니한 것으로** 본다(계약은 성립한다).

②

청약자가 연착통지를 하지 않으면	연착되지 않은 것으로 본다(승낙통지서 **발송시점**에 계약은 성립한다).
청약자가 연착통지를 알려준 때	그냥 연착된 승낙으로 처리된다(계약은 불성립한다).

⚡**기출**

01 일정기간 내에 회답하지 않으면 계약이 성립한다는 청약에 대해 기간 내에 아무런 회답을 하지 않은 경우, 계약은 (성립/불성립)한다. 제27회

기출정답

01 불성립

제3편 계약법

3편

제1장 계약총론 **189**

03 교차청약에 의한 성립

⚡**기출**

01 당사자 사이에 동일한 내용의 청약이 서로 교차된 경우에는 양 청약이 상대방에게 (   )에 계약이 성립한다. 제32회

❶
나중의 청약이 도달한 때에 계약이 성립한다.

제533조【교차청약】 당사자간에 동일한 내용의 청약이 상호교차된 경우에는 양청약이 상대방에게 도달한 때❶에 계약이 성립한다.

04 의사실현에 의한 계약의 성립 제14·19·23·26·28·29회

제532조【의사실현에 의한 계약성립】 청약자의 의사표시나 관습에 의하여 승낙의 통지가 필요하지 아니한 경우에는 계약은 승낙의 의사표시로 인정되는 **사실이 있는 때에** 성립한다.

> ★ **개념 PLUS** ㅣ 약관
>
> 1. 약관이란?
>
> > 일방이 '불특정 다수'와 계속, 반복하여 체결할 것을 예정하고 이에 대비하여 '미리 작성하여 둔 계약조항'을 말한다. 예컨대 보험약관, 은행할부 거래약관, 골프장 회원권 약관, 핸드폰 할부구매 약정서 등이 이에 해당한다.
>
> 2. 약관의 구속력 근거 - 합의설 제17회
>
> > 보통보험약관이 계약당사자에 대하여 구속력을 갖는 것은 그 자체가 '법규범적 성질'을 가지기 때문이 아니라 보험계약당사자 사이에서 '계약내용에 포함시키기로 합의'하였기 때문이다(대판 84다카2543).
>
> 3. 설명의무가 면제되는 경우
>
> > ① **누구나 알 수 있었던 사항**: 거래상의 일반적이고 공통된 것이어서 상대방이 별도의 설명 없이도 충분히 예상할 수 있었던 사항이다.
> > ② **법령에 의해서 정하여진 것**: 당해 거래계약에 당연히 적용되는 '법령에 규정되어 있는 사항'은 그것이 약관의 중요한 내용에 해당한다고 하더라도 특별한 사정이 없는 한, 사업자가 이를 따로 명시·설명할 의무는 없다(대판 98다19240).

기출정답

01 도달한 때

4. 약관에 대한 해석원칙

① **객관적 해석의 원칙**(주관적 해석 금지의 원칙) 제17·32회: 약관은 고객에 따라 다르게 해석되어서는 아니 되므로 주관적 해석은 금지되며, 평균적 고객의 이해가능성을 기준으로 객관적·획일적으로 해석하여야 한다(대판 2011.8.25, 2009다79644).

② **작성자 불이익의 원칙**: 약관의 내용이 불명확하여 다의적인 경우에는 작성자가 그 불명확으로 인한 불이익을 부담한다(「약관의 규제에 관한 법률」 제5조 제2항). 따라서 고객보호의 측면에서 약관내용이 명백하지 못하거나 의심스러운 경우에는 고객에게는 유리하게, 작성자에게는 불리하게 해석하여야 한다(대판 1996. 6.25, 96다12009).

③ **개별약정 우선의 원칙** 제16·17회: 약관은 법규범이 아니라 당사자간 합의를 근거로 계약의 내용이 되므로 당사자는 약관의 내용과 다른 계약을 할 수 있다. 당사자들 사이에 약관규정과 다르게 합의한 개별약정이 있는 경우에는 개별약정은 약관조항에 우선한다.

⚡ **기출**

01 보통거래약관의 내용은 개개 계약체결자의 의사나 구체적인 사정을 고려하여 구체적·주관적으로 해석해야 한다(○/×). 제32회

02 약관의 내용이 불명확하여 다의적인 경우에는 작성자에게는 (　　) 하게, 고객에게는 (　　) 하게 해석하여야 한다.

05 계약성립의 특수문제

1. 계약체결상의 과실 책임(제535조)

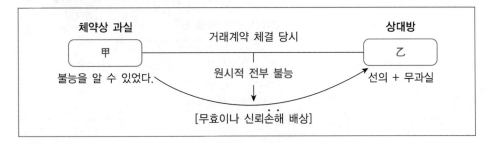

(1) 요건

① 계약은 성립하였으나 원시적 전부 불능일 것
② **일방은 불능을 알았거나 알 수 있었을 것**: 상대방은 선의, 무과실
③ 계약체결을 위한 준비단계와 협의과정상의 의무위반은 부수적 의무위반이며, 그로 인한 손해배상책임이 계약체결상의 과실 책임이다[통설적 견해].

(2) 배상책임

배상액은 신뢰이익을 배상함이 원칙이나 계약이 유효함으로 인하여 생길 이익 (이행이익)을 넘지 못한다. 제20회

(3) 적용문제

⚡기출

01 수량을 지정한 토지매 매계약에서 실제면적이 계 약면적에 미달하는 경우 계약체결상의 과실 책임 이 (인정된다/인정되지 않 는다). 제23회

> ① [빈출] 원시적 전부불능이어야 계약체결상의 과실책임이 성립한다.
> ② **계약체결 후 토지가 수용된 경우:** 후발적 불능으로 계약체결상의 과실책임은 적용되지 않는다. 제23회
> ③ [급소] 부동산의 매매에서 **원시적 수량이 일부 부족한 경우** 일부무효임을 주장할 수 없고, 계약체결상의 과실 책임을 주장할 수 없다. 제16·19·23회
> 매매가 수량지정매매에 해당할 때에 한하여 담보책임으로 **대금감액청구권**을 행사할 수 있으나 그 매매계약이 그 미달 부분만큼 일부무효임을 들어 일반 부당이득반환청구를 할 수 없고 그 부분의 **원시적 불능**을 이유로 계약체결상의 과실에 따른 책임의 이행을 구할 수 없다(판례).
> ④ [빈출] 당사자가 계약교섭 중 일방이 부당파기한 경우 판례는 계약체결상의 과실 책임을 적용할 수 없고, 불법행위책임을 인정한다.
> ⑤ 계약이 의사의 불합치로 성립하지 않은 때는 계약체결상 과실로 인한 손해배상 청구를 할 수 없다.

2. 계약교섭 중 부당파기 문제

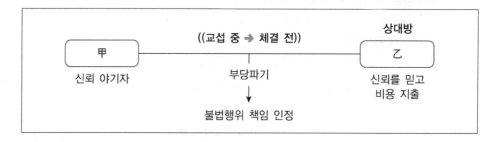

(1) 배경

계약성립 전에 당사자간에 교섭 중 일방이 계약교섭을 파기해버린 경우 이를 신뢰한 상대방을 어떻게 구제해 줄 것인가?

> **📖 사례 Ⅰ**
>
> 코엑스에서 조형물건립을 위해서 미대교수에게 시안을 보내달라고 하여 당선작으로 통보한 상태에서 작업을 착수해 달라고 요청하여 당선을 통보받은 교수가 작업을 진행하던 중 코엑스가 일방적인 파기를 선언한 때 법적 책임은?

기출정답

01 인정되지 않는다

(2) 법적 책임 – 교섭 중 정당한 사유 없이 부당파기하여 이를 신뢰한 자에게 피해를 입히면 어떤 책임을 물을 수 있는가?

① 교섭 중 파기한 자에게 계약 체결의 <u>이행을 강제할 수 없다.</u>

② 계약을 체결하기 전 단계이므로 채무불이행책임은 물을 수 없고 판례는 <u>불법행위책임을 인정</u>한다.

(3) 손해배상의 범위

① 기초 **신뢰손해의 배상**: 계약이 유효하게 체결된다고 믿었던 것에 의하여 입었던 손해, 즉 신뢰손해에 한정된다 제17회

② 주의 **견적서 비용은 제외**: 당사자가 계약체결이 좌절되더라도 어쩔 수 없다고 생각하고 지출한 비용, 예컨대 경쟁입찰에 참가하기 위하여 제출한 제안서, 견적서 작성비용 등은 손해배상범위에 포함되지 아니한다.

★ 암기 PLUS Ⅰ 「민법」상 책임의 체계

1. 원시적 불능

① 계약 당시에 <u>이미 채무의 이행이 불가능</u>했다면 특별한 사정이 없는 한 채권자가 채무이행을 구하는 것은 허용되지 않는다.

② 계약 당시에 <u>이미 채무의 이행이 불가능</u>했다면 제535조에서 정한 **계약체결상의 과실 책임**을 추궁하는 등으로 권리를 구제받을 수 있다.

③ 원시적 수량부족의 경우 담보책임으로 대금감액청구할 수 있고, 제535조에서 정한 **계약체결상의 과실 책임**을 추궁하는 등으로 권리를 구제받을 수 없다.

2. 후발적 불능

① 계약 체결 후 쌍방의 귀책사유 없이 이행불능인 경우, <u>이미 이행한 급부</u>는 법률상 원인 없는 급부가 되어 **부당이득으로 반환청구**할 수 있다.

② 계약 체결 후에 쌍방의 귀책사유 없이 이행불능이 된 경우 채무자는 급부의무를 면함과 더불어 반대급부도 청구하지 못한다.

3. 계약교섭 중 부당파기: 불법행위 책임이 성립한다.

---

01 동시이행항변권

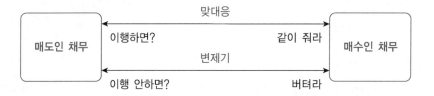

1. 의의

(1) 성질

> ① 쌍무계약은 채무가 서로 의존적인 관계에 있다.그러므로 일방이 채무를 이행하면, 타방도 자신의 채무를 이행하여야 하고 일방이 채무를 이행하지 않으면, 타방의 이행거절이 정당화되는 권리로서 공평의 원칙에 근거한다.
> ② 무이자 소비대차 같은 편무계약에서는 인정되지 아니한다. 제21회
> ③ 당사자간에 동시이행항변권을 배제하는 특약은 유효하다. 제22회

(2) 동시이행항변권과 유치권과의 차이

> 동시이행항변권은 계약당사자간에만 인정되며 점유를 요소로 하지 않는다. 반면에 유치권은 점유를 요소로 하며 제3자에게도 주장할 수 있다.

⚡ 기출

01 동시이행관계에 있는 쌍방의 채무 중 어느 한 채무가 이행불능이 되어 손해배상채무로 바뀌는 경우, 동시이행의 항변권은 (소멸한다/존속한다).

제26회

2. 성립요건

(1) 양 채무가 견련관계가 있을 것

① 동일한 쌍무계약(쌍방의 채무가 대가적 의존관계 있을 것)

② 빈출 목적물의 인도채무(공장인도 채무)가 일방의 귀책사유로 이행불능이 되어 손해배상채무로 변경된 경우 상대방의 반대급부와 동시이행관계가 존속한다.

기출정답

01 존속한다

③ **당사자가 변경되었으나 채무의 동일성이 유지될 때**: 상속, 채권 양도, 채무인수로 채권자가 변경되어도 채무의 동일성이 유지되면 당사자가 아닌 제3자에게도 항변권을 주장할 수 있다.

> ★ **개념 PLUS | 주의할 점**
>
> 1. 동시이행항변권은 부수적 의무에는 특약이 없는 한 인정되지 않는다.
>   매도인의 **토지거래허가 절차 협력의무(주된 의무가 아니라 부수적 의무)**와 매수인의 매매대금지급의무는 동시이행관계가 아니다.
>
> 2. 별개의 원인으로 채무를 부담한 경우 인정되지 않음이 원칙이다.
>   [빈출] 쌍방이 채무를 서로 부담하더라도 당사자가 **별개의 약정(원인)으로 채무를 부담한 경우** 동시이행하기로 특약이 없는 이상 서로 견련성이 없으므로 동시이행항변권은 인정되지 않는다.

(2) 채무의 변제기가 도래할 것

> ① **원칙**: 일방이 특약에 의해 선이행하기로 한 자는 동시이행항변권을 주장할 수 없다.
> ② **예외** – 선이행의무자가 <u>선이행의무를 이행 지체 중 상대방의 채무가 이행기가 도래한 경우</u>: 그때부터 선이행의무자도 자기채무에 대하여 상대방의 채무와 동시이행항변권이 인정된다. 제19·22·33회

(3) '둘 다 이행의 제공이 없는 상태'에서 상대방에게 먼저 이행을 청구할 것

① 둘 다 이행의 제공이 없는 상태일 때 동시이행항변권이 인정된다.
② [빈출] **일방이 1회만 제공하여 상대방을 수령지체에 빠지게 한 경우**: 일방의 이행제공으로 **수령지체에 빠진 상대방**은 그 후 그 일방이 이행제공 없이 이행을 청구하는 경우에는 동시이행항변권을 주장할 수 있다.

일방의 이행제공이 중단된 경우	수령지체에 빠진 자라도 일방의 이행제공이 계속되지 않으면 **동시이행항변권**이 인정되므로 자기의 채무이행을 거절할 수 있다.

⚡ **기출**

01 선이행의무자가 이행을 지체하는 동안에 상대방의 채무의 변제기가 도래한 경우, 쌍방의 의무는 동시이행관계가 (인정된다/인정되지 않는다).
제26회

02 일방의 이행제공으로 상대방이 수령지체에 빠진 경우 그 후 일방이 이행의 제공 없이 수령지체에 빠진 상대에게 이행을 청구하면 상대방은 동시이행항변권을 주장할 수 (있다/없다). 제22회

기출정답

01 인정된다 **02** 있다

3. 동시이행항변권의 효과

> **(1) 버티기할 권리(연기적 항변권)**
>   상대방이 제공할 때까지 자기의 채무이행을 이행을 거절할 수 있다
>   (연기적 항변권이고 영구적 부인권이 아니다).
>
> **(2) 소송제기 전(이행지체 책임이 면제)**
>   항변권의 존재만으로 항변권을 행사(주장)하지 않고 있어도 쌍방이 서로 이행하지 않은 상황이므로 서로간에 이행지체책임이 면제된다(본체적 효력).
>
> **(3) 소송제기 후**
>   ① 소송에서 일방이 항변권을 주장하여 방어권을 행사하면 법원에서는 원고의 전부패소판결이 아니라 **상환급부판결(원고 일부 패소)**을 명한다.
>   ② 일방이 방어권을 행사하지 않으면 법원이 직권으로 항변권의 존재를 고려하지 않으므로 피고의 패소판결을 명한다.
>
> **(4) 동시이행항변권을 행사해도 채권의 소멸시효는 진행한다.**
>   항변권은 상대가 채무이행을 제공할 때까지 기다리는 소극적인 권리이고 적극적인 권리의 행사가 아니므로 항변권을 행사하여도 채권의 소멸시효가 중단되지 않고 진행한다.
>
> **(5) 항변권이 있는 채권을 자동채권으로 상계할 수 없다.** 제21·24회
>   매도인 측이 매매대금채권을 자동채권으로 하여 매수인의 대여금채권과 상계할 수 없다(왜냐하면 매도인이 목적물의 인도를 해줄 때까지는 상대편에게 매매대금에 관한 동시이행의 항변권이 존재하는데, 목적물의 인도를 받지 못하였는데 매수인은 돈을 지불한 결과가 되어 부당하다).

4. 동시이행관계의 인정여부

(1) 동시이행관계가 인정되는 경우

① 매매?: 매도인(소유권이전 및 가압류말소의무)	매수인(대금 지급의무)
② 무효, 취소시?: 매도인(대금반환의무) 계약 해제시: 상호간 원상회복의무	매수인(목적물 반환의무)
③ 지상물매수청구권 행사시? 임대인의 건물대금지급의무	임차인(건물인도 및 소유권이전)
④ 가등기담보: 채권자(청산금반환의무)	채무자(목적물인도 및 본등기의무)
⑤ 임대차 종료: 임대인(보증금반환의무) 전세권 종료: 설정자(전세금반환)	• 임차인(건물 인도의무) • 전세권자(인도 및 말소서류교부)
⑥ 구분소유적 공유관계가 해소되는 경우	쌍방의 지분이전의무

(2) 동시이행관계가 부정되는 경우

급소 판례가 동시이행관계를 부정하는 경우	
① 저당권에서 채무자의 채무변제(선이행의무) 양도담보에서 채무자의 채무변제(선이행의무)	채권자의 저당권등기 말소 채권자의 소유권이전등기 말소
② 토지거래구역에서 협력의무(부수적 의무)	매수인의 잔금지급의무
③ 임대인의 권리금회수방해라는 보호의무 위반으로 인한 손해배상의무	임차인의 목적물인도의무
④ 임대인의 보증금반환의무(선이행의무)	임차인의 임차권등기말소의무
⑤ 경매무효시 낙찰자의 소유권이전등기말소의무	저당권자의 부당이득반환의무

02 위험부담 빈출

채무자 위험부담(제537조)	채권자 위험부담(제538조)
쌍무계약의 당사자 일방의 채무가 당사자 쌍방의 책임 없는 사유로 이행할 수 없는 때?	① 쌍무계약의 당사자 일방의 채무가 채권자의 책임 있는 사유로 이행할 수 없게 된 때 ② 채권자의 수령지체 중에 당사자의 책임 없는 사유로 이행할 수 없게 된 때
⇨ 매도인(채무자)은 상대방에게 매매대금의 이행을 청구할 수 없다.	⇨ 채무자는 매수인에게 채무의 이행을 청구할 수 있다.

⚝ 암기 PLUS ㅣ 불능의 체계 정리

원시적 불능	① 원시적 전부 불능	(무효) 계약체결상의 과실
	② 원시적 수량 부족	(유효) 담보 책임
후발적 불능	① 쌍방의 책임 없는 사유로 이행 불능	채무자 위험부담
	② 매수인의 책임 있는 사유로 이행 불능	채권자 위험부담
	③ 매도인의 책임 있는 사유로 이행 불능	채무불이행 책임

⚡ 기출

01 피담보채권을 변제할 의무와 근저당권설정등기 말소의무는 동시이행관계(이다/아니다). 제31회

02 임대차계약 종료에 따른 임차인의 임차목적물 반환의무와 임대인의 권리금 회수 방해로 인한 손해배상의무는 동시이행관계(이다/아니다). 제33회

1
「민법」규정은 임의규정으로 이와 다른 당사자간의 약정은 유효하다.

⚡ 기출

03 채무자의 책임 있는 사유로 후발적 불능이 발생한 경우, 위험부담의 법리가 적용(된다/되지 않는다). 제33회

04 주택이 태풍으로 멸실된 경우, 매도인은 매수인에게 대금지급을 청구할 수 ( ). 제22회

05 매도인이 등기 서류를 제공하면서 인수를 최고하였으나 매수인이 거절하던 중 태풍으로 멸실된 경우, 매도인은 매수인에게 대금지급을 청구할 수 (있다/없다). 제22

06 채권자의 수령지체 중 당사자 모두에게 책임 없는 사유로 불능이 된 경우, 채무자는 상대방의 이행을 청구할 수 ( ). 제32회

기출정답

01 아니다 02 아니다
03 되지 않는다 04 없다
05 있다 06 있다

1. 채무자 위험부담

(1) 요건

① 쌍무계약일 것(편무계약은 인정 안 된다)

② 급소 쌍방의 책임 없는 사유로 이행불능(불가항력, 천재지변, 토지수용)

(2) 효과

① 채무자(매도인)은 매수인에게 매매대금을 이행청구할 수 없다.

② 쌍방의 채무는 대등하게 서로 소멸한다.

매도인의 입장	매수인의 입장
㉠ 급부의무가 소멸한다.	㉠ 대금의무가 소멸한다.
㉡ 반대급부청구권(매매대금청구권)도 소멸한다.	㉡ 반대급부청구권도 소멸한다.

③ 이미 지급한 계약금은 부당이득으로 반환하여야 한다. 제17·24회

2. 채권자 위험부담

(1) 요건

① 빈출 매수인(채권자)의 귀책사유로 이행불능이 초래된 경우

② 빈출 채권자의 수령지체 중 쌍방의 책임 없는 사유로 이행할 수 없을 때

(2) 효과

① 급소 매도인(채무자)은 매수인에게 매매대금을 청구할 수 있다.

② 채무자는 자기의 채무를 면함으로써 이익을 얻은 경우 채권자에게 상환하여야 한다.

3. 대상청구권 제22·24회

(1) 개념

채무의 이행이 쌍방의 과실 없는 후발적 불능으로 되는 결과 채무자가 '이행의 목적물에 대신하는 이익'을 취득하는 경우 채권자가 그 이익을 청구할 수 있는 권리를 말한다.

(2) 급소 토지 매매계약 후 토지가 국가에게 수용된 경우 법률관계

① 쌍방책임 없이 이행이 불능인 경우이므로 위험부담문제로 귀착된다. 따라서 매도인은 소유권이전의무가 소멸하고 매수인은 대금의무가 소멸하므로 매도인은 매수인에게 매매대금을 청구할 수 없다.

② 매수인의 대상청구권

> ⊙ **의의**: 채무자가 급부불능을 원인으로 급부에 갈음하는 이익을 취득한 경우(예 수용보상금청구권, 매매대금청구권 등) 채권자가 본래의 급부에 갈음하는 다른 이익을 청구하는 권리를 말한다.
>
> ⓛ **행사요건**: 급부가 후발적 불능으로 되어야 하고, 매수인이 대상청구권으로 보상금청구권의 양도를 청구하려면 상대방에 대해 반대급부를 이행할 의무가 있다.
>
> 따라서 매매목적물이 강제수용된 경우, 매수인이 대상청구권을 행사하면 매도인은 매매대금 지급을 청구할 수 있다.
>
> ⓒ 매수인이 매매대금 전부를 지급하면 수용보상금청구권 자체가 매수인에게 귀속하는 것이 아니라 수용보상금청구권의 양도를 청구할 수 있다(판례).

⚡기출

01 매매목적물이 이행기 전에 강제수용된 경우, 매수인이 대상청구권을 행사하면 매도인은 매매대금 지급을 청구할 수 (   ).
제32회

▣ 개념 PLUS ㅣ 주의할 점

1. 매수인은 매도인의 귀책사유를 이유로 채무불이행책임을 물을 수 없다.
   ① 매수인은 매도인의 이행불능을 이유로 계약해제를 할 수도 없다.
   ② 매수인은 매매계약을 해제하고 전보배상을 청구할 수 없다.
2. 매수인은 계약체결상의 과실 책임을 물을 수 없다.

---

03 제3자를 위한 계약 ◁빈출▷

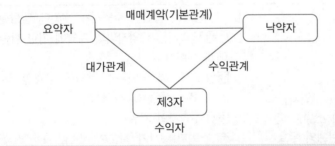

제539조【제3자를 위한 계약】
① 계약에 의하여 당사자 일방이 제3자에게 이전할 것을 약정한 때에는 그 제3자는 채무자에게 직접 이행을 청구할 수 있다.
② 전항의 경우에 제3자의 권리는 수익자가 채무자에게 계약의 이익을 받을 의사를 표시한 때 생긴다.

기출정답

01 있다

1. 제3자를 위한 계약의 성립

(1) 요약자와 낙약자의 합의로 성립한다.

> ① **계약당사자**: 요약자와 낙약자이다. 이때 수익자는 당사자가 아니다.
>
> 빈출 수익자는 계약의 당사자가 아니므로 계약의 당사자로서의 누리는 권리인 계약취소권, 해제권을 전혀 가질 수 없다.
>
> ② **수익자**: 현존하지 않는 태아, 설립 중인 법인이라도 무방하다.
>
> ③ 주의 특약으로 수익자에게 권리뿐만 아니라 의무를 부담하게 하거나 수익자가 낙약자에게 부담하고 있던 채무(부채)를 면제시켜주는 약정도 유효하다. 제28회
>
> ④ 병존적 채무인수는 제3자를 위한 계약의 일종이다. 제26회

(2) 수익자의 수익표시

> ① 빈출 수익자의 수익표시의 성질: 제3자를 위한 계약의 성립요건이 아니라 수익자에게 권리발생요건이다.
>
> ② 기출 수익표시의 상대방은? 요약자가 수익자에게 통보하는 것이 아니라 '수익자가 낙약자'에게 표시한다.

⚡기출

01 낙약자는 요약자와의 계약에 기한 동시이행의 항변으로 제3자에게 대항할 수 ( ).

제27회

2. 빈출 제3자를 위한 계약의 효력

(1) 요약자와 낙약자간의 기본관계의 소멸

요약자와 낙약자간의 계약이 소멸한 때 (기본관계의 무효, 취소)	① 기본관계의 흠결은 수익자의 권리에 영향을 미친다. ② 빈출 낙약자는 **요약자와의 계약에 기한 항변**으로 수익자에게 대항할 수 있다. ③ 주의 요약자와 낙약자간 계약이 무효인 경우, 수익자가 선의여도 보호받을 수 없다. ④ 주의 수익자의 지위? 　㉠ 수익자는 사기, 착오의 취소로 대항할 수 없는 제3자에 포함되지 않는다. 　㉡ 제108조 제2항의 허위표시의 '무효로 대항할 수 없는 제3자'에 해당하지 않는다. 　㉢ 수익자는 제548조 제1항 단서의 계약의 해제시 보호받는 제3자에 해당하지 않는다.
요약자와 수익자간 법률관계가 소멸한 때 (대가관계의 소멸)	① 대가관계의 소멸(甲과 丙의 관계의 소멸)은 요약자와 낙약자 사이의 법률관계(甲과 乙의 관계)의 효력에 영향을 미치지 아니한다.

기출정답

01 있다

② [빈출] **낙약자 지위**: 요약자와 수익자 사이의 법률관계에 기한 항변으로 낙약자는 수익자의 급부청구를 거절할 수 없다.

③ [주의] **요약자 지위**: 대가관계의 효력의 상실을 이유로 자신이 기본관계에 기하여 낙약자에게 부담하는 채무의 이행을 거부할 수 없다(판례).

⚡기출

01 요약자와 수익자 사이의 법률관계에 기한 항변으로 낙약자는 수익자의 급부청구를 거절할 수 ( ). 제30회

(2) 낙약자가 채무불이행한 경우

① 계약의 해제권자는 수익자가 아니라 요약자이다.
  ㉠ [빈출] 제3자를 위한 계약의 당사자가 아닌 수익자는 계약의 해제권이나 해제를 원인으로 한 원상회복청구권이 없다.
  ㉡ **요약자가 해제시 수익자의 동의 여부**: 제3자를 위한 유상 · 쌍무계약의 경우 요약자는 낙약자의 채무불이행을 이유로 제3자의 동의 없이 계약을 해제할 수 있다(대판 69다1410 · 1411). 제18회
② 수익자는 해제로 인한 손해배상청구권을 행사할 수 있다.
  [빈출] 수익자는 낙약자에게 직접 그 이행을 청구할 수 있을 뿐만 아니라 요약자가 계약을 해제한 경우에는 낙약자에게 자기가 입은 손해의 배상을 청구할 수 있다(판례).

(3) 낙약자의 최고

낙약자는 상당한 기간을 정해 수익여부의 확답을 최고할 수 있고 기간 내에 확답을 받지못한 경우 '수익을 거절'한 것으로 본다. [빈출]

(4) 부당이득반환처리 문제

① 기본관계인 매매계약이 해제, 무효로 된 경우 제3자가 낙약자로부터 수령한 계약금은 정당한 수령으로서 부당이득반환의 대상이 되지 아니한다.
② [급소] 기본계약이 계약해제, 무효로 된 경우 낙약자는 수익자에게 이미지급한 대금을 부당이득으로 반환을 청구할 수 없다.

(5) [빈출] 수익표시 후의 효력

① 수익자는 낙약자에게 직접 채무이행을 청구할 수 있다.
② 요약자도 낙약자에게 수익자에 대한 급부의 이행을 청구할 수 있다.
③ 요약자가 급부를 이행하지 않으면, 낙약자는 수익자의 급부청구를 거절할 수 동시이행항변권이 있다.

⚡기출

02 요약자가 급부를 이행하지 않으면, 낙약자는 수익자의 급부청구를 거절할 수 ( ). 제29회

기출정답

01 없다 02 있다

④ 수익자의 수익표시 후에는 제3자가 변경권을 행사할 수 있다는 「특별한 약정」이 없는 이상 계약의 변경권, 대금감액을 할 수 없다.
⑤ 수익자가 수익표시를 한 후 요약자와 낙약자간 합의해제를 할 수 없다. 합의해제를 해도 수익자의 권리에 영향을 미치지 않는다. 제24회
⑥ 주의 기본관계의 하자가 존재하는 경우: 요약자는 낙약자의 기망을 이유로 수익표시를 한 후에도 요약자와 낙약자의 계약을 사기로 취소할 수 있다. 제24회

제4절 계약의 해제

01 해제 의의 - 유효한 계약을 일방적 의사표시로 소급하여 소멸

02 해제의 원인

1. 약정해제

(1) 개념

당사자간에 특약사항을 위반한 경우에 발생하는 것을 말한다.

(2) 특징

① 채무불이행을 원인으로 하는 것이 아니라 특약내용 위반에 따른 것이므로 원칙적으로 그에 따른 **손해배상청구는 허용되지 않는다**(판례). 제16회
② 약정해제의 경우에도 받은 돈에 이자를 가산하여 반환할 의무가 있다.

(3) 병존

주의 약정해제권을 유보시킨 경우, 채무불이행을 원인으로 하는 법정해제권의 행사에 아무런 영향을 미치지 않는다(대판 89다카14110). 제16회

2. 법정해제 - 채무자의 귀책사유로 '채무불이행'

(1) 이행지체 - 상당기간을 정해 이행을 최고하고 해제할 수 있다.

① 매수인이 <u>잔금부족</u>으로 잔금을 이행하지 못하는 경우 이행지체에 해당한다.
② 저당권이 설정된 부동산의 매도인이 매수인에게 특정일까지 저당권설정등기의 말소를 약속하였으나 <u>그 기일이 지난 경우</u>
③ 정기행위: 결혼식의 꽃 배달처럼 일정시기에 이행하지 않으면 목적달성이 어려운 경우 <u>최고 없이</u> 즉시 해제할 수 있다. 단, 해제의사표시는 필요하다.
④ **이행의 최고**
  ㉠ 기출 **내일까지 이행하기 바랍니다:** 최고기간이 너무 짧은 경우 최고는 유효하다(최고의 효력은 상당기간이 지난 후 발생한다).
  ㉡ 기출 **속히 이행하길 바랍니다:** 최고기간을 정하지 않은 경우 최고는 유효하다(최고의 효력은 상당기간이 지난 후 발생한다).
⑤ 이행지체를 원인으로 해제하려면 **자기의 채무를 이행제공해야 한다.**

(2) 이행불능(채무자의 책임 있는 사유로 이행불능인 때)

① 매매목적물인 공장이 매도자의 책임으로 멸실된 경우 제19회
② 빈출 매도인의 소유권이전등기의무가 이행불능이 되어 이를 이유로 매수인이 매매 '계약을 해제'함에 있어서는 매수인의 반대급부가 동시이행관계에 있다고 하더라도 그 <u>매매대금의 이행의 제공이나 이행의 최고를 필요로 하는 것이 아니다</u>(대판 2000다22850).
③ 매매의 목적물에 가압류가 존재해도 소유권이전의무가 불가능한 것이 아니므로 매수인은 이행불능으로 바로 해제할 수 없다.

⚡**기출**

01 일방이 정기행위를 일정한 시기에 이행하지 않으면 상대방은 이행의 최고(해야/없이) 계약을 해제할 수 있다. 제28회

⚡**기출**

02 매도인의 이행불능을 이유로 매수인이 계약을 해제하려면 매매대금의 변제제공(해야 한다/없이 할 수 있다). 제25회

기출정답

01 없이
02 없이 할 수 있다

(3) 이행기 전 미리 불이행 의사표시 – '미리 이행거절'

■ 최고 없이 즉시 해제할 수 있는 경우?
1. 이행불능
2. 정기행위
3. 약정해제사유 발생
4. 미리 거절 표시

> ① **최고여부:** 빈출 계약당사자의 일방은 상대방이 <u>채무를 이행하지 아니할 의사를</u> 명백히 표시한 경우 최고나 자기 채무의 이행제공 없이 그 계약을 적법하게 해제할 수 있다.■
>
> ② 기출 **이행기 전 해제 여부?** 부동산 매도인이 계약을 이행하지 아니할 의사를 명백히 표시한 경우 매수인은 소유권 이전등기의무 이행기일까지 기다릴 필요 없이(이행기 전) 이를 이유로 매매계약을 해제할 수 있다.

3. 해제권의 행사

> (1) 일방적인 의사표시로 한다(형성권). 조건에 친하지 아니하다.
>
> (2) 빈출 당사자가 여러 명이면 전원이 전원에게 해야 한다(불가분성 원리). 1인이 해제권을 상실(계약의 목적물을 개조, 훼손)하면 전원이 해제권을 상실한다. 제26회
>
> (3) 해제의사표시 후에는 철회할 수 없다. 제15회
>
> (4) 일방이 계약 해제한 후에 계약존속을 전제로 상대방에게 본래의 채무이행을 요구하면 상대방은 이미 계약이 소멸하였음을 이유로 거절할 수 있다(판례).
>
> 제22 · 34회

03 해제의 효과 · 빈출

1. 계약의 소급적 소멸(소유권의 자동복귀)

甲(매도인)	乙(식당매수인)
매매대금 + 받은 날부터 이자가산	건물소유권 + 식당 사용이익(과실) 반환

> **(1) 소유권 이전 '등기 없이' 매도인에게 소유권은 당연히 자동 복귀!**
>
> ① 매매계약(채권행위)이 해제되면 매수인에게 이전하였던 소유권은 '소유권이전등기 없이' 매도인에게 자동으로 복귀한다(제187조 적용). 제17 · 21 · 22 · 32회
>
> ② 매도인은 소유권이전등기 없이도 부동산의 소유권을 주장할 수 있다. 제15회

(2) '실제의 소유권'과 '등기명의인'이 불일치

① 실제 소유권자는 매도인이고 소유권등기명의인은 매수인으로서 실체와 등기명인이 불일치하게 된다. 이때 매도인은 소유권에 기한 물권적 청구권으로 매수인 명의등기말소를 청구할 수 있다.

② 매도인의 소유권에 기한 말소등기청구권은 물권적 청구권으로서 소멸시효에 걸리지 않는다.

2. 상호간 원상회복의무(제548조)

(1) 본질

계약관계의 소멸로 인하여 얻은 급부를 부당이득으로 반환처리한다.

(2) [빈출] 반환범위

이익의 현존여부나 선의·악의 불문하고 받은 급부 전부를 반환한다.

(3) 금전반환시 이자 반환

받은 것이 금전인 때는 받은 날부터 법정이자를 붙여서 반환해야 한다.

[주의] 법정해제의 경우 수령한 금전에 법정이자를 반환하는 것은 부당이득반환의 성질을 갖는 것이지 이행지체로 인한 성질이 아니다(판례). 제15회

(4) 원물을 반환할 때 과실(물건의 사용이익 = 차임)까지 반환

① 해제로 인한 원상회복의 경우 원물과 함께 과실까지 반환하여야 한다.

② 계약해제로 인한 원상회복의 대상에는 매매대금은 물론 이와 관련하여 그 계약의 존속을 전제로 수령한 지연손해금도 포함된다.

③ 양수인에 의하여 양도목적물이 사용됨으로 인하여 발생한 감가상각비는 원상회복으로서 반환할 성질이 아니다.

④ 과실상계는 계약해제로 인한 원상회복의무의 이행으로서 이미 지급한 급부의 반환을 구하는 경우에는 적용되지 않는다.

(5) 쌍방의 원상회복의무는 동시이행관계이다.

계약의 해제시 각 당사자의 원상회복의무는 동시이행관계다.

3. 해제의 소급효 제한

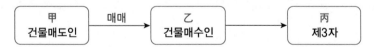

(1) 해제의 경우 보호되는 제3자

계약의 해제는 제3자의 권리를 해하지 못한다(제548조 제1항 단서).

① 해제의 '소급효가 제3자에게 미치지 않는다(제3자 보호규정)'.

② 당사자간 소급효가 미치지만 '제3자에게는 소급효가 영향을 미치지 않는다'.

(2) 제3자 범위

> ① 빈출 해제에서 보호받는 제3자? 해제된 계약으로부터 생긴 법률효과를 기초로 새로운 이해관계를 가졌을 뿐만 아니라 등기, 인도 등 완전한 권리를 취득한 자를 말한다(판례).
> 甲, 乙, 丙에게 순차매각하여 丙이 등기를 마친 상태에서 甲·乙간의 매매계약이 해제되면? 계약이 해제되어도 당사자에게만 소급효가 미치고 제3자 丙에게 소급효가 미치지 않는다. 그러므로 甲은 丙의 등기를 말소청구할 수 없다.
> ② 빈출 제3자의 범위 확대이론(해제 후 거래한 선의 제3자의 보호)
> 매도인 甲이 매수인 乙의 채무불이행을 이유로 계약의 해제 후 말소등기를 경료하기 전(원상회복등기 전)에 계약의 해제 사실을 모르고 거래한 제3자는 유효하게 소유권을 취득한다.

(3) 빈출 계약해제의 경우 보호되는 제3자에 해당하는 경우

> ① 甲 - 乙 - 丙으로 건물이 순차매각되어 등기경료 된 경우 甲이 乙의 채무불이행으로 계약을 해제한 경우 乙로부터 매매로 소유권이전등기를 마친 丙은 제548조 제1항 단서의 제3자에 해당한다.
> ② 매매로 소유권을 취득한 매수인으로부터 부동산에 대항력 있는 임차권을 취득한 자는 매매계약의 해제에도 영향이 없는 제3자에 해당한다.
> 또한 해제 전에 매수인과 매매예약을 원인으로 소유권이전청구권 보전을 위한 가등기를 마친 사람도 계약해제로 보호받는 '제3자'에 포함된다.
> ③ 해제된 계약에 의해 채무자의 책임재산이 된 '계약의 목적물'을 가압류한 채권자는 제3자에 해당한다(대판 99다40937). 제18·21·24회
> ④ 甲 소유 건물을 매매로 매수인 乙이 '소유권을 취득'하였다가 계약해제로 인하여 소유권을 상실하게 된 임대인(매수인) 乙로부터 주택을 임차받아 인도와 주민등록을 마침으로써 대항요건을 갖춘 임차인 丙은 제548조 제1항 단서 소정의 제3자에 해당된다.
> ⑤ 甲 소유 X토지를 乙이 교환계약에 의하여 취득한 목적 토지 X를 제3자 丙에게 매매로 소유권이전등기를 마쳐주었을 경우에는 甲·乙간의 교환계약이 해제되는 경우 丙은 해제 전에 새로운 이해관계를 마친 자로서 제548조 제1항 단서의 제3자에 해당한다(대판 96다44860). 제13회

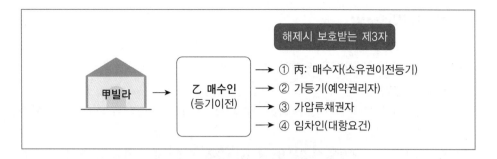

(4) [빈출] 제548조 제1항 단서의 제3자에 해당하지 않는 자

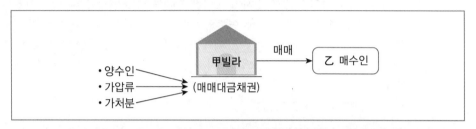

① **채권의 양수인:** 상가분양계약상의 분양대금채권 중 '미수금채권을 양도받은 채권양수인'은 계약해제의 경우 보호받는 제3자가 아니다(대판 2000다22850).

② **채권에 가처분을 한 자:** 계약이 해제 전에 계약상의 채권을 피보전권리로 하여 처분금지 가처분결정을 받은 가처분권리자는 '제3자'에 해당하지 아니한다.

③ **주택의 임대권한을 부여받은 매수인으로부터 매매계약이 해제되기 전에 주택을 임차한 후 대항요건을 갖추지 않은 임차인**

④ **제3자를 위한 계약의 수익자:** 제3자를 위한 계약에서의 '수익자'는 낙약자와 실질적으로 새로운 거래관계 없이 수익표시만 한 자로서 요약자와 낙약자간의 계약이 해제되는 경우 전혀 보호받을 수 없다.

⑤ **'토지를 매매'하여 매수한 자가 신축한 '건물'을 매수하여 등기를 마친 자:** 매매의 목적물인 토지가 아니라 건물을 매수하여 등기를 마친 자는 토지매매계약의 해제시 보호받는 제3자가 아니다(판례).

⑥ **무허가 건축물을 매수하고 소유자로 등재된 자:** 무허가 건물관리대장에 소유자로 등재되었다고 하더라도 건물에 관하여 완전한 권리를 취득한 것으로 볼 수 없으므로 제3자에 해당한다고 할 수 없다.

4. 해제와 손해배상청구

(1) [빈출] 계약의 해제 또는 해지는 손해배상청구에 영향을 미치지 않는다(제551조).

(2) [주의] 계약의 해제로 계약이 소급적으로 소멸하여 채권, 채무가 소멸하더라도 해제권자는 상대방의 채무불이행을 원인으로 손해배상을 청구할 수 있다.

⚡ **기출**

01 계약해제 전, 계약상의 채권을 양수하여 처분금지가처분결정을 받은 채권자는 제548조 단서의 제3자에 해당(한다/하지 않는다).　제23회

기출정답

01 하지 않는다

04 해제권의 소멸

> 1. 계약을 위반한 당사자가 본래의 채무를 이행한 경우 해제권은 소멸한다.
> 2. **특수한 소멸원인**
>   (1) 당사자가 여러 명인 경우 1인이 해제권을 상실한 경우 다른 해제권자도 해제권을 잃는다.
>   (2) 해제권자가 계약의 목적물을 개조한 경우 해제권자는 해제권을 잃는다.
>   (3) **해제권자가 상대방으로부터 최고를 받고 침묵한 때**
>   주의 해제권의 행사의 기간을 정하지 아니한 때에는 상대방(계약 위반한 자)은 상당한 기간을 정하여 해제권 행사 여부의 확답을 해제권자에게 최고할 수 있고, 기간 내에 해제의 통지를 받지 못한 때에는 해제권은 소멸한다(제551조)(여기서 해제권의 소멸원인은 당사자의 의사표시가 아니라 법률규정에 의해서 소멸하는 것이다).

05 해제 관련 문제

1. 합의해제(해제계약)

법정해제	합의해제
① 「민법」 규정의 적용을 받음	① 「민법」 규정의 적용 ×
② 원인: 채무불이행	② 원인: 쌍방합의
③ 효과: 손해배상청구 ○, 이자가산의무 ○	③ 효과: 손해배상청구 ×, 이자가산규정 ×

(1) 개념

① 당사자간 합의로 기존의 계약을 소멸시키기로 하는 새로운 내용의 계약을 말한다. 합의해제의 청약과 합의해제의 승낙으로 이루어지는 새로운 계약을 말한다.

② **묵시적 합의해제도 인정된다:** 매도인이 잔금기일 경과 후 해제를 주장하며 수령한 대금을 공탁하고 매수인이 이의 없이 수령한 경우, 특별한 사정이 없는 한 합의해제된 것으로 본다.

(2) 특징

① 합의해제의 효력은 그 합의의 내용에 의하여 결정되고 여기에는 해제에 관한 「민법」 규정은 적용되지 않는다. 제18회

② 빈출 합의해제로 인하여 반환할 금전에 그 받은 날로부터의 이자를 가하여야 할 의무가 없다(판례). 제16회

③ 빈출 합의해제의 경우에는 특별한 사정이 없는 한 채무불이행으로 인한 손해배상을 청구할 수 없다.

④ 합의해제의 소급효는 법정해제의 경우와 같이 제3자의 권리를 해하지 못한다.

⑤ 합의해제로 인한 소유권은 매도인으로부터 매수인에게 이전되었던 소유권은 매도인에게 당연히 복귀한다.

이때 매도인의 매수인에 대한 이전등기말소청구권은 소유권에 기한 물권적 청구권으로 소멸시효에 걸리지 않는다(판례).

2. 합의해지

(1) 합의해지의 청약과 승낙으로 이루어지는 새로운 계약으로 장래를 향해서 계약은 소멸한다. 합의해지는 묵시적으로도 행해질 수 있다.

(2) 합의해지의 경우 이자 가산의무가 없다. 제27회
합의해지의 경우에는 합의해지의 청약과 합의해지의 승낙이라는 새로운 계약의 내용에 의하여 결정되는 것이므로 제548조 제2항의 규정(금전 반환시 이자가산 규정)은 적용되지 아니하므로 당사자 사이에 약정이 없는 이상 합의해지로 인하여 반환할 금전에 그 받은 날로부터 이자를 부가하여야 할 의무가 없다(대판 2000다5336).

⚡ 기출

01 계약이 합의해제된 경우, 다른 사정이 없으면 채무불이행으로 인한 손해배상을 청구할 수 ( ).
제29회

기출정답

01 없다

기본서 p.416~475

제1절 | 매매

01 매매의 의의

1. 채권계약(의무부담행위)

(1) 매매는 일방이 재산권이전을 약정하고 상대방이 대금지급을 약정할 때 성립하는 채권계약(의무부담행위)이다.

(2) 매매는 낙성, 쌍무, 유상, 불요식계약이다.

(3) 매매의 반대급부는 금전에 한한다. 재산권이전이면 교환이다.

2. 매매의 객체

(1) 재산권으로 물건과 권리(분양권, 지상권, 임차권)도 매매의 객체가 된다.

(2) 타인 소유물에 대한 매매도 무효가 아니라 유효하다.

3. 매매의 규정은 유상계약(교환, 임대차)에도 준용한다.

02 매매의 예약

> **제564조 【매매의 일방예약】**
> ① 매매의 일방예약은 상대방이 매매를 완결할 의사를 표시하는 때에 매매의 효력이 생긴다.
> ② 전항의 의사표시의 기간을 정하지 아니한 때에는 예약자는 상당한 기간을 정하여 매매완결여부의 확답을 상대방에게 최고할 수 있다.
> ③ 예약자가 전항의 기간 내에 확답을 받지 못한 때에는 **예약은 그 효력을 잃는다.**

1. 의의 및 성질

(1) 본계약 체결할 것을 미리 약정하는 채권계약이다. 예약은 본계약 체결을 미리 약정하는 것이므로 **언제나 채권계약**이다. 재매매의 예약도 모두 채권계약이다.

(2) 매매예약의 성립 후에 일방이 그 예약내용을 변경할 수 없다.

(3) 매매의 예약은 특약이 없는 한 일방예약으로 추정한다.

2. 예약완결권

> ### (1) 개념 및 성질
> ① 예약완결권은 예약상 권리자가 예약의무자에게 매매완결의 의사표시를 할 수 있는 권리를 말한다.
> ② **성질**: 이는 청구권이 아니라 형성권으로서 이때 상대방의 승낙을 요하지 아니한다. 예약완결권은 가등기할 수 있고, 타인에게 양도할 수 있다. 제33회
>
> ### (2) 빈출 완결권의 행사
> ① 행사기간의 약정이 20년이면, 그 기간 내에 행사하여야 한다.
> ② 행사기간의 약정이 없으면 예약완결권은 예약이 **성립한 때로부터 10년 내에 행사하여야** 하고 예약완결권은 예약이 성립한 날로부터 10년의 제척기간에 걸린다. 따라서 예약완결권자가 의무자로부터 물건을 인도받은 경우에도 10년이 경과하면 제척기간의 경과로 소멸한다(판례).
> ③ **제척기간**: 예약완결권의 도과여부는 법원의 직권조사사항이다. 따라서 완결권을 행사기간 내에 행사하였는지에 관해 당사자의 주장이 없어도 법원은 직권으로 고려하여야 한다.
> ④ **완결권의 행사여부의 최고**: 예약완결권의 기간을 정하지 않은 경우 예약자는 매매완결 여부의 확답을 상대방에게 최고할 수 있다. 예약자가 기간 내에 확답을 받지(도달) 못한 때는 **예약은 효력을 잃는다.**
> ⑤ 상대방이 매매를 완결할 의사표시를 한 때에 매매의 효력이 생긴다. 예약완결권을 행사한 경우, 매매는 예약체결시로 소급하여 그 효력이 발생하는 것이 아니다.

제3편 계약법

3편

기출

01 매매의 예약은 항상
(   )계약이다. 제26회

⚡기출

02 예약완결권은 예약이 성립한 때로부터 (   ) 내에 행사하여야 하고 예약완결권은 예약이 성립한 날로부터 10년의 (   )에 걸린다. 제29회

기출정답

01 채권
02 10년, 제척기간

03 계약금 해제(해약금 해제) 빈출

① 매매 당사자 일방이 계약 당시에 금전 기타 물건을 계약금, 보증금 등의 명목으로 교부한 때는 당사자간에 다른 약정이 없는 한(해약금으로 추정) 당사자 일방이 이행에 착수할 때까지 교부자는 이를 포기하고 수령자는 배액을 상환하여 매매계약을 해제할 수 있다.
② 계약해제와 별도로 손해배상청구할 수 있다는 규정은 계약금 해제에는 적용하지 아니한다.

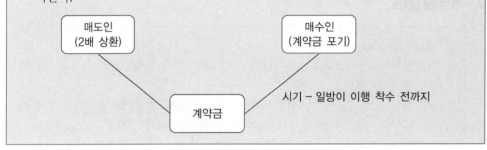

1. 계약금계약의 성질

(1) 증약금

계약금은 언제나 증약금의 성질을 갖는다. 제17회

(2) 종된 계약

① 매매계약은 주계약이고 계약금계약은 종된 계약이다. 제18 · 21회
② 주계약(매매계약)이 취소되면 계약금계약도 효력을 잃는다.

(3) 요물계약 제19 · 25회

① 계약금 전액을 지급한다는 약정으로는 성립하지 않으며 **상대방에게 교부한 때** 성립한다.
② [중요] 낙성계약이 아니므로 계약금을 지급하기로 하는 약정이나 일부 지급으로는 계약금계약은 성립하지 않는다(판례). 따라서 계약금의 수수 없이 매매계약을 체결한 경우 일방의 귀책사유가 없는 한 일방이 임의로 매매계약을 해제할 수 없다(판례). 제19회

③ 중요 계약금의 일부만 교부한 경우(계약금 5천만원 중 1천만원만 교부한 때) 매도인은 일부 수령한 돈(1천만원)의 2배를 상환하고 매매계약을 해제할 수 있는가?

계약금의 일부만 지급된 경우 수령자가 계약을 해제할 수 있다고 하더라도 해약금의 기준이 되는 금원은 '실제로 교부받은 금원'(1천만원)이 아니라 '당사자가 교부하기로 약정한 약정 계약금'(5천만원)이라고 봄이 타당하므로, 매도인이 계약금의 일부로서 지급받은 금원의 배액을 상환하여 매매계약을 해제할 수 없다 (대판 2014다231378). 제28회

(4) 해약금과 위약금

① 당사자 사이에 '특약이 없는 한' 계약금은 해약금으로서 추정된다.[1]

② 계약금을 '위약금으로 하는 특약이 있는 경우에 한하여' 계약금은 손해배상액의 예정으로 추정한다.

  ㉠ 빈출 위약금 특약이 있을 경우: 일방이 위약하면 계약금은 손해배상금으로 상대방에게 귀속한다.

    단점 실제 손해가 계약금보다 큰 경우에도 계약금만 몰수한다.

  ㉡ 주의 계약금이 수수된 경우 위약금 특약이 없을 때 일방의 귀책사유로 계약이 해제되면? 상대방은 계약불이행으로 입은 실제 손해만 배상받을 수 있을 뿐이고 계약금이 위약금으로서 당연히 상대방에게 귀속되는 것은 아니다(대판 95다54693).

[1] 당사자 사이에 '특약이 없는 한' 계약금은 해약금으로서 추정된다.

2. 계약금 해제(해약금 해제)

(1) 해제의 원인 – 채무불이행과 무관하게 해약할 수 있다.

(2) 급소 해제의 시기는? 일방의 이행 착수 전(중도금 지급 전)

① 일방: 둘 중 어느 한 사람을 의미한다.

  빈출 매수인이 중도금을 지급하여 이행에 착수한 이상 매도인이 이행착수 전이라도 매수인이 계약금을 포기하고 매매계약을 해제할 수는 없다.

② 이행의 착수: 채무이행 행위의 일부를 이행하거나 이행에 필요한 전제행위를 하는 것을 말한다(판례).

  ㉠ 기출 매수인이 중도금의 일부를 지급한 경우: 이행의 착수에 해당한다.

  ㉡ 중도금을 이행기 전에 미리 지급한 경우: 이행의 착수에 해당한다.

  ㉢ 기출 매수인이 중도금일부에 갈음하여 제3자에 대한 대여금채권을 매도인에게 양도한 경우 이는 이행의 착수에 해당한다.

③ 전제행위
  ⊙ 잔금을 준비하고 등기절차를 밟기 위해 등기소에 동행할 것을 촉구한 경우
  ⓒ 가옥의 매도인이 건물을 공실상태로 인도하여야 한다는 약정을 이행하기 위하여 건물의 임차인에게 해지통고를 한 경우 이행의 착수에 해당한다.
④ 이행착수에 해당하지 않는 경우
  ⊙ 빈출 매수인이 단순히 **토지거래허가를 신청하여 허가를 얻은 것은** 이행의 착수가 아니므로 매도인은 토지거래 허가를 얻은 후에도 계약금의 2배를 제공하고 해제할 수 있다(대판 2008다62427).
  ⓒ 빈출 매수인이 매도인의 **의무이행을 촉구하였거나** 의무이행을 구하는 소송을 제기하여 1심에서 승소판결을 받은 것만으로는 매수인이 그 계약의 이행에 착수하였다고 할 수 없다.
  ⓒ 매도인이 매수인에게 **계약이행을 최고하고** 대금지급을 구하는 소송을 제기하여 승소판결을 받은 것은 이행의 착수가 아니다(대판 2007다72274).

⚡**기출**

01 계약금 포기에 의한 계약해제의 경우, 상대방은 이를 이유로 손해배상을 청구할 수 (   ).
제28회

(3) 해제의 방법

① 교부자는 계약금을 포기하고 수령자는 해제의 의사표시와 배액의 제공이 필요하다.
② 수령자가 해약하기 위해서는 계약금의 배액을 현실 제공해야 하고 단순한 해제 의사표시만으로는 해제할 수 없다(대판 91다9251).
③ 빈출 이 경우 배액의 제공만 있으면 족하고 상대방이 수령을 거부하는 경우? 계약금의 2배를 상환하여 제공하면 족하고 **공탁의무까지는 없다.**

(4) 빈출 계약금 해제의 효과(법정해제와 차이점)

① 해약금 해제의 경우 이행착수 전이므로 **원상회복의무가 없다.**
② 해약금 해제를 한 경우 상대방에게 그로 인한 **손해배상을 청구할 수 없다.**

기출정답

01 없다

(5) 관련 문제

⚡기출

01 계약금의 포기나 배액 상환에 의한 해제권 행사를 배제하는 당사자의 약정은 (　　)이다. 제22회

> ① 빈출 계약금 포기에 의한 해약권을 배제하기로 하는 약정은 유효다. 제565조는 임의규정이므로 이를 배제하는 약정은 유효하며 당사자는 제565조의 해약권을 행사할 수 없다(대판 2008다62427).
>
> ② 주의 계약금의 수수(교부)는 일방의 채무불이행으로 인한 법정해제권 행사에 영향을 미치지 않는다. 따라서 일방의 채무불이행이 있으면 법정해제권을 행사할 수 있다.
>
> ③ **중도금을 이행기 전에 미리 지급한 경우:** 다른 약정이 없는 한 이행기 전에 중도금을 미리 이행착수할 수 있고 상대방은 계약금의 배액을 상환하고 해제할 수 없다.
>
> ④ 매매해약금에 관한 「민법」 규정은 임대차에도 적용된다.

04 매매의 효력

매도인		매수인	
소유권이전의무	[채무부담]	소유권이전청구권	[채권취득]
매매대금청구권	[채권취득]	매매대금지급의무	[채무부담]

(1) 매도인의 의무

① 매도인은 특약이 없는 한 완전한 재산권이전의무(가압류 말소 및 소유권이전등기의무)를 부담한다.

② 매매목적물에 가압류, 가처분, 근저당권등기가 있는 경우, 이러한 등기를 말소하여 이전할 의무를 부담한다.

③ 매도인이 타인소유의 재산권을 매도한 경우 매도인은 이를 취득하여 매수인에게 이전하여야 한다.

기출정답

01 유효

(2) 과실수취권

⚡기출

01 매수인이 이미 매매 ( )에는 목적물에 대한 인도가 이루어지기 이전이라도 과실수취권은 매수인에게 있다. 제30회

① [주의] 대금완납 전 목적물로부터 생긴 과실은 매도인에 귀속한다. 대금완납 후 매매목적물에서 수취한 과실은 매수인에 귀속한다.
② 매수인이 이미 매매대금을 완납한 후에는 목적물에 대한 인도가 이루어지기 이전이라도 과실수취권은 매수인에게 있다(대판 93다28928). 또한 매매의 목적물을 아직 인도받지 못한 매수인이 미리 소유권이전등기를 경료받았다고 하여도 매매대금을 완제하지 않은 이상 매매목적물에서 발생하는 과실은 매도인에게 귀속된다(판례).
③ 매매의 목적물이 인도되지 않고 대금도 완제되지 않은 경우, 특별한 사정이 없는 한 매수인은 매도자의 인도의무의 지체로 인한 손해배상을 청구할 수 없다(대판 2004다8210).
④ 매매의 목적물이 인도되지 않았다면, 특별한 사정이 없는 한 매수인이 잔대금지급을 지체하여도 매도인은 인도되기 전의 기간 동안 목적물의 관리보존비용의 상환이나 잔대금의 이자상당액의 손해배상청구를 할 수 없다(판례).
⑤ 매수인이 대금지급을 거절할 정당한 사유가 있는 경우, X토지를 미리 인도받았더라도 그 대금에 대한 이자를 지급할 의무는 없다.
[주의] 매매계약이 취소된 경우, 선의의 점유자인 매수인의 과실취득권이 인정되는 이상 선의의 매도인도 지급받은 대금의 운용이익 내지 법정이자를 반환할 의무가 없다.

(3) 대금의 지급 장소는?

목적물의 인도와 동시에 대금을 지급할 경우 '그 인도장소'에서 지급하여야 한다.

(4) 이자 지급시기는?

매수인은 목적물을 '인도받은 날'로부터 대금의 이자를 지급한다.

(5) 계약비용 부담은?

계약의 비용은 특약이 없는 한 쌍방이 균분한다(제566조). 특약이 있으면 일방이 부담할 수 있다. 그러나 담보권말소비용은 매도인, 소유권등기비용은 매수인이 부담한다(판례).

기출정답

01 대금완납한 후

05 담보책임 <빈출>

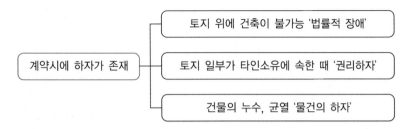

계약시에 하자가 존재
- 토지 위에 건축이 불가능 '법률적 장애'
- 토지 일부가 타인소유에 속한 때 '권리하자'
- 건물의 누수, 균열 '물건의 하자'

1. 담보책임의 의의

(1) **매도인의 책임**
매매목적물이나 권리에 하자가 있을 때 매도자가 매수자에게 지는 책임이다.

(2) **유상계약에 준용한다.**
매매, 교환, 임대차, 주택임대차에 준용한다. 제22회

(3) **법률이 인정한 법정 무과실 책임이다.** 제23회
물건에 하자가 생기면 매도자에게 고의, 과실이 있든 없든 책임을 부담한다. 매도인의 담보책임은 무과실 책임이지만, 하자의 발생 및 그 확대에 가공한 매수인의 잘못을 참작하여 손해배상 범위를 정할 수 있다(판례).

(4) 주의 담보책임을 면제(가중, 감경)하는 특약 – 유효
담보책임의 면책특약이 있는 경우, 매도인은 알면서 고지하지 않은 하자에 대해서도 그 책임을 면할 수 없다.

(5) 매도인의 담보책임은 무과실 책임이므로 여기에는 제396조의 '과실상계규정이 준용될 수 없다'하더라도 담보책임이 「민법」의 지도이념인 공평의 원칙에 입각한 것인 이상 그 하자의 발생 및 그 확대에 가공한 매수인의 잘못을 참작하여 손해배상범위를 정할 수 있다(대판 94다23920).

2. 담보책임의 내용

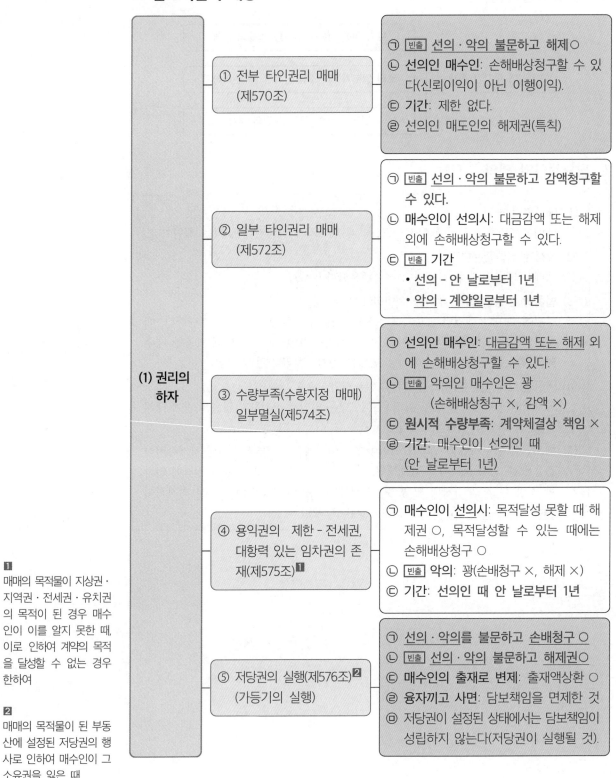

(1) 권리의 하자

① 전부 타인권리 매매 (제570조)

- ㉠ [빈출] 선의·악의 불문하고 해제○
- ㉡ 선의인 매수인: 손해배상청구할 수 있다(신뢰이익이 아닌 이행이익).
- ㉢ 기간: 제한 없다.
- ㉣ 선의인 매도인의 해제권(특칙)

② 일부 타인권리 매매 (제572조)

- ㉠ [빈출] 선의·악의 불문하고 감액청구할 수 있다.
- ㉡ 매수인이 선의시: 대금감액 또는 해제 외에 손해배상청구할 수 있다.
- ㉢ [빈출] 기간
  - 선의 – 안 날로부터 1년
  - 악의 – 계약일로부터 1년

③ 수량부족(수량지정 매매) 일부멸실(제574조)

- ㉠ 선의인 매수인: 대금감액 또는 해제 외에 손해배상청구할 수 있다.
- ㉡ [빈출] 악의인 매수인은 꽝 (손해배상청구 ×, 감액 ×)
- ㉢ 원시적 수량부족: 계약체결상 책임 ×
- ㉣ 기간: 매수인이 선의인 때 (안 날로부터 1년)

④ 용익권의 제한 – 전세권, 대항력 있는 임차권의 존재(제575조)[1]

- ㉠ 매수인이 선의시: 목적달성 못할 때 해제권 ○, 목적달성할 수 있는 때에는 손해배상청구 ○
- ㉡ [빈출] 악의: 꽝(손배청구 ×, 해제 ×)
- ㉢ 기간: 선의인 때 안 날로부터 1년

⑤ 저당권의 실행(제576조)[2] (가등기의 실행)

- ㉠ 선의·악의를 불문하고 손배청구 ○
- ㉡ [빈출] 선의·악의 불문하고 해제권○
- ㉢ 매수인의 출재로 변제: 출재액상환 ○
- ㉣ 융자끼고 사면: 담보책임을 면제한 것
- ㉤ 저당권이 설정된 상태에서는 담보책임이 성립하지 않는다(저당권이 실행될 것).

[1] 매매의 목적물이 지상권·지역권·전세권·유치권의 목적이 된 경우 매수인이 이를 알지 못한 때, 이로 인하여 계약의 목적을 달성할 수 없는 경우 한하여

[2] 매매의 목적물이 된 부동산에 설정된 저당권의 행사로 인하여 매수인이 그 소유권을 잃은 때

(2) 물건의 하자
(제580조)

[1] 특정물의 하자

- 매매의 목적물에 하자(예 건물누수, 토지의 오염)가 있는 경우
- 건축을 목적으로 매매된 토지에 관하여 법령상의 제한으로 건축허가를 받을 수 없는 경우 목적물의 하자로 본다.
- 이때 하자존부의 판단시기는 토지 인도시점이 아니라 '계약성립시'를 기준으로 판단한다(판례).

① 쟁점 목적달성을 할 수 없는 때에 매수인은 해제○

목적을 달성할 수 있는 때에는 손해배상청구만 가능

② 쟁점 매수인이 선의이고 무과실이어야 한다. 매수인이 하자를 알고 매수한 경우 담보책임을 물을 수 없다.

③ 쟁점 하자의 판단은 위험이전시가 아니라 계약성립시를 기준으로 판단한다.

④ 쟁점 **경매의 경우**: 물건의 하자로 인한 담보책임을 물을 수 없다.

⑤ 기출 **권리행사 기간**: 매수인이 그 사실을 안 날로부터 6월의 제척기간에 걸린다. 이때 하자담보책임에 기한 매수인의 손해배상청구권은 소멸시효 규정의 적용이 배제되지 않는다.

[2] 종류물의 하자(제581조)

매매의 목적물을 종류로 지정한 경우에도 그 후 특정된 목적물에 하자가 있는 때도 전조의 규정을 준용한다.

① 빈출 매수인은 계약해제 또는 손해배상의 청구를 하지 아니하고 하자 없는 물건을 청구할 수 있다. 제32회

② 매수인은 대금감액을 청구할 수 없다.

(3) 경매의 하자

① 쟁점 물건의 하자에는 담보책임이 성립하지 않는다.

② 쟁점 권리의 하자에만 담보책임이 인정된다.

이때 **경매 자체가 유효하여야 한다. 경매가 무효인 경우**에는 담보책임이 성립할 수 없다(판례).

강제경매절차가 무효로 된 경우, 그 매수인은 경매의 채무자에게 손해배상을 청구할 수 없다.

③ 쟁점 1차적인 **책임자는?** 채무자가 부담한다. 여기서 채무자에는 물상보증인도 포함한다(대판 87다카2641).

채무자가 자력이 없는 경우 2차 책임자는 배당받은 채권자

④ 쟁점 채권자가 흠결을 알고 경매 신청한 경우 낙찰자는 손해배상청구할 수 있다.

⚡**기출**

01 건축을 목적으로 매수한 토지에 대해 법적 제한으로 건축허가를 받을 수 없어 건축이 불가능한 경우, 이는 ( )에 해당한다. 제28회

기출정답

01 목적물의 하자

(4) 담보책임의 관련 문제

① **담보책임과 사기와의 경합:** 매도인의 기망에 의하여 하자 있는 물건임을 매수인이 모르고 매수한 경우, 사기에 의한 취소와 하자담보책임이 경합한다.

② **담보책임과 착오요건을 갖춘 경우**

> **🏆 판례 ㅣ**
>
> 착오로 인한 취소 제도와 매도인의 하자담보책임 제도는 취지가 서로 다르고, 요건과 효과도 구별된다. 따라서 매매계약 내용의 중요 부분에 착오가 있는 경우, 매수인은 매도인의 하자담보책임이 성립하는지와 상관없이 착오를 이유로 매매계약을 취소할 수 있다(대판 2015다78703). 제31회

③ **담보책임과 채무불이행책임의 경합**

> **🏆 판례 ㅣ**
>
> 매매의 목적물에 하자가 있는 경우 매도인의 하자담보책임과 채무불이행책임은 별개의 권원에 의하여 경합적으로 인정된다.
> 따라서 매매 목적물인 토지에 폐기물이 매립되어 있고 매수인이 폐기물을 처리하기 위해 비용이 발생한다면 매수인은 그 비용을 제390조에 따라 채무불이행으로 인한 손해배상으로 청구할 수도 있고, 제580조 제1항에 따라 하자담보책임으로 인한 손해배상으로 청구할 수도 있다(대판 2017다202050).

06 환매

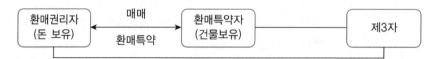

(1) 환매의 의의 (제590조)	① 매도인이 매매계약과 동시에 환매할 권리를 보류한 때는 영수한 대금과 매매비용을 반환하고 환매할 수 있다. ② 목적물의 과실과 대금의 이자는 특약이 없으면 상계한 것으로 본다. 제19회 ③ 매매등기와 동시에 <u>환매권의 보류를 등기한 때는 제3자에도 대항할 수 있다.</u> 환매등기는 매수인 명의의 소유권이전등기에 대한 부기등기의 형식으로 한다. ④ 매매계약(주계약)이 취소되어 효력을 상실하면 그에 부수하는 환매특약도 효력을 상실한다. 제33회
(2) 환매기간 (제591조)	① 환매기간은 부동산은 5년, 동산은 3년을 넘지 못한다. 약정기간이 이를 넘은 때는 부동산은 5년으로 단축한다. ② 빈출 환매기간을 정한 때는 이를 다시 연장할 수 없다. 제19·23회 ③ 환매기간을 정하지 않은 때는 부동산은 5년으로 한다.
(3) 환매권 행사 빈출	① 기출 <u>환매권은 일신전속권이 아니므로 양도, 상속할 수 있다.</u> ② 환매기간 내에 환매대금을 매수인에게 제공하지 않으면 환매권을 잃는다. 매도인이 기간 내에 환매를 하지 않으면 기간의 경과와 동시에 매수인의 소유로 귀속된다.
(4) 환매의 효과 (제594조)	① 매도인이 환매기간 내에 환매의 의사표시를 한 경우 환매권자 앞으로 소유권이전등기를 경료하지 않은 때는 **환매권자 자신이 소유권자임을 내세워 부동산에 가압류집행을 한 자에 대하여 이를 주장할 수 없다**(대판 90다카16914). 제30회 여기서 환매권의 행사로 발생한 소유권이전등기청구권은 **채권적 청구권**으로 그 환매기간이 아니라 환매권을 행사한 날로부터 10년의 소멸시효로 소멸한다. 제33회 ② 환매권이 행사된 경우 환매특약의 등기 이후에 **환매목적물 위에 존재하던 제한(가압류등기, 근저당권등기)은 모두 소멸**한다. 제33회 ③ **환매특약이 등기된 부동산을 제3자에게 매매한 경우:** 환매특약등기가 경료된 이후, 매수인은 그로부터 다시 매수한 제3자에 대하여 환매특약의 등기사실을 들어 소유권이전등기절차 이행을 거절할 수 없다(판례). 제22·32회 ④ 빈출 **환매특약이 된 대지 매수인이 나대지에 건물을 신축**하였다가 환매권자의 환매권행사로 대지와 건물의 소유자가 달라진 경우 환매특약 당시의 상태로 토지소유권을 이전해줄 의무를 부담하므로 관습상 **법정지상권이 성립하지 아니한다.** 제22회

⚡**기출**

01 환매특약등기가 경료된 이후, 매수인은 그로부터 다시 매수한 제3자에 대하여 환매특약의 등기사실을 들어 소유권이전등기절차 이행을 거절할 수 (   ). 제30회

기출정답

01 없다

01 교환의 의의, 성질

(1) 교환의 개념

교환은 금전 이외의 재산권을 상호이전하기로 약정함으로써 효력이 생긴다. 따라서 교환은 쌍무, 유상, 낙성, 불요식의 채권계약이다.

(2) 교환의 객체

① 재산권이고 반대급부가 금전이면 매매이고, 재산권이면 교환이다.
② [기출] 경매로 X토지를 매수하려는 자(乙)가 X토지의 경매대금을 완납하기 전에 X토지를 다른 사람과 교환계약을 체결한 경우 이는 타인소유물에 대한 교환계약으로 유효하다.

(3) 보충금

> ① 쌍방이 재산권을 이전할 것을 약정하면서 아울러 일방당사자가 일정액의 금전을 보충지급할 것을 약정하고 이때 지급되는 금전을 보충금이라 한다.
> ② [기출] 보충금에 대하여는 '매매대금에 관한 규정이 준용'된다. 보충금을 금전으로 지급한다고 하여 매매계약이 성립하는 것은 아니다.
> ③ [기출] 일방이 보충금을 지급하지 않으면 교환계약을 해제할 수 있다(판례).

02 교환의 효력

> **(1) 매매의 담보책임이 준용된다.**
> ① 교환은 유상계약이므로 매매의 규정이 준용된다(제567조).
> ② [기출] 권리의 하자나 물건의 하자가 있는 경우에는 담보책임이 성립한다.
> ③ [기출] 전부 타인소유의 건물을 교환하기로 하는 약정도 유효하다.
>
> **(2) 동시이행항변권과 위험부담법리가 적용**
> ① [기출] 교환계약은 쌍무계약이므로 양당사자에게 동시이행항변권의 법리와 위험부담의 법리가 적용된다.
> ② 따라서 일방의 채무가 쌍방의 과실 없이 이행불능이 된 경우 위험부담의 법리가 적용되므로 상대방에게 채무의 이행을 청구할 수 없다.

⚡기출

01 교환목적물의 일방의 채무가 쌍방의 과실 없이 이행불능이 된 경우 상대방에게 채무이행을 청구할 수 (   ). 제26회

기출정답

01 없다

(3) 일방이 교환목적물의 시가를 묵비, 허위로 고지하여도 사기 불성립

[기출] 교환계약의 당사자가 목적물의 시가를 묵비, 허위고지하는 것은 위법한 기망행위에 해당하지 않는다(대판 2000다54406).

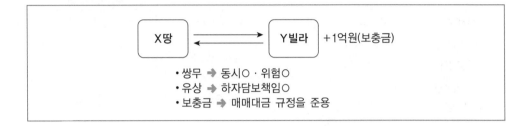

• 쌍무 ➡ 동시○ · 위험○
• 유상 ➡ 하자담보책임○
• 보충금 ➡ 매매대금 규정을 준용

제3절 임대차

01 서론

일방이 목적물을 사용수익하게 할 것을 약정하고 상대방은 차임을 지급할 것을 약정함으로써 효력이 생긴다.

⚡기출

01 임대인이 토지의 소유자가 아닌 경우 임대차 계약은 (   )이다. 제32회

02 임대차가 묵시갱신된 경우 제3자가 제공한 담보는 (   ).

1. **성질**
   (1) 채권계약이다.
      ① 쌍무, 유상, 낙성, 불요식 계약이다.
      ② **차임**: 임대차의 필수요소이고 금전, 물건도 가능하다(차임은 후급이 원칙이다). 임대차보증금은 임대차의 성립요소가 아니다. 제23회
   (2) 객체
      타인소유 물건에 대한 임대차의 약정도 유효하다. 임대차 계약을 체결함에는 임대인에게 처분권한 있음을 요하지 않는다. 제16회

2. **임대차의 기간**
   (1) 최장기 - 원칙적으로 20년을 초과할 수 없다는 규정은 임대인의 계약자유를 침해하여 위헌으로 결정되었다(임대기간을 영구로 약정도 가능).
   (2) 토지임대차의 기간을 정하지 않은 경우 제24 · 27회
      ① [빈출] 각 당사자는 언제든지 해지 통고할 수 있다.
      ② 임대인이 해지하면 6개월 후에 소멸하고 임차인이 해지하면 1개월 후에 소멸한다.
      ③ **묵시갱신**: 임대차종료 후 상당기간 안에 이의제기 없으면 전과 동일한 조건으로 다시 임대한 것으로 본다. 이 경우 기간은 정함이 없는 것으로 본다. 이때 제3자가 제공한 담보는 기간만료로 소멸한다.

기출정답

01 유효   **02** 소멸한다

묵시갱신의 비교정리

구분	기간 약정 없을 때	해지권자	해지효력
임대차	기간 없는 임대차	양 당사자	임대인(6월) 임차인(1월)
전세권	기간 없는 전세권	양 당사자	6월 후
주택임대차 [특별법]	2년	임차인만	3월 후
상가임대차 [특별법]	1년	임차인만	3월 후

3. 임차권의 대항력(준물권화)

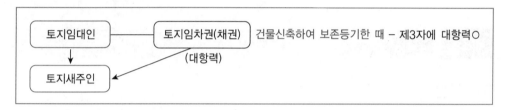

(1) 임차권(채권)

계약당사자에게만 주장할 수 있음이 원칙이다.

(2) 부동산임차권을 <u>등기한</u> 때 그 때로부터 제3자에 대하여 효력을 가진다.

주의 임차권을 등기하면 물권이 되는 것이 아니라 제3자에 대해 대항력이 생긴다. 반대약정이 없으면 임차인은 임대인에 대하여 임대차등기절차에 협력할 것을 청구할 수 있다(제621조).

(3) 급소 건물 소유목적으로 하는 토지임대차(땅 빌려서 건물 지은 때)(제622조)

① 임차인이 임차권을 등기하지 않은 경우에도 <u>건물을 보존등기하면</u> 토지양수인(제3자)에 대하여 대항력이 생긴다(제622조).

② 토지의 임차권이 딸린 건물에 저당권을 설정한 경우? 제24·27회

건물에 대한 저당권의 효력은 토지의 임차권에도 효력이 미친다. 그러므로 건물이 경매 처분되면 건물의 경락인은 건물과 함께 토지의 임차권도 취득한다.

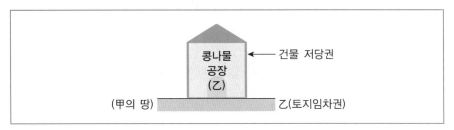

02 임대차의 효력 (빈출)

1. 임대인의 의무

(1) 통상의 사용에 필요한 상태를 유지할 의무
① 임대인은 목적물을 임차인에게 인도하고 계약존속 중 그 사용, 수익에 필요한 상태를 유지하게 할 의무를 부담한다(제623조). 제17·23회
[빈출] 임차인이 필요비를 임대인에게 상환청구할 수 있다.
[비교] 전세권자는 스스로 목적물의 관리의무를 부담한다.
② 임대인은 임차인의 '특별한 용도에' 적합한 상태를 유지할 의무는 없다. 임대인은 임차인의 **특별한 용도인 단란주점 영업에 적합한 상태를 유지하게 할 의무까지는 부담하지 않는다**(대판 96다28172). 제16회

(2) 대규모의 수선의무는 임대인이 부담한다.
① [빈출] 건물의 기본적 설비, 보일러 수선 같은 **대규모 수선의무**는 임대인이 부담한다.
② 별도의 비용을 들이지 아니하고 손쉽게 고칠 수 있는 **사소한 정도의 것**은 임대인이 수선의무를 부담하지 않는다.

(3) 보호의무(숙박업소에서 안전배려의무) 제21회
① **원칙**: 통상임대차 관계에서는 임대인은 임차인에게 목적물을 사용하게 함에 그치는 것이고 더 나아가 임차인의 안전배려나 도난방지시설 등의 보호의무까지는 부담하지 않는다.
② **예외**: 숙박업 같은 일시사용을 위한 임대차에서는 객실과 관련시설은 오로지 숙박업자의 지배하에 놓여있는 것이므로 임대인은 나아가서 고객의 안전을 배려해 줄 의무까지 부담한다(판례).

⚡기출

01 임차인은 임대인에 대하여 필요비의 상환을 청구할 수 ( ). 제22회

기출정답

01 있다

2. 임대인의 권리

(1) 차임지급청구권

임대인은 임차인에게 차임지급을 청구할 수 있다. 이때 임차인은 보증금의 존재를 이유로 차임지급을 거절할 수 없다.

(2) 계약해지권

임차인의 차임연체액이 2기에 달할 때에는 계약을 해지할 수 있다.

(3) 차임증감청구권(제628조)

경제사정의 변동으로 인하여 약정한 차임이 상당하지 않은 경우 당사자는 장래에 대한 차임의 증감을 청구할 수 있다. 이는 형성권으로서 판결확정시에 생기는 것이 아니라 <u>증액청구시</u>에 소급하여 생긴다.

(4) 차임채권의 확보 수단

① **법정질권**: 토지임대인이 차임채권에 기하여 임차인소유의 '<u>동산</u>'을 압류한 때는 '<u>질권</u>'과 동일한 효력이 있다(제650조).
② **법정저당권**: 토지임대인이 변제기를 경과한 후 최후 2년분의 차임채권에 기하여 임차인 소유의 '<u>부동산</u>'을 압류한 때는 '<u>저당권</u>'과 동일한 효력이 있다(제649조).
③ **공동임차인**: 수인이 공동으로 임차한 경우, 공동임차인은 연대하여 차임을 지급하여야 한다.
④ 임차인은 보증금의 존재를 이유로 차임청구를 거절하지 못한다.

3. 임차인의 권리

(1) 임차권(목적물의 사용, 수익권)

계약 또는 목적물의 성질에 의하여 정하여진 용법으로 사용, 수익할 수 있다.

(2) 임차권은 채권으로 제3자에 대항력 없음이 원칙이다. 다만 등기하면 제3자에게 대항력이 생긴다.

⚡ **기출**

01 토지임대인이 변제기를 경과한 후 최후 2년분의 차임채권에 기하여 임차인 소유의 부동산을 압류한 때는 (   )과 동일한 효력이 있다.

기출정답

01 저당권

(3) 비용상환청구권(제626조)

> **제626조【임차인의 상환청구권】**
> ① 임차인이 임차물의 보존에 관한 필요비를 지출한 때에는 임대인에 대하여 그 상환을 청구할 수 있다.
> ② 임차인이 유익비를 지출한 경우에는 임대인은 임대차종료시에 그 가액의 증가가 현존한 때에 한하여 임차인의 지출한 금액이나 그 증가액을 상환하여야 한다. 이 경우에 법원은 임대인의 청구에 의하여 상당한 상환기간을 허여할 수 있다.

① 청구시기
   ⊙ **필요비**: 종료 전에도 지출 즉시 필요비의 상환을 청구할 수 있다.
   ⓒ **유익비**: 종료시에 유익비의 상환을 청구할 수 있다.
   ⓒ **행사기간**: 목적물을 반환한 때로부터 6월 내 행사하여야 한다.
② [빈출] **비용상환청구의 상대방**: 점유자가 유익비를 지출할 당시 **계약관계 등 적법한 점유의 권원을 가진 경우**에 그 지출비용의 상환에 관하여는, 점유자는 그 계약관계의 상대방(임대인)에 대하여 해당 법조항에 따른 비용상환청구권을 행사할 수 있을 뿐 계약관계 등의 상대방이 아닌 점유회복 당시의 소유자에 대하여 제203조 제2항에 따른 지출 비용의 상환을 구할 수는 없다(대판 2001다64752).
③ [주의] **비용상환청구권을 포기하는 약정은 유효(비용상환청구권 규정은 임의규정)**: 임대차계약서에 '건물을 증·개축할 수 있으나 계약대상물을 명도시에는 임차인이 일체 비용을 부담하여 원상복구하여야 한다'라는 내용은 임차인은 보수비용의 상환청구권을 포기하는 것으로 유효하며 이 경우 비용상환청구를 할 수 없으므로 유치권이 성립하지 않는다(판례).

(4) 부속물매수청구권

> **제646조【임차인의 부속물매수청구권】**
> ① 건물 기타 공작물의 **임차인**이 그 사용의 편익을 위하여 임대인의 동의를 얻어 이에 부속한 물건이 있는 때에는 **임대차의 종료시**에 임대인에 대하여 그 부속물의 매수를 청구할 수 있다.
> ② 임대인으로부터 매수한 부속물에 대하여도 전항과 같다.
>
> **제647조【전차인의 부속물매수청구권】**
> ① 건물 기타 공작물의 임차인이 적법하게 전대한 경우에 전차인이 그 사용의 편익을 위하여 **임대인의 동의를 얻어** 이에 부속한 물건이 있는 때에는 전대차의 종료시에 임대인에 대하여 그 부속물의 매수를 청구할 수 있다.
> ② **임대인으로부터 매수하였거나 그 동의를 얻어 임차인으로부터 매수한 부속물**에 대하여도 전항과 같다.

⚡**기출**
01 필요비는 (　　)상환 청구할 수 있다. 제26회
02 (필요비/유익비)는 (　　) 가액증가가 현존한 경우에 한하여 상환청구할 수 있다. 제27회

⚡**기출**
03 임차인의 부속물매수청구권은 (토지/건물)의 임차인에게 인정된다. 제30회

기출정답
01 즉시　**02** 유익비, 종료시
03 건물

① **부속물의 요건:** <u>건물의 임차인만</u> 인정/토지임차인에게는 인정 ×
  ㉠ 부속물이라 함은 임대인의 동의를 얻어 건물에 부속된 임차인 소유의 물건으로서 건물의 구성부분을 이루지는 아니하나 독립성을 가지고 건물의 객관적 가치를 증가시키는 물건을 의미한다.
  ㉡ 빈출 부속된 물건이 오로지 임차인의 특수목적에 사용하기 위하여 부속된 간판은 부속물매수청구의 대상이 아니다.
  ㉢ 빈출 기존건물의 증축부분이 독립한 소유권의 객체가 될 수 없는 때 매수청구의 대상이 될 수 없다(대판 81다1001).
② **주체:** 임차인, 적법전차인도 매수청구할 수 있다.
③ 빈출 **한계**
  ㉠ 임차인의 차임연체로 해지된 경우 부속물매수청구가 허용되지 않는다.
  ㉡ 일시사용 임대차에서는 부속물매수청구가 허용되지 않는다.
  ㉢ 무단전차인에게는 부속물매수청구권이 허용되지 않는다.
④ 빈출 **법규정의 성격(강행규정):** 건물 임차인이 자신의 비용을 들여 '증축한 부분을 임대인 소유로 귀속시키기로 하는 약정'은 임차인이 원상회복의무를 면하는 대신 투입비용의 변상을 포기하는 내용이 포함된 것으로서 유효하므로 유익비의 상환을 청구할 수도 없고, 임대인에게 귀속하기로 하여 부속물에 해당하지 않으므로 그 약정은 부속물매수청구권을 포기하는 약정으로서 강행규정에 반하여 무효라고 할 수 없다(판례).

⚡**기출**

01 임차목적물의 구성부분은 부속물매수청구권의 객체가 될 수 (   ).
제29회

02 임차인이 증축한 부분을 임대인 소유로 귀속시키기로 하는 약정은 (   )의 포기 약정에 해당하여 유효이다.
제29회

비용상환청구권과 부속물매수청구권의 비교

구분	비용상환청구권(청구권)	부속물매수청구권(형성권)
1. 법 규정의 성격	임의규정	강행규정
2. 행사의 요건	건물의 구성부분일 것	독립한 물건일 것
3. 임차인의 채무불이행으로 해지시	인정됨	인정되지 않음
4. 행사시기	필요비(즉시), 유익비(종료시)	임대차 종료시
5. 상대방이 불응시 대응방법	유치권이 성립	유치권이 불성립
6. 객체	토지와 건물의 임차인	건물의 임차인만 인정

(5) 지상물매수청구권(제283조) – 지상권과 임차권에는 명문 규정이 있다.

임대차계약이 종료한 경우 건물, 공작물, 수목이 현존한 때에는 임차인은 계약의 갱신을 청구하고 임대인이 거절하면 지상물매수를 청구할 수 있다.

기출정답

01 없다
02 비용상환청구권

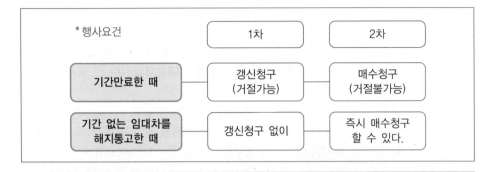

① **대상 건물**(등기 불문, 허가 불문, 동의 불문, 효용 불문하고 건물이 현존할 것)
　㉠ 건물은 반드시 임대차계약 당시의 기존건물이거나 '임대인의 동의'를 얻어 신축한 것에 한정되는 것은 아니다(판례).
　㉡ 행정관청의 허가를 받지 못한 무허가 건물도 매수청구의 대상이 될 수 있다.
　㉢ 건물이 객관적으로 '경제적 가치'가 있는지 여부나 '임대인에게 효용'이 있는지 여부는 매수청구의 행사요건이라고 볼 수 없다(대판 2001다42080).
　㉣ **건물이 임대인 소유의 토지 외에 제3자 소유의 토지 위에 걸쳐서 건립되어 있는 경우**: '구분소유의 객체가 될 수 있는 부분에 한하여' 임차인에게 매수청구가 허용된다(대판 93다42634 전원합의체)(종전 대법원의 판례에서는 '건물 전체'를 매수청구하여야 한다는 입장이었다).
　㉤ 건물에 근저당권이 설정되어 있어도 지상물매수청구할 수 있다. 이때 건물의 매수가격은 행사 당시의 현재 건물의 시가상당액을 의미하며, 최고액을 건물 가액에서 공제한 금액을 매수가격으로 정하여서는 아니된다. 다만 건물소유자가 근저당권을 말소하지 않는 경우 토지소유자는 근저당권이 말소될 때까지 최고액상당액의 지급을 거절할 수 있다. 제25회

⚡기출

01 건물이 임대한 토지와 제3자 소유의 토지 위에 걸쳐서 건립된 경우, 임차인은 (　　)에 대하여 매수청구를 할 수 있다. 제30회

② **청구권자**: 지상물의 소유자에 한하여 행사할 수 있다(대판 93다6386).
　㉠ 주의 임차인이 신축한 건물을 양도하여 **소유권을 상실한 양도인**은 지상물의 소유자가 아니므로 임대인에게 지상물매수청구할 수 없다. 제24회
　㉡ **적법 전차인**: 토지임차인이 토지임대인의 승낙하에 적법하게 그 토지를 전대한 경우에 인정되는 권리이다(대판 93다6386).
　㉢ 주의 **미등기 무허가건물을 매수하여 점유하는 임차인**도 행사할 수 있다. 건물을 매수하여 점유하고 있는 사람은 소유자로서의 등기명의가 없다 하더라도 그 권리의 범위 내에서는 그 점유 중인 건물에 대하여 사실상의 처분권을 가지고 있으므로 지상물매수청구권을 행사할 수 있다.
　㉣ 토지소유자가 아닌 제3자가 토지를 임대한 경우에 토지소유자가 임대인의 지위를 승계하였다는 특별한 사정이 없는 한 임대인이 아닌 토지소유자가 매수청구권의 상대방이 될 수 없다(대판 2014다72449).

기출정답

01 구분소유의 객체가 될 수 있는 부분

③ 상대방

> ⊙ **원칙**: 원칙적으로 임차권 소멸 당시의 토지소유자인 임대인이다(판례).
> ⓛ **예외**: 빈출 임차인이 건물보존등기를 하여 대항력을 갖추면 토지양수인에게 건물매수청구할 수 있다.
> 임차권 소멸 후 임대인이 그 토지를 제3자에게 양도하는 등 그 소유권이 이전되었을 때에는 그 건물에 대하여 보존등기를 필하여 제3자에 대하여 대항할 수 있는 토지임차인은 그 양수인(신소유자)에 대하여도 건물매수청구권을 행사할 수 있다(대판 75다348).

⚡**기출**

01 임차권 소멸 후 임대인이 제3자에게 양도하여 소유권이 이전된 경우, 건물에 (   )를 경료한 토지임차인은 (   )에 대하여도 건물매수청구권을 행사할 수 있다.
제25회

02 임대인의 해지통고로 기간의 정함이 없는 토지임차권이 소멸한 경우에는 임차인은 즉시 지상물의 매수를 청구할 수 (   ).
제24회

④ 방법

> ⊙ 갱신청구권(1차)을 행사하고 임대인이 거절하면 **지상물매수청구(2차)**를 한다.
> ⓛ 빈출 기간의 정함이 없는 임대차에 있어서 임대인에 의한 해지통고에 의하여 그 임차권이 소멸한 경우에도, 임차인의 계약갱신 청구없이 곧바로 지상물매수청구를 할 수 있다(대판 94다34265 전원합의체).
> ⓒ 토지임대차에 있어서 **임차인의 채무불이행을 이유로 계약이 해지된 경우**에는 임차인은 갱신청구를 할 수 없으므로 임대인에 대하여 매수청구권을 가지지 아니한다(대판 2003다7685).

⑤ 효과

> ⊙ 지상물매수청구권은 형성권으로서 '**임대인의 승낙을 요하지 아니한다**'.
> ⓛ 임차지상의 건물에 대하여 임대인의 승낙을 요함이 없이 매수청구권 행사 당시의 건물시가를 대금으로 하는 매매계약이 체결된다(판례). 제16회
> ⓒ 임차인의 **건물명도의무**와 임대인의 **대금지급의무**는 동시이행관계에 있다(판례). 따라서 임대인이 건물대금을 지급하지 않는 한 임차인은 건물명도의무에 대한 지체책임을 부담하지 않는다(판례).
> ⓔ 다만, 임차인이 임대인이 건물대금을 지급할 때까지 **건물부지를 사용, 수익**한 것은 **부당이득으로서 반환하여야 한다**(판례). 제23회

⑥ 빈출 **법규정의 성격 - 강행규정** 제18·22회: **지상건물을 철거하기로 하는 약정**은 임차인의 지상물매수청구권을 배제하기로 하는 약정으로서 임차인에게 불리한 것이므로 무효이다.

기출정답

01 보존등기, 토지양수인
02 있다

4. 임차인의 의무

(1) 차임지급 의무

① 2기의 차임을 연체한 경우 임대인은 계약을 해지할 수 있다. 1기 연체한 경우 해지할 수 있다는 약정은 무효이다.🔳 제31회
② 수인이 공동으로 임차한 경우연대하여 차임을 지급의무를 부담한다. 제20회
③ 토지임대인이 2년분의 차임채권에 기하여 임차인소유의 부동산을 압류한 때는 저당권과 동일한 효력이 있다(이를 법정저당권이라 한다). 제22회
④ 제628조에 의한 증감청구권: 경제 사정의 변동으로 인한 약정한 차임이 상당하지 아니하게 된 때 그 증감을 청구할 수 있다(청구권이 아니고 형성권). 그 효력은 판결확정시가 아니고 증액 청구 즉시 발생한다. 제21회
⑤ 일부멸실 등과 차임감액청구(제627조): 임차물의 일부가 임차인의 과실없이 멸실 기타 사유로 인하여 사용, 수익할 수 없는 때 임차인은 그 부분의 비율에 의한 차임의 감액을 청구할 수 있다.

(2) 목적물의 보존에 관한 선관주의의무

① [쟁점] '원인불명'인 화재로 인한 책임은? 그 이행불능으로 인한 손해배상책임을 면하려면 그 이행불능이 임차인 스스로 임차인의 귀책사유로 인한 것이 아님을 입증할 책임이 있고, 그 화재의 발생 원인이 불명인 때에도 임차인이 그 책임을 면하려면 그 임차건물의 보존에 관하여 선량한 관리자의 주의의무를 다하였음을 입증하여야 한다(대판 2009다96984). 제20회
② 임대인이 관리하는 영역에서 발생한 화재에 대하여는 그 하자를 보수제거하는 것은 임대인의 의무에 속하므로 임차인에게 손해배상을 청구할 수 없다.
③ 임차목적물의 화재로 임차 외 건물부분까지 불에 탄 경우 임대인이 임차인의 계약상 의무위반을 입증하여야 한다(대판 2012다86895).

🔳 비교
「민법」상 임대차 – 2기 연체
상가임대차: 3기 연체하여야 해지할 수 있다.

⚡ 기출
01 경제사정변동에 따른 임대인의 차임증액청구에 대해 법원이 차임증액을 결정한 경우, 그 (　　) 날부터 효력이 발생한다. 제31회

기출정답
01 증액 청구 즉시

03 양도, 전대차 [빈출]

1. 임대인의 동의 없는 무단 전대

해지권	담보책임 부담	반쪽짜리 권리
임대인	임차인	전차인

임대차 　　　　　　　　　 전대차

1
동의는 효력발생요건이 아니라 대항요건이다.

⚡**기출**

01 임대인의 동의 없는 전대차는 (유효/무효)이다.
　　　　　　　　제29회

02 임대인의 동의 없는 전대차에서 임대차 종료 전이면 임대인은 전차인에게 부당이득반환청구할 수 (　　).　제26회

제629조【임차권의 양도, 전대의 제한】
① 임차인은 임대인의 **동의[1]없이** 그 권리를 양도하거나 임차물을 전대하지 못한다.
② 임차인이 전항의 규정에 위반한 때에는 임대인은 **계약을 해지**할 수 있다.

(1) 임대인의 동의는 대항요건이다(효력발생요건이 아니다).
　　임대인의 동의 없는 양도, 전대차는 유효하다. 다만, 임대인에게 대항하지 못한다.

(2) 임대인의 해지권
　① **원칙**: 임대인의 동의 없는 양도, 전대차는 **임대인이 해지**할 수 있다.
　② [빈출] **예외**
　　㉠ 배신행위라고 볼 수 없는 **특별한 사정**이 있을 경우. 즉, 임차인과 전차인이 **부부관계**라는 특별한 사정이 있는 경우라면 임대인은 무단전대로 임대차 계약을 해지할 수 없다. 제19·22·24회
　　㉡ 건물 **소부분을 임대차한 경우**: 임대인은 무단전대로 해지할 수 없다.

(3) [빈출] 임대인의 전차인에 대한 **부당이득반환청구권**
　① **임대차 해지 후(종료 후)**: 임대인은 전차인에게 차임상당의 부당이득반환을 청구할 수 있다.
　② **임대차 해지 전(종료 전)**: 임대인은 전차인에게 부당이득반환청구할 수 없다 (임대차 종료 전으로 임대인은 여전히 임차인에게 차임 청구할 수 있으니까!).

(4) 임차인의 지위
　　임차인은 임대인의 승낙을 얻어줄 의무를 전차인에게 부담한다.

(5) 전차인의 지위
　　무단전차인은 부속물매수청구권, 지상물매수청구권을 행사할 수 없다.

기출정답

01 유효　**02** 없다

2. 임대인의 동의 있는 적법전대

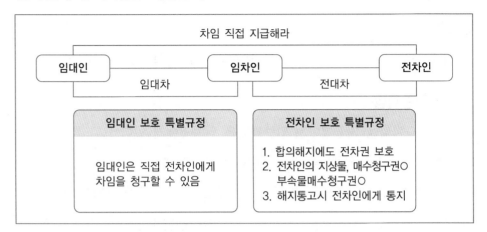

(1) 임대인의 보호를 위한 특별규정

> ① 전차인은 직접 임대인에게 차임지급 의무를 부담한다(제630조).**1**
> ㉠ 차임의 지급시기 전에 전차인이 전대인에 대한 차임지급으로 임대인에게 대항할 수 없다(차임지급시기 전에 미리 전대인에게 주지마라 ⇨ 이중지급문제).
> ㉡ 적법전대의 경우 임대인은 <u>직접 전차인에게 차임지급을 청구할 수 있다</u>(특별규정).**2**
> ㉢ 적법전대의 경우 임대인은 <u>임차인에게</u> 차임지급을 청구 ○
> ② 전차인이 직접 임대인에게 목적물을 명도한 경우 전대인에 대한 인도의무가 소멸한다(판례).

1
임대차차임(90만원), 전대차차임(60만원)이면 60만원을 임대인이 직접 전차인에게 청구○

2 비교
무단전대시에는 임대인이 무단전차인에게 <u>직접 차임지급을 청구할 수 없다.</u>

(2) 전차인의 보호를 위한 특별규정

> ① [빈출] 합의해지로 임차권이 소멸한 경우 전차권은 불소멸한다.
> ② **적법전차인의 매수청구권**
> ㉠ **지상물매수청구권**: 건물소유목적 토지임차인이 적법하게 토지를 전대한 경우 임대차 및 전대차의 <u>기간이 동시에 만료</u>되고 건물, 수목이 현존한 때는 전차인은 임대인에게 <u>종전 전대차와 동일하게</u> 임대할 것을 청구할 수 있다. 임대인이 원하지 않으면 지상물매수청구할 수 있다. 제18·22·24회
> ㉡ **적법전차인의 부속물매수청구권**: 건물기타 공작물의 임차인이 적법하게 전대한 경우 전차인이 <u>임대인의 동의</u>를 얻어 이에 부속한 물건이 있는 때는 전대차의 종료시 임대인에게 부속물의 매수를 청구할 수 있다.
> ③ [빈출] **기간 없는** 임대차에서 임대인의 해지통고의 경우: 전차인에게도 통지 없이 전차인에게 대항할 수 없다. 제24회
> [비교] 임차인의 차임연체로 인한 임대인이 임대차계약을 해지할 때 전차인에게 통지 없이도 임대차의 해지를 전차인에게 대항할 수 있다. 제26회

⚡ **기출**

01 기간 없는 토지임대차에서 임대인의 해지통고의 경우 전차인에 통지(해야/없이) 전차인에게 대항할 수 있다. 제28회

기출정답

01 해야

04 보증금

1. 의의

임대차의 성립요소는 차임이므로 **보증금 수수는 성립요소가 아니다.** 제24회

2. 〔급소〕 입증책임

(1) 보증금, 차임을 지급했다는 입증책임은 임차인에게 있다.

(2) 〔기출〕 보증금을 반환했다는 입증책임은 임대인에게 있다.

(3) 보증금은 임대차관계에서 발생하는 임차인의 모든 채무를 담보한다.

(4) 〔기출〕 임차인은 임대차보증금의 존재를 이유로 차임의 지급을 거절할 수 없다.

(5) 한편 임차인이 필요비를 지출한 경우 필요비에 상응하는 차임지급을 거절할 수 있다.

3. 임대차 종료시 법률관계

(1) 동시이행관계
임대인의 보증금반환의무와 임차인의 목적물인도의무는 동시이행관계에 있다.

(2) 임대차종료 후 임차인의 건물 사용이익
① 계약종료 후에도 임차인이 동시이행의 항변권을 행사하여 임차건물을 계속 점유하여 온 경우 그로 인하여 실질적 이득을 얻었다면 부당이득으로 반환하여야 한다. 다만, 임차인의 건물에 대한 점유는 불법점유라고 할 수 없으며, 따라서 임차인으로서는 이에 대한 불법행위로 인한 손해배상의무는 없다.
② **종료 후 임차인이 계속 점유하지만 사용·수익 아니한 때**
〔기출〕 임차인이 임대차계약관계가 소멸된 이후에도 임차목적물을 계속 점유하기는 하였으나 이를 본래의 임대차계약상의 목적에 따라 사용·수익하지 아니하여 실질적인 이득을 얻은 바 없는 경우에는 임차인의 부당이득반환의무는 성립되지 않는다(판례).

(3) 보증금에서 차임채권의 공제여부 _{제35회}

① 부동산 임대차에서 수수된 보증금은 차임채무, 목적물의 멸실·훼손 등으로 인한 손해배상채무 등 임대차에 따른 임차인의 모든 채무를 담보하는 것으로서 피담보채무 상당액은 임대차관계의 **종료 후 목적물이 반환될 때**에 특별한 사정이 없는 한 별도의 의사표시 없이 <u>보증금에서 당연히 공제</u>되므로, 보증금이 수수된 임대차계약에서 **차임채권이 양도**되었다고 하더라도, 임차인은 임대차계약이 **종료되어 목적물을 반환할 때**까지 연체한 차임 상당액을 보증금에서 공제할 것을 주장할 수 있다(대판 2013다77225).

② 임대보증금이 수수된 임대차계약에서 **차임채권에 관하여 압류 및 추심명령**이 있었다 하더라도, 당해 임대차계약이 종료되어 목적물이 반환될 때에는 그 때까지 추심되지 아니한 채 잔존하는 차임채권 상당액도 **임대보증금에서 당연히 공제된다**(대판 2004다56554).

③ 상가임차인은 보증금을 반환받을 때까지 임대차관계가 존속하는 것으로 의제된다. 이는 임대차기간이 끝난 후에도 상가건물의 임차인이 보증금을 반환받을 때까지는 임차인의 목적물에 대한 점유를 임대차기간이 끝나기 전과 **마찬가지 정도로 강하게 보호**함으로써 임차인의 보증금반환채권을 실질적으로 보장하기 위한 것이다. 따라서 상가임대차법이 적용되는 상가건물의 임차인이 임대차 종료 이후에 보증금을 반환받기 전에 임차 목적물을 점유하고 있다고 하더라도 임차인에게 **차임 상당의 부당이득이 성립한다고 할 수 없다**. 「상가건물 임대차보호법」이 적용되는 임대차가 기간만료나 당사자의 합의, 해지 등으로 종료된 경우 보증금을 반환받을 때까지 임차 목적물을 계속 점유하면서 사용·수익한 임차인은 **종전 임대차계약에서 정한 차임**을 지급할 의무를 부담할 뿐이고, **시가에 따른 차임에 상응하는 부당이득금**을 지급할 의무를 부담하는 것은 아니다(대판 2023다257600).

④ **연체차임에 대한 지연손해금의 발생종기**는 다른 특별한 사정이 없는 한 임대차계약의 해지시가 아니라 **목적물이 반환되는 때**라고 할 것이다(대판 2009다39233).

⑤ 임대인이 임차인을 상대로 차임연체로 인한 **임대차계약의 해지를 원인으로 임대차목적물인 부동산의 인도 및 연체차임의 지급을 구하는 소송비용**은 임차인이 부담할 원상복구비용 및 차임지급의무 불이행으로 인한 것이어서 임대차관계에서 발생하는 임차인의 채무에 해당하므로 이를 반환할 **임대차보증금에서 당연히 공제할 수 있고**, 한편 임대인의 임대차보증금 반환의무는 임대차관계가 종료되는 경우에 임대차보증금 중에서 목적물을 반환받을 때

까지 생긴 임차인의 모든 채무를 공제한 나머지 금액에 관하여서만 비로소 이행기에 도달하는 것이므로, 임차인이 다른 사람에게 임대차보증금 반환채권을 양도하고, 임대인에게 양도통지를 하였어도 임차인이 임대차목적물을 인도하기 전까지는 임대인이 위 소송비용을 임대차보증금에서 당연히 공제할 수 있다(대판 2012다49490).

주의 임대차보증금이 임대인에게 교부되어 있더라도 임대인은 임대차관계가 계속되고 있는 동안에는 임대차보증금에서 연체차임을 충당할 것인지를 자유로이 선택할 수 있으므로, 임대차계약 종료 전에는 연체차임이 공제 등 별도의 의사표시 없이 임대차보증금에서 당연히 공제되는 것은 아니다. 그리고 임대인이 차임채권을 양도하는 등의 사정으로 인하여 차임채권을 가지고 있지 아니한 경우에는 특별한 사정이 없는 한 임대차계약 종료 전에 임대차보증금에서 공제한다는 의사표시를 할 수 있는 권한이 있다고 할 수도 없다(대판 2011다49608 · 49615).

(4) 임차인의 원상회복의무

임차물을 인도받았을 상태로 회복시키면 된다. 임차인은 임대 당시의 부동산 용도에 맞게 다시 사용할 수 있도록 협력할 의무도 포함된다(영업허가에 대한 폐업신고 절차를 이행할 의무도 부담한다).

⚡기출
01 비용상환청구권 규정은 (   )규정이다.
제23회

05 임대차의 규정 중 강행규정인 것은?

(1) 감행규정에 해당하는 것
 ① 임차인의 차임감액청구권에 관한 규정
 ② 차임연체로 인한 해지에 관한 규정
 ③ 임차인 또는 전차인의 계약갱신청구권 또는 지상물매수청구권에 관한 규정
 ④ 임차인 또는 전차인의 부속물매수청구권에 관한 규정
 ⑤ 일부멸실과 감액청구, 해지권(제627조)
 ⑥ 기간의 약정이 없는 임차인의 해지통고(제635조)
(2) 주의 비용상환청구권 규정, 양도전대시 임대인의 동의 규정은 임의규정이다. 따라서 임차인에게 불리한 규정이어도 유효하다.

기출정답

01 임의

제4편

민사특별법

기본서 p.478~498

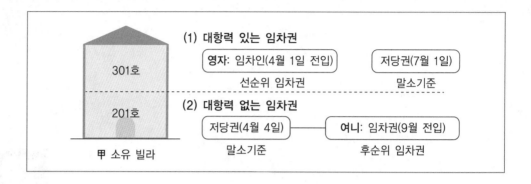

01 적용범위

1. 주거용 건물의 임대차(등기된 건물이나 미등기건물을 불문한다)
   (1) 주거용 건물의 판단기준: 공부상의 표시가 아니라 실제용도로 한다.
   (2) 건물의 주된 용도가 주거용이고 일부는 비주거용인 경우에도 적용된다.
   (3) 기출 사무실용 건물을 주거용으로 용도변경한 경우: 적용된다.
2. 기출 일시사용 임대차일 경우 – 적용되지 않는다.
   (1) 법인이 임차인인 경우에는 원칙적으로 적용되지 않는다.
   (2) 중소기업법인이 직원의 이름으로 건물임대한 경우: 적용된다.
3. 건물의 소유자는 아니나 주택에 관하여 적법하게 임대권한을 가진 자와 계약을 체결한 때에도 적용된다.

02 기간보장

1. 최단기 보장(2년)
   (1) 주택임대차의 기간의 정함이 없거나 2년 미만으로 정한 때는 2년으로 본다.
   (2) 양 당사자가 아니라 임차인만 2년 미만으로 약정한 존속기간을 주장할 수 있다.
   (3) 1년으로 약정한 경우 임차인만 1년을 주장할 수 있다. 임대인은 1년을 주장할 수 없다.

⚡ 기출

01 주택임대차의 기간의 정함이 없거나 2년 미만으로 정한 때는 (   )으로 본다. 제27회

기출정답

01 2년

2. 묵시갱신

> **(1) 요건은?**
> ① **임대인**: 기간 만료 <u>6월에서 2월 전</u> 갱신통지가 없을 때
> ② **임차인**: 기간 만료 <u>2월 전</u> 아무런 통지가 없을 때
> ③ 임차인이 2기의 차임을 연체한 때는 묵시갱신이 인정되지 아니한다.
>
> **(2) 묵시갱신된 경우 존속기간은 2년으로 본다.**
> 주의 임차인은 언제든지 임대인에게 해지 통지할 수 있고 효력은 3월 후에 발생한다. 임대인은 2년간 중도해지할 수 없다.

3. 계약갱신요구권

> 「주택임대차보호법」**1** 제6조의3 【계약갱신요구권】
> ① 제6조에도 불구하고 임대인은 임차인이 제6조 제1항 전단의 기간 이내(끝나기 **6개월 전부터 2개월 전**까지의 기간)에 계약갱신을 요구할 경우 정당한 사유 없이 거절하지 못한다. 다만, 각 호의 어느 하나에 해당하는 경우에는 <u>갱신요구를 거절</u>할 수 있다.
> 1. 임차인이 <u>2기의 차임을 연체한 사실</u>이 있는 때
> 2. 임차인이 거짓이나 그 밖의 부정한 방법으로 임차한 경우
> 3. 서로 **합의하여 임대인이 임차인에게 상당한 보상**을 제공한 경우
> 4. 임차인이 임대인의 **동의 없이 주택의 전부 또는 일부를 전대**한 경우
> 5. 임차인이 주택의 전부 또는 일부를 고의나 **중대한 과실로 파손**한 경우
> 6. 임차한 주택의 전부, 일부가 멸실되어 임대차의 목적을 달성하지 못할 경우
> 7. 임대인이 목적 주택의 전부 또는 대부분을 **철거하거나 재건축하기 위하여** 목적 주택의 점유를 회복할 필요가 있는 경우
> 가. 임대차계약 체결 당시 공사시기 및 소요기간 등을 포함한 철거 또는 재건축 계획을 임차인에게 구체적으로 고지하고 그 계획에 따르는 경우
> 나. 건물이 노후·훼손 또는 일부 멸실로 안전사고의 우려가 있는 경우
> 다. 다른 법령에 따라 철거 또는 재건축이 이루어지는 경우
> 8. 임대인(임대인의 **직계존속·직계비속**)이 **목적주택**에 **실제거주하려는** 경우
> ② 임차인은 제1항에 따른 **계약갱신요구권을 1회에 한하여** 행사할 수 있다. 이 경우 갱신되는 임대차의 <u>존속기간은 2년</u>으로 본다.
> ③ 갱신되는 임대차는 전 임대차와 동일한 조건으로 다시 계약된 것으로 본다. 다만, **차임과 보증금은 제7조의 범위에서 증감**할 수 있다.
> ④ 제1항에 따라 갱신되는 임대차의 해지에 관하여는 제6조의2(**임차인은 언제든지 해지할 수 있고, 3월 후 효력발생**)를 준용한다.

이하 이 장에서 생략한다.

⚡ **기출**

01 임차인이 임대인의 동의 없이 목적 주택을 전대한 경우 임대인은 계약갱신요구를 거절할 수 (   ).   제32회

02 임차인이 적법하게 계약갱신요구권을 행사한 경우 임대차의 기간은 (   )로 본다.

03 임차인의 계약갱신요구권은 (   )에 한하여 행사할 수 있다.   제32회

기출정답

01 있다   02 2년   03 1회

03 대항력 보장 〔빈출〕

1. 의미

채권인 임차권으로는 임대인이 주택을 매매하면 새주인(제3자 = 양수인)에게는 임차권을 주장할 수 없으나 임차권자가 '주민등록과 인도'를 마치면 익일 0시부터 제3자에게 임차권의 내용을 주장할 수 있는 힘이 생긴다.

2. 취득요건(주택의 인도와 주민등록)

(1) 주택의 인도 – 직접점유와 간접점유도 무방하다.

(2) 주민등록 – 행정청에 신고로 효력이 생기지 않고 수리해야 생긴다.

① **다세대주택, 아파트인 경우**: 아파트 동, 호수를 정확히 기재해야 한다.
② 임차인 본인, 가족의 주민등록도 유효한 공시방법이다.
③ [기출] **다가구주택인 경우**: 호수는 무시하고 지번만 일치하면 족하다. 다가구용 단독주택이었다가 후에 건축물 대장상으로 다세대 주택으로 변경된 사정이 있어도 이미 취득한 임차인의 대항력은 소멸하지 않는다(판례).
④ **임차인이 전대차를 한 경우**: 직접점유자인 전차인이 전입신고를 마치면 임차인의 대항력이 유지된다.

3. 대항력의 발생시기

(1) 임차인이 주택의 인도와 주민등록을 마친 익일 0시부터
(2) 전소유자가 임차인으로 되는 경우 대항력 발생 시기? '임대인이 세입자인 양수인 명의로 소유권이전등기를 마친 익일부터' 임대차를 외부에 공시하는 효력이 생긴다.
(3) 주민등록과 인도는 대항력의 취득요건이자 동시에 존속요건이다. 따라서 세대원 전원이 다른 곳으로 퇴거하면 대항력은 소멸한다.
(4) 임차인의 주민등록이 직권말소된 경우 원칙적으로 대항력은 소멸한다.

4. 대항력의 내용

(1) 기출 임차주택의 양수인은 임대인의 지위를 승계한 것으로 본다.

(2) 빈출 **임차주택의 소유권을 양도하여 목적물이 이전되면?**

> ① **원칙**
>
> ㉠ 기출 주택의 양수인이 임대인지위 승계와 보증금반환채무를 승계한다. 따라서 양도인(임대인)의 임차인에 대한 보증금반환채무는 소멸한다. 그러므로 임차인은 특별한 사정이 없는 한 임차주택의 양수인에게만 보증금의 반환을 청구할 수 있다.
>
> ㉡ 주택의 양수인이 임차인에게 보증금을 반환해준 경우 양도인[전주인]에게 **부당이득반환청구할 수 없다**(대판).
>
> ㉢ 임차인이 대항력을 구비한 후 임대주택의 소유권이 양도되어 양수인이 보증금반환채무를 부담하게 된 이후 임차인이 <u>주민등록을 다른 곳으로</u> 이전하면 이미 발생한 <u>양수인의 임차보증금 반환채무가 소멸하지 아니한다.</u>

Right margin note

⚡ **기출**

01 대항력을 갖춘 후 목적물의 소유권이 양도되면 임차인은 특별한 사정이 없는 한 임차주택의 (　　)에게만 보증금의 반환을 청구할 수 있다.
제26회

5. 빈출 **주택양수인이 임대인의 지위를 승계받는 경우**

> **(1)** 임차인이 주민등록을 마친 후 저당권이 성립한 주택이 경매된 경우
>
> **(2)** 기출 선순위 저당권이 다른 사유로 소멸(중간에 낀 임차인이 1번 저당권을 변제한 때)
>
> 대항요건을 갖춘 임차권보다 선순위의 근저당권이 있는 경우 주택이 경매되어 낙찰로 인하여 선순위 근저당권이 소멸하면 그보다 후순위 임차권, 후순위 저당권도 함께 소멸하는 것이지만, 낙찰대금 완납 전에 선순위 근저당권이 다른 사유로 소멸하는 경우에는 선순위 근저당권이 없는 주택이 되므로 그 임차권의 대항력은 소멸하지 아니한다(대판 2002다70075).
>
> **(3)** 보증금반환채권에 대한 가압류 후 건물양도한 경우
>
> 대항력을 갖춘 임차인의 임대차보증금반환채권이 가압류된 상태에서 임대주택이 양도된 경우, 양수인이 채권가압류의 제3채무자 지위(임대인의 지위)를 승계하는지 여부(적극) 및 이 경우 가압류채권자는 양수인에 대하여만 가압류의 효력을 주장할 수 있는가?
>
> 기출 제3채무자의 지위는 임대인의 지위와 분리될 수 있는 것이 아니므로, 임대주택의 양도로 임대인의 지위가 일체로 양수인에게 이전된다면 채권가압류의 제3채무자의 지위도 임대인의 지위와 함께 이전된다. 따라서 **임차인의 임대차보증금반환채권이 가압류된 상태에서 임대주택이 양도되면 양수인이 채권가압류의 제3채무자의 지위도 승계하고, 가압류권자는 임대주택의 양도인이 아니라 양수인에 대하여만** 위 가압류의 효력을 주장할 수 있다**(대판 2011다49523 전원합의체).

기출정답

01 양수인

(4) 기출 보증금반환채권에 대한 압류 및 전부명령 확정 이후에 주택을 양도한 경우 주택의 양도인은 보증금반환의무를 면하므로 주택의 양수인이 승계한다(전합).

(5) **임차인이 전입신고와 전세권등기를 함께 마친 경우**
① 기출 **전세권으로 배당요구한 경우**: 최선순위 전세권자로서의 지위와 「주택임대차보호법」상 대항력을 갖춘 임차인으로서의 지위를 함께 가지고 있는 사람이 전세권자로서 배당요구를 하여 전세권이 매각으로 소멸된 경우, 변제받지 못한 나머지 보증금에 대하여 임차인으로서의 대항력을 행사할 수 있다.
② **임차인으로 배당요구한 경우**: 주택임차인이 그 지위를 강화하고자 별도로 전세권설정등기를 한 경우, 임차인의 지위에서 경매법원에 배당요구를 하였다면 전세권에 관하여는 배당요구한 것으로 보지 않는다. 따라서 경락인에게 전세권을 주장할 수 있다(판례).

6. 빈출 주택양수인이 임대인의 지위를 승계하지 않는 때

(1) 기출 선순위로 저당권이 설정된 주택을 임차한 경우 그 주택의 낙찰자는 임대인의 지위를 승계하지 않는다.

(2) 기출 **주택이 아니라 대지의 매수인**
임차주택의 양수인이라 함은 임대차의 목적이 된 주거용 건물의 양수인을 의미하고, 그 '대지를 경락받은 자'는 임차주택의 양수인이라고 할 수는 없다(판례).

(3) 기출 **이의제기한 경우**
임대차종료 후 주택양도시에 양수인에게 임차인이 임대인의 지위 승계를 원하지 않는 경우에는 임차인이 임차주택의 양도사실을 안 때로부터 상당한 기간 내에 '이의를 제기'한 경우에는 양도인(임대인)의 임차인에 대한 보증금 반환채무는 소멸하지 않는다(대판 2001다64615).

(4) 기출 **중간에 낀 임차인**
후순위 권리자의 실행으로 목적부동산이 경락되어 그 선순위 저당권이 함께 소멸하는 경우 선순위 저당권자 뒤에 등기되었거나 대항요건을 갖춘 임차권도 함께 소멸하므로 이 경우 경락인은 주택양수인에 포함되지 않는다(대판 86다카1936).

(5) 주택이 양도담보로 제공된 경우

임대인의 지위를 승계한 것으로 보게 되는 임차주택의 양수인이 될 수 있는 경우는 주택을 임대할 권리나 이를 수반하는 권리를 종국적, 확정적으로 이전받게 되는 경우이어야 하므로 매매, 증여, 경매, 상속, 공용징수 등에 의하여 임차주택의 소유권을 취득한 자 등은 위 조항에서 말하는 임차주택의 양수인에 해당 된다고 할 것이나, 이른바 주택의 양도담보의 경우는 채권담보를 위하여 신탁적으로 양도담보권자에게 주택의 소유권이 이전될 뿐이어서, 양도담보권자가 주택의 사용수익권을 갖게 되는 것이 아니고 또 주택의 소유권이 양도담보권자에게 확정적, 종국적으로 이전되는 것도 아니므로 **양도담보권자는 이 법 조항에서 말하는 주택의 '양수인'에 해당되지 아니한다**(대판). 제31회

04 보증금의 회수 보장

1. 우선변제권

(1) 법조문

① 임차주택의 경매나 공매시 '대항요건과 확정일자'를 갖춘 임차인은 임차주택과 대지를 포함한 환가대금으로부터 후순위권리자보다 우선변제받을 수 있다.
② **확정일자 부여 및 정보제공**: 확정일자는 주택 소재지의 읍, 면사무소, 동 주민센터 또는 시·군·구의 출장소, 지방법원, 등기소 또는 공증인이 부여한다.
③ 임대차계약을 체결하려는 자는 '임대인의 동의'를 받아 확정일자 부여기관에 정보 제공을 요청할 수 있다(예 확정일자, 보증금, 차임 등).
④ 임차인이 되려는 사람이 계약 체결 전에 임대인에 대해 납세증명서 제시를 요구할 수 있다. [2023년 신설]
⑤ 임차인은 임차주택을 양수인에게 인도하지 아니하면 제2항에 따른 보증금을 받을 수 없다.

(2) 빈출 요건

① 대항요건과 확정일자가 필요하다.
② **주택이나 대지가 경매처분될 것**: 기출 임차인의 우선변제권은 건물과 대지가 함께 경매될 경우뿐만 아니라 임차주택과 별도로 대지만이 경매될 경우에도 그 대지의 경매대금에서도 우선변제를 받을 수 있다(전합).
③ **배당요구할 것**: 존속기간 만료 전에도 배당요구하여 우선변제권을 주장할 수 있다. 제17·24회
④ 배당요구시가 아니라 **배당요구의 종기까지** 대항력이 유지되어야 한다.

⑤ 기출 임차인이 보증금을 수령하기 위해서는 임차주택을 양수인에게 인도하여야 한다. 실무상 임차인이 낙찰자로부터 명도확인서를 받아 제출한다. 주의할 것은 임차인이 보증금을 반환받기 위해서는 주택명도의무를 선이행하여야 한다는 의미가 아니다(판례).

(3) 효력

① 확정일자일과 저당권등기일을 비교하여 배당순서를 정한다.
② 빈출 임차인은 <u>주택과 대지의 환가대금</u>에서 우선변제를 받을 수 있다.

(4) 금융기관의 우선변제권의 승계 제도

① 임차인의 보증금반환채권에 대한 우선변제권을 계약으로 승계한 금융기관 등은 경매시 우선변제를 받을 수 있다.
② 금융기관 등은 우선변제권을 행사하기 위하여 **임차인을 대리하거나 대위하여 임대차를 해지할 수 없다.** 다만, 금융기관은 임차인을 대위하여 임차권등기명령을 신청할 수 있다.

2. 최우선변제권(법 제8조 보증금 중 일정액의 보호)

(1) 요건

① 기출 주택에 대한 경매개시결정등기 전까지 대항요건을 갖출 것
   (확정일자는 최우선변제권의 요건이 아니다)
② 보증금이 소액에 해당여부의 판단기준은? 저당권설정 당시의 법령 기준
③ 주택이 '매매'될 때가 아니라 '경매처분'될 때 인정되며 배당요구할 것 제21회

지역구분	보증금의 해당범위	최우선변제를 받는 보증금 액수
서울특별시	1억 6,500만원	5,500만원 이하
과밀억제권 · 세종시	1억 4,500만원	4,800만원 이하
광역시 · 안산 등	8,500만원	2,800만원 이하
그 밖의 지역	7,500만원	2,500만원 이하

(2) 내용

① 임차인은 경매대금에서 **선순위 저당권보다** 일정액을 우선변제받는다.
② 주택의 건물가액과 대지가액을 포함하여 2분의 1에 금액 안에서 우선변제권이 있다.

③ 주의 임차인은 대지의 경매대금에서도 최우선변제권을 행사하는가?
대지에 저당권을 설정할 당시 주택이 미등기인 채 이미 존재하였다면, 저당권에 기한 대지의 경매절차에서 임차인은 최우선변제를 주장할 수 있다. 임차인의 우선변제권은 주택의 등기여부와 관계없이 인정되는 권리이기 때문이다(전합).
④ **건물용도변경 된 경우:** 근저당권이 설정된 사무실용 건물이 주거용 건물로 용도변경된 후 이를 임차한 소액임차인은 보증금 중 일정액을 근저당권자에게 우선하여 변제받을 수 있다(판례). 제21회
⑤ 기출 **보증금 감액사건(계약체결시가 아니라 배당시가 기준):** 처음 임대차계약을 체결할 당시에는 보증금액이 많아 「주택임대차보호법」상 소액임차인에 해당하지 않았지만 그 후 새로운 임대차계약에 의하여 정당하게 보증금을 감액하여 소액임차인에 해당하게 되었다면, 임차인은 소액임차인으로 보호받을 수 있다(판례).

3. 임차권등기명령 제도

(1) 기출 요건

① 임대차 **종료 후** 보증금이 반환되지 아니한 경우 임차인 단독으로 법원에 신청한다.
② 임차주택 소재지 관할 법원(세무서가 아니다)에 단독신청한다.

(2) 효과

① 기출 임차권등기가 경료되면 그 후에 대항요건을 상실해도(이사를 가도) 이미 취득한 대항력과 우선변제권을 상실하지 않는다.
② 빈출 임차권등기명령에 따른 임차권등기 후 임차주택(임대차의 목적이 주택의 일부분인 경우 해당 부분으로 한정)을 임차한 자(바보사건)는 제8조에 의한 최우선변제권이 없다.
③ 주의 임대인의 보증금 반환의무가 임차인의 임차권등기말소의무보다 먼저 이행되어야 하며 동시이행관계가 아니다(판례). 제17회
④ 임차권등기명령에 의한 등기를 경료한 자는 **배당요구 없이도** 우선변제를 받을 수 있다.
⑤ 임차권등기명령에 의한 등기를 경료한 경우 임대인에게 「송달 없이」 효력이 생긴다.

TIP
비교정리
1. 대항력을 갖추기 위하여 확정일자는 요건이 아니다.
2. 최우선변제권을 행사하기위하여 확정일자는 요건이 아니다.
3. 임차권등기명령은 관할법원에 신청한다.

4. 경매신청의 특례(제3조의2 제1항)

(1) **입법배경**
  주인이 보증금반환을 하지 않는 경우 세입자가 경매신청을 위해서 반대급부의 제공을 하면(집을 비우면) 대항력과 우선변제를 못 받는 문제점이 있었다.

(2) 주의 **경매신청의 특례**
  임차인이 임차주택을 경매신청하기 위해서는 반대채무의 이행제공을 요건으로 하지 아니한다(집을 비우지 않고 경매를 청구할 수 있다).

05 임차권의 승계

(1) 임차권은 상속인에게 상속될 수 있다. 제21회

(2) 임차인이 사망한 때 상속인이 그 주택에서 **가정공동생활을 하지 아니한 경우** 사실혼 관계있는 자와 2촌 이내 친족이 <u>공동승계</u>한다. 제23회

기출정답

01 하지 아니한다

01 적용범위

1. 점포를 영업용 건물로 사용할 것

(1) 기출 사업자 등록의 대상이 되는 상가건물이어야 적용된다. 그러므로 사업자 등록이 될 수 없는 상가건물에는 「상가건물 임대차보호법」[1]이 적용되지 않는다 (판례).

(2) 상가건물의 판단기준

공부상 표시가 아닌 실질적 용도를 기준으로 판단한다.

(3) 기출 보관, 제조 같은 사실행위와 영리활동이 함께 이루어지면 상가건물에 해당한다(판례).

[1] 이하 이 장에서 생략한다.

2. 환산보증금 이하의 상가건물의 임대차일 것

(2025년 1월 기준)

- 환산보증금 계산법 = (월세 150만원 × 100) + 보증금 1억원
- 서울특별시: 9억원
- 「수도권정비계획법」에 따른 과밀억제권역 및 부산광역시: 6억 9천만원
- 광역시, 세종특별자치시등: 5억 4천만원
- 그 밖의 지역: 3억 7천만원

---

(1) 환산보증금액수를 초과하여도 인정되는 것?
임차인의 계약갱신요구권, 대항력, 권리금 규정, 3기 연체시 해지규정

(2) 급소 환산보증금 9억원을 초과하는 상가임대차에는 인정되지 않는 것?
임차권의 등기명령, 우선변제권, 최단기간보장, 확정일자 규정
주의 환산보증금을 초과한 기간 없는 임대차에서 갱신요구권이 인정 안 된다.

3. 사업자등록의 대상이 되는 상가건물이어야 적용된다.

4. 기출 일시사용임대차에는 적용되지 않는다(주택과 상가 동일).

⚡**기출**

01 환산보증금액수를 초과하는 상가임차인에게 갱신요구권, 대항력, 권리금 규정이 (인정된다/인정되지 않는다). 제33회

기출정답

01 인정된다

02 기간보장

> 1. **최단기 보장**
>   (1) 상가임대차의 '기간의 정함이 없거나 1년 미만으로 정한 때'는 1년으로 본다.
>   (2) 임차인만 1년 미만이 유효함을 주장할 수 있다. 임대인은 1년 미만을 주장할 수 없다.
>
> 2. **묵시갱신(법정갱신)** ▯
>   (1) **요건** - 임대인이 계약종료 전 6월에서 1월 전까지 아무 말 없을 때
>   - 임차인(갱신거절의 통지에 **기간 제한 없음**)
>   - 임차인이 기만 만료 하루 전에 나간다는 통지를 한 경우?
>   묵시갱신으로 의제되지 않는다. 기간만료일에 종료한다.
>   (2) **효과**
>   기출 묵시갱신된 경우 기간은 1년으로 본다.
>   기출 임차인만 언제든지 해지 통지할 수 있고 효력은 3월 후에 발생한다.

▯ 비교
- 주택임대차에는
  <6월~2월 전>
- 상가임대차는
  <6월~1월 전>

상가의 임차인이 임대차기간 만료 1개월 전부터 만료일 사이에 갱신거절의 통지를 한 경우 임대차계약은 묵시적 갱신이 인정되지 않고 **임대차기간의 만료일에 종료**한다고 보아야 한다(대판 2023다307024).

① 「민법」 제639조는 임대차기간이 **만료한 후** 임차인이 임차물의 사용, 수익을 계속하는 경우에 임대인이 상당한 기간 안에 이의를 하지 아니하는 때에는 묵시의 갱신을 인정하고 있다.

② 「민법」에 의하면 임차인이 임대차기간 **만료 전**에 갱신거절의 통지를 하는 경우에는 묵시의 갱신이 인정될 여지가 없다.

③ 「상가건물 임대차보호법」은 "임대인은 임차인이 임대차기간이 만료되기 <u>6개월 전부터 1개월 전까지</u> 사이에 계약갱신을 요구할 경우 정당한 사유 없이 거절하지 못한다."라고 정하여 임차인의 계약갱신요구권을 인정할 뿐이고, 임차인이 갱신거절의 통지를 할 수 있는 기간은 제한하지 않았다.

④ 「상가건물 임대차보호법」 제10조 제4항은 "임대인이 제1항의 기간 이내에 임차인에게 갱신거절의 통지 또는 조건변경의 통지를 하지 아니한 경우에는 그 기간이 만료된 때에 전 임대차와 동일한 조건으로 다시 임대차한 것으로 본다."라고 정하여 묵시적 갱신을 규정하면서 임대인의 갱신거절 또는 조건변경의 통지기간을 제한하였을 뿐,

⑤ 「주택임대차보호법」 제6조 제1항 후문과 달리 **상가의 임차인에 대하여는 기간의 제한을 두지 않았다.** 「상가건물 임대차보호법」에 임차인의 갱신거절 통지기간에 대하여 명시적인 규정이 없는 이상 원칙으로 돌아가 <u>임차인의 갱신거절 통지기간은 제한이 없다</u>고 보아야 한다.

묵시갱신의 규정비교

구분	임대인	임차인(갱신거절 통지기간)
「민법」상 임대차	기간만료 후 통지 없을 것	법 규정 없음
주택임대차	6월~2월 전 통지 없을 것	2월 전 통지 없을 것
상가임대차	6월~1월 전 통지 없을 것	법 규정 없음

3. 갱신요구권

(1) 입법취지

임차인이 지출한 시설비를 단기에 회수하는 것이 어려우므로 10년의 기간 동안 모든 점포의 임차인에게 보증금의 액수제한 없이 임대차의 종료 6월에서 1월 전까지 최초의 임대차를 포함하여 10년을 초과하지 않는 범위에서만 행사할 수 있다.

(2) [빈출] 임대인이 갱신요구를 거절할 수 있는 사유(열거 사유 8가지)

> ① 임차인이 3기의 차임을 연체한 사실이 있는 경우
> ② 거짓이나 그 밖의 부정한 방법으로 임차한 경우
> ③ **쌍방합의**하에 임대인이 임차인에게 **상당한 보상**을 제공한 경우
> ④ 임차인이 임대인의 동의 없이 전대한 경우(무단전대)
> ⑤ 임차인이 건물의 전부나 일부를 고의, 중과실로 파손한 경우
> ⑥ 임차건물의 전부나 일부가 멸실된 경우
> ⑦ 임차건물의 전부나 대부분을 철거나 재건축하는 경우(개축은 제외)
> ⑧ 그 밖에 임차인이 임차인으로서의 의무를 현저히 위반하거나 임대차를 계속하기 어려운 중대한 사유가 있는 경우

> ★**암기 PLUS | 주의할 점**
>
> 1. [기출] 임차인이 경과실로 파손한 경우?
>   임차인은 갱신요구할 수 있다. 이때 임대인은 임차인의 갱신요구를 거절할 수 없다.
>
> 2. [기출] 임차인이 중과실로 파손한 경우?
>   임차인은 계약갱신요구할 수 있다. 이때 임대인은 갱신의 요구를 거절할 수 있다.

⚡**기출**

01 임차목적물을 임차인이 중과실로 파손한 경우 임대인은 임차인의 갱신요구를 거절할 수 ( ).

02 임차인이 중과실로 파손한 경우 임차인은 계약갱신 요구할 수 ( ). 이 경우 임대인은 계약갱신의 요구를 거절할 수 ( ). 제32회

기출정답

01 있다 02 있다, 있다

TIP

환산보증금을 초과하는 임대차에서 「기간을 정하지 않은 경우」에는 1년 간주 규정이 적용되지 않으므로 기간 만료 6개월~1개월 전에 행사하는 임차인의 갱신요구권이 발생하지 않는다(대판 2021다233730).

(3) 내용

① 갱신되는 임대차는 전임대차와 동일한 조건으로 다시 계약된 것으로 본다.
　주의 차임과 보증금은 5% 안에서 증액할 수 있다(주택임대차와 전세권도 5% 이내).
② **갱신요구권의 최대기간:** 최초임대차를 포함하여 10년의 범위 안에서 행사할 수 있다.
　주의 단, 법정갱신된 경우 갱신요구기간 최대 10년이 적용되지 않는다(판례).
③ 상가건물이 공유인 경우 임차인의 계약갱신요구를 거절하는 행위는 공유물의 처분행위가 아니라 관리행위이므로 공유자의 과반수의 동의로 족하다. 제22회

03 대항력

1. 의미

채권인 임차권으로는 임대인이 건물을 매매하면 새주인(제3자 = 양수인)에게는 임차권을 주장할 수 없으나 임차권자가 '사업자등록 신청과 인도'를 신청하면 익일 0시부터 제3자에게 상가임차권을 주장할 수 있다.

2. 취득요건 - 건물의 인도와 사업자등록

(1) 사업자등록은 대항력이나 우선변제권의 취득요건이고 존속요건이다. 배당요구의 종기까지 존속하여야 한다(판례).
(2) 기출 임차인이 폐업신고하거나 사실상 폐업한 경우 임차인의 사업자등록이 형식상 존속하더라도 대항력은 인정될 수 없다(판례). 제22·23회
　① 기출 대항력 있는 임차인이 적법하게 상가건물을 전대시 전차인이 이를 직접 점유하면서 그 명의로 「부가가치세법」 등에 의한 사업자등록을 하였다면, 임차인의 대항력이 유지된다(판례).
　② 임차인이 점포의 영업을 폐업한 경우에는 그 사업자등록은 상가임대차의 공시방법으로 요구하는 적법한 사업자등록이라고 볼 수 없고, 사업자가 폐업신고를 하였다가 다시 같은 상호 및 등록번호로 사업자등록을 하였다고 하더라도 「상가건물 임대차보호법」상의 대항력 및 우선변제권이 그대로 존속한다고 할 수 없다(대판 2006다56299). 재등록한 그 시점부터 새로운 대항력이 발생한다.

3. 대항력의 발생시기

사업자등록을 신청한 다음 날 0시부터 대항력이 발생한다.

4. 대항력의 내용

> (1) 임차건물의 양수인은 임대인의 지위를 승계한 것으로 본다.
>
> (2) 기출 임차건물의 소유권이 이전되면 원칙적으로 건물양수인이 임대인의 지위 승계와 보증금반환채무를 승계함이 원칙이다. 그 결과 양도인의 임차인에 대한 보증금반환채무는 소멸한다.
>
> (3) 위 조항에 따라 임차건물의 양수인이 임대인의 지위를 승계하면, 양수인은 임차인에게 임대보증금반환의무를 부담하고 임차인은 양수인에게 '차임지급의무'를 부담한다.
>
> (4) 급소 임차건물의 소유권이 이전되기 전에 이미 발생한 '연체차임이나 관리비' 등은 별도의 채권양도절차가 없는 한 원칙적으로 <u>양수인에게 이전되지 않는다</u>. 그러므로 임대인만이 임차인에게 연체차임을 청구할 수 있다.
>
> (5) 상가건물에 가등기가 먼저 경료된 후 임차인이 사업자등록을 마치고 영업 중인 경우 가등기에 기한 본등기가 경료되면 상가임차인은 본등기를 경료한 신소유자에게 대항력을 주장할 수 없다(판례).

⚡ 기출

01 임차건물의 소유권이 이전되기 전에 이미 발생한 '연체차임' 등은 원칙적으로 양수인에게 (승계된다/승계되지 않는다).

제29회

04 보증금의 회수 보장

1. 우선변제권(「주택임대차보호법」과 동일)

(1) 임차주택의 경매나 공매시 '대항요건과 확정일자'를 갖춘 임차인은 임차건물과 대지를 포함한 환가대금으로부터 후순위권리자보다 우선변제를 받을 수 있다.

(2) 임차인이 보증금을 수령하기 위해서는 건물을 양수인에게 인도하여야 한다.

2. 우선변제권의 승계

(1) 임차인의 보증금반환채권에 대한 우선변제권을 승계한 금융기관등은 경매시 우선변제를 받을 수 있다.

(2) 금융기관등은 우선변제권을 행사하기 위하여 임차인을 대리하거나 대위하여 임대차를 해지할 수 없다.

기출정답

01 승계되지 않는다

3. 최우선변제권

■
보증금액이 일정액 이하
인 임차인만 적용된다.

(1) 요건■

① 경매개시결정 등기 전까지 대항요건을 갖추어야 한다[확정일자 ×].
② 상가점포의 경매 처분시 배당 요구할 것

(2) 효과

임차인은 선순위저당권보다 보증금 중 일정액을 우선변제받는다.

주의 보증금 중 일정액은 주택의 건물가액과 대지가액을 포함하여 2분의 1 범위
금액 안에서 우선변제권이 있다(개정 전에는 3분의 1 범위였음).

4. 임차권등기명령제도

> ### (1) 요건
> ① 임대차 종료 후 보증금을 반환받지 못한 임차인 단독으로 신청한다.
> ② 금융기관은 임차인을 대위하여 임차권등기명령을 신청할 수 있다.
>
> ### (2) 효과
> ① 주의 임차권등기명령에 따른 임차권등기 이후에는 임차인이 대항요건을 상
> 실하더라도 대항력 또는 우선변제권을 상실하지 아니한다.
> ② 임차권등기명령에 따른 임차권등기 후 임차건물을 임차한 자(바보사건)는
> 최우선변제권이 없다.

05 권리금 회수기회의 보호 (빈출)

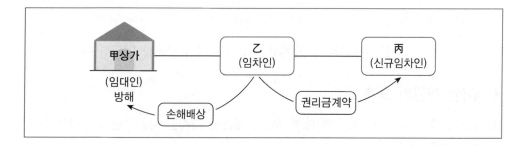

1. 권리금의 정의

(1) 권리금이란 임대차 목적물인 상가건물에서 영업을 하는 자 또는 영업을 하려는
자가 영업시설·비품, 거래처, 신용, 영업상의 노하우, 상가건물의 위치에 따른
영업상의 이점 등 유형·무형의 재산적 가치의 양도 또는 이용대가로서 임대인,
임차인에게 보증금과 차임 이외에 지급하는 금전 등의 대가를 말한다.

(2) 권리금계약이란 '신규임차인이 되려는 자'가 '임차인'에게 권리금을 지급하기로
하는 계약을 말한다.

2. 권리금 회수기회 보호(제10조의4)

(1) 권리금 회수기회 방해금지

임대인은 임대차기간이 '끝나기 6개월 전부터 임대차 종료시까지' 다음 각 호의
어느 하나에 해당하는 행위를 함으로써 권리금계약에 따라 임차인이 주선한 신
규임차인이 되려는 자로부터 권리금을 지급받는 것을 방해하여서는 아니 된다.

(2) 중요 임대인이 권리금계약의 방해행위에 해당되는 경우 4가지

> ① (임대인이) 임차인이 주선한 **신규임차인이 되려는 자**에게 권리금을 요구하거나
> 권리금을 수수하는 행위
> ② 임차인이 주선한 신규임차인이 되려는 자로 하여금 임차인에게 권리금을 지급
> 하지 못하게 하는 행위
> ③ 임차인이 주선한 신규임차인이 되려는 자에게 상가건물에 관한 조세, 공과금,
> 주변 상가건물의 차임 및 보증금액에 비추어 현저히 고액의 차임과 보증금을 요구
> 하는 행위(월세를 고율로 올릴 때!)
> ④ 그 밖에 '정당한 사유' 없이 임대인이 임차인이 주선한 신규임차인이 되려는 자
> 와 임대차계약의 체결을 거절하는 행위

(3) 임대인은 권리금 계약에 따라 임차인이 주선한 신규임차인이 되려는 자로부터
권리금을 지급받는 것을 방해하여서는 아니 된다. 다만, 제10조 제1항 각 호의
어느 하나에 해당하는 사유가 있는 경우에는 그러하지 아니하다.

(4) 다음 각 호의 어느 하나에 해당하는 경우에는 제1항 제4호의 정당한 사유가 있
는 것으로 본다.

> ① 임차인이 주선한 신규임차인이 되려는 자가 보증금 또는 차임을 지급할 자력이
> 없는 경우
> ② 임차인이 주선한 신규임차인이 되려는 자가 임차인으로서의 의무를 위반할 우려
> 가 있거나 그 밖에 임대차를 유지하기 어려운 상당한 사유가 있는 경우
> ③ 기출 임대인[새주인을 포함]이 임대차 목적물인 상가건물을 '1년 6개월 이상' 영
> 리목적으로 사용하지 아니한 경우[1]
> ④ 임대인이 선택한 신규임차인이 임차인과 권리금계약을 체결하고 권리금을 지급
> 한 경우

⚡ **기출**

01 상가임대인이 신규임
차인으로 되려는 자와 임
대차계약의 체결을 거절
하기 위하여는 상가건물
을 (   ) 동안 영리목적
으로 사용하지 아니한 경
우이어야 한다.   제29회

제4편 민사특별법

4편

[1]
임대인이 1년, 상가의 양수
인이 6개월, 합쳐서 1년
6개월을 비영리목적으로
사용한 경우도 포함한다.

기출정답

01 1년 6개월

(5) 임대인의 손해배상책임

> 임대인이 권리금계약을 방해하여 임차인에게 손해를 발생하게 한 때에는 그 손해를 배상할 책임이 있다.
>
> ① 임대인에게 손해배상을 청구할 권리는 임대차가 종료한 날부터(방해행위시부터가 아니다) '3년 이내'에 행사하지 아니하면 시효의 완성으로 소멸한다.
> ② 임차인과 신규임차인이 되려는 자 사이에 반드시 권리금계약을 체결하여야만 그 방해를 이유로 손해배상을 청구할 수 있는 것이 아니라 임차인과 신규임차인 사이에 '권리금 계약이 체결되지 않았더라도' 임대인은 임차인의 권리금 회수 방해를 이유로 손해배상책임을 진다(대판 2018다239608).
> ③ 최초의 임대차기간을 포함한 전체 임대차기간이 5년(법률 개정으로 10년으로 연장됨)을 초과하여 임차인이 계약갱신요구권을 행사할 수 없는 경우에도 임대인은 '권리금 회수기회 보호의무'를 부담한다(대판 2017다225312).
> ④ 임차인의 '임차목적물 반환의무'는 임대차계약의 종료에 의하여 발생하나, '임대인의 권리금 회수 방해로 인한 손해배상의무'는 권리금 회수기회 보호의무 위반을 원인으로 하고 있으므로 양 채무는 동일한 법률요건이 아닌 별개의 원인에 기하여 발생한 것일 뿐 아니라 공평의 관점에서 보더라도 그 사이에 이행상 견련관계를 인정할 수 없으므로 '임차인의 목적물반환의무'와 '임대인의 권리금회수 방해로 인한 손해배상의무'는 동시이행관계가 아니다(대판).

⚡기출

01 임대인이 권리금계약을 방해하여 임차인에게 그 손해를 배상할 책임은 임대차가 (　　)부터 (　　)년 이내에 행사하여야 한다.
제26회

02 '임차인의 목적물반환의무'와 '임대인의 권리금 회수방해로 인한 손해배상의무'는 동시이행관계에 (있다/있지 않다).　제33회

3. 차임연체와 해지(제10조의8)

임차인의 차임연체액이 <u>3기의 차임액</u>에 달하는 때에는 임대인은 계약을 해지할 수 있다.

> ★ **개념 PLUS | 주의 감염병 예방의 특례(폐업으로 인한 임차인의 해지권)**
> 임차인이 집합제한조치를 3월 이상 받아 폐업을 한 경우 임차인은 임대차를 해지할 수 있다.

기출정답

01 종료한 날, 3
02 있지 않다

「주택임대차보호법」과 「상가건물 임대차보호법」의 차이점

구분	주택임대차	상가임대차
대항력	주민등록과 인도	사업자등록과 인도
확정일자부여기관	주민센터 등 임대인의 동의 얻어 열람	관할 세무서 임대인의 동의 얻어 열람
최단기간	기간의 정함이 없거나 2년 미만인 때 2년	기간의 정함이 없거나 1년 미만인 때 1년
갱신요구거절 사유	2기 연체	3기 연체
차임감액특례	감염병 예방법에 따른 사정변경으로 차임감액 ×	감염병 예방법에 따른 사정변경으로 차임감액 청구 ○/해지권 ○
묵시갱신	임차인이 2월 전 갱신통지 없을 것	임차인이 2월 전 규정이 없음
갱신요구권의 요건	종료하기 6월에서 2월 전까지	종료하기 6월에서 1월 전까지

제3장 | 가등기담보 등에 관한 법률

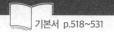

기본서 p.518~531

```
┌─────────────────────┐   소비대차(1억원)   ┌─────────────────┐
│  가등기담보 설정자    │─────────────────│  가등기 담보권자  │
│    (집값 3억원)       │   집값 > 빌린 돈   │                 │
└─────────────────────┘                   └─────────────────┘
```

채무자가 소비대차로 돈을 빌리고 집을 채권자에게 가등기를 담보로 설정한 경우 채권자의 폭리를 규제하기 위하여 채권자가 집을 빼앗아 갈 때 청산금(집값에서 빌린 돈을 뺀 금액)을 돌려주고 빼앗아 가라!

01 적용요건

> **(1) 기출 소비대차로 채권이 발생할 것**
> ① 토지 매매대금의 채권을 담보하기 위하여 가등기한 경우 적용되지 않는다.
> ② 물품대금채권담보로 가등기한 경우 본 법률의 적용을 받지 않는다.
> ③ 매매대금채권담보를 위하여 담보가등기를 설정 한 후 소비대차로 인한 채권이 포함된 경우에는 적용되지 아니한다.
>
> **(2) 담보부동산의 예약 당시의 시가가 차용액 및 이자 합산액을 초과할 것**
> ① 예약 당시의 시가가 차용액에 미달할 때 적용되지 않는다.
> ② 선순위 근저당권이 설정되어 있는 경우: 재산의 가액에서 피담보채무액을 공제한 나머지 가액이 차용액 및 이에 붙인 이자의 합산액을 초과하는 경우에만 적용된다.
>
> **(3) 가등기나 소유권이전등기를 할 것**
> ① 동산은 등기를 할 수 없으므로 본 법률이 적용되지 않는다.
> ② 기출 대물변제의 예약만 하고 가등기를 경료하기 전에는 본 법률이 적용되지 않는다.

02 가등기담보의 성질

① 통설은 가등기담보권을 특수한 저당권(특수한 담보물권)으로 본다.
② 당사자는? 가등기담보설정자는 채무자와 제3자도 될 수 있다.
　　주의 채권자 아닌 제3자 명의로 가등기를 하는 데 대하여 3자 합의 있는 경우 이는 유효하다(판례).
③ 기출 담보물건의 소유권자는? 사용·수익권자는 가등기설정자이다.
④ 매매예약서상 매매대금 99억원은 편의상 기재하는 것에 불과하고, 가등기의 피담보채권은 당사자의 약정과 관계없이 가등기의 원인증서인 매매예약서상의 매매대금의 한도로 제한되지 않는다(판례).
⑤ 가등기담보권자는 특별한 사정이 없는 한 가등기담보권을 그 피담보채권과 함께 제3자에게 양도할 수 있다(수반성 등 저당권의 통유성 인정).

⚡기출

01 채무자가 아닌 제3자는 가등기담보권의 설정자가 될 수 (있다/없다).
제32회

03 가등기담보권의 실행 빈출

1. 소유권 취득에 의한 실행(귀속 청산 – 집 뺏기!)

청산금 평가액의 통지	—	청산기간 2월	—	청산급 지급(채권자) 집 인도(채무자)

TIP

채권자는 귀속청산이나 경매실행 중 선택할 수 있다.

(1) 청산금의 통지(담보권의 실행통지)

① **청산금의 산정**: 목적물의 가액(5억원)에서 채권액(1억원)을 공제한 차액
　　주의 후순위 권리자의 채권액은 불포함하며 선순위 채권액을 포함한다.
② **청산금 평가액의 통지**
　　빈출 청산금의 주관적인 평가 액수가 객관적인 부동산의 평가액에 미달하는 경우(저평가를 해버린 경우)
　　㉠ **통지의 효력은 유효**: 청산기간은 그때부터 진행하며 청산기간의 진행이나 통지의 효력에 아무 영향을 미치지 아니한다(판례).
　　㉡ 청산금에 불만이 있는 후순위저당권자는 청산기간 내에 한하여 변제기 전에 경매청구할 수 있다.
　　㉢ 담보부동산의 평가액과 피담보채권액을 함께 통지해야 한다.
　　㉣ 청산금이 없을 때에는 청산금이 없다는 뜻을 통지해야 한다.
③ **통지의 상대방**: 채무자, 물상보증인, 제3취득자 모두에게 통지해야 한다.
　　㉠ 위 1인에게 통지를 누락하면 청산기간이 진행하지 않는다.
　　㉡ 통지절차 없이 청산금을 지급하고 본등기를 경료해도 무효이다.
④ **청산금 통지의 구속력**: 채권자는 통지금액에 대해 다툴 수 없다.

⚡기출

02 부동산에 (　　)담보권이 있으면 위 피담보채권액에 담보한 채권액을 포함시킨다. 제30회

⚡기출

03 채권자는 그가 통지한 청산금의 금액에 관하여 다툴 수 (　　). 제32회

기출정답

01 있다　02 선순위
03 없다

(2) 청산기간(2월 경과)

> ① 청산금이 남아 있을 경우
> ㉠ 2월이 경과해도 청산금을 지급할 때까지 '채무자'는 목적물을 사용할 수 있고 과실수취권을 보유하며, 채무자는 채무변제(선이행)하고 가등기의 말소를 청구할 수 있다.
> ㉡ [빈출] 이때 채무자의 채무변제와 채권자의 가등기 말소는 동시이행관계가 아니라 채무의 변제의무가 선이행의무이다.
> ② [주의] 청산금이 전혀 없을 때: 2월이 경과하면 청산 절차는 종료하고 목적물의 사용, 수익권과 과실수취권은 '채권자'에게 이전한다(판례). 제26회

⚡ **기출**

01 채권자의 (　　)과 채무자의 목적물인도 및 소유권이전의무는 동시이행관계이다.　제26회

(3) 청산금의 지급과 목적물의 인도(동시이행관계 보장)

> ① **동시이행항변권 보장**
> [빈출] 채권자의 '청산금 지급'과 채무자의 '목적물 인도 및 소유권 이전 의무'는 동시이행관계에 있다. 따라서 채권자가 청산금을 안 주면 채무자는 집을 주지 않고 버틸 수 있다.
> ② [주의] 처분청산형 담보권 실행의 효력은 유효한가?
> 채권자가 청산금 지급 전에 목적물의 인도를 받거나 청산기간(2월)을 인정하지 않거나, 청산금지급과 동시이행관계를 인정하지 않는 처분 청산형 담보권 실행은 허용되지 않는다(판례).
> ③ [기출] 청산금 지급 없이 이루어진 가등기에 기한 본등기는 무효이다.
> 다만, 나중에 청산금을 지급하면 이는 **실체에 부합하는 등기**로서 유효하다(판례).

(4) [빈출] 후순위 권리자의 보호

① 후순위자의 변제기 전 경매신청

> 후순위 권리자는 **청산기간에 한정**하여 그 피담보채권의 **변제기가 도래하기 전**이라도 담보목적부동산의 **경매를 청구할 수 있다**(제12조).

② 후순위 권리자가 경매를 청구할 수 있다는 규정은?

> 담보가등기 권리자의 귀속청산을 저지하기 위한 조치로서 **청산절차를 거치기 전에 강제경매 등의 신청이 행하여진 경우** 담보가등기권자는 그 가등기에 기한 **본등기를 청구할 수 없고**, 그 가등기는 매각(경매)에 의하여 소멸하게 되나 다른 채권자보다 자기 채권을 **우선변제받을 권리가 있을 뿐이다**(대판 2010마1322).

기출정답

01 청산금 지급

③ 청산금에 대한 처분의 제한

> 채무자가 청산기간이 지나기 전에 한 청산금에 관한 **권리의 양도나 그 밖의 처분**은 이로써 후순위 권리자에게 대항하지 못한다(제7조 제1항).

④ 청산금에 대한 권리 행사

> ㉠ 채권자는 제3조 제1항에 따른 통지가 채무자등에게 도달하면 지체 없이 후순위권리자에게 그 통지의 사실과 내용 및 도달일을 통지하여야 한다.
> ㉡ 채권자는 후순위 권리자의 청산금지급의 요구가 있는 경우에 청산금을 지급하여야 한다.
> ㉢ 채권자가 후순위권리자에게 청산금을 지급한 때에는 그 범위에서 청산금채무는 소멸한다.

2. 경매에 의한 실행

(1) 빈출 경매가 실행된 경우 담보가등기는 저당권으로 본다.

> ① 경매가 되면 가등기담보는 저당권으로 간주하여 우선변제받고 소멸한다.
> ② 경매가 실행된 경우 담보가등기권리자는 **가등기에 기한 본등기를 할 수 없다.** 청산절차를 거치기 전에 **강제경매 등의 신청이 행하여진 경우 담보가등기권자는 그 가등기에 기한 본등기를 청구할 수 없고, 그 가등기가 부동산의 매각에 의하여 소멸하되 다른 채권자보다 자기 채권을 우선변제받을 권리가 있을 뿐이다.**

(2) 주의 채권액의 신고

> ① 담보가등기권리가 매각에 의하여 소멸되는 때에는 채권신고를 한 경우에 한하여 그 채권자는 매각대금의 배당 또는 변제금의 교부를 받을 수 있다. 채권신고를 하지 않은 담보가등기 권리자는 배당금을 받을 권리를 상실한다(대판 2007다25278).
> ② 가등기가 담보가등기인지 청구권보전가등기인지 여부는?
> 그 등기부상 표시나 등기시에 주고받은 서류의 종류에 의하여 형식적으로 결정될 것이 아니고 거래의 실질과 당사자의 실제의사에 따라 결정될 문제라고 할 것이다(판례).
> ③ 가등기에는 두 종류가 있다.
> 첫째, 담보가등기(돈을 빌려주고 하는 가등기), 둘째, 일반가등기(청구권보전가등기)가 있다. 경매를 실행하면 양자의 구별이 가능해진다. 왜냐하면 경매가 실행되면 담보가등기는 법원에 채권액을 신고하여야만 자기채권액을 우선변제를 받을 수 있다.

⚡ **기출**

01 채무자가 청산기간이 지나기 전에 한 청산금에 관한 권리의 양도나 그 밖의 처분은 이로써 후순위 권리자에게 대항할 수 (없다/있다). 제29회

⚡ **기출**

02 가등기담보권자는 경매로 실행할 수 (없다/있다). 제32회

03 경매가 실행된 경우 담보가등기권리자는 가등기에 기한 본등기를 할 수 (있다/없다). 제31회

04 가등기가 담보가등기인지, 청구권보전을 위한 가등기인지의 여부는 (등기부상 표시/당사자의 의사해석)에 따라 결정한다. 제30회

기출정답

01 없다 **02** 있다 **03** 없다
04 당사자의 의사해석

04 양도담보

1. 의의

채무자가 소비대차로 인한 채권의 담보를 목적으로 부동산의 '소유권이전등기'를 채권자에게 미리 이전하는 담보형식을 말한다.

> **📖 사례 |**
>
> 甲은 토지소유자(시가 5억원 상당)로서 乙에게 급한 돈 1억원을 빌려 쓰고 그 담보조로 채권자 乙에게 토지의 소유권이전등기를 경료하여 주었다.
>
>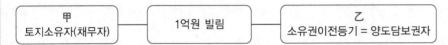
>
> 1. 소유권자는 채무자(양도담보설정자)이므로 목적물의 사용권, 과실수취권을 가진다.
> 2. 소유권이전등기를 마친 채권자(양도담보권자)는 소유권자가 아니고 담보권자이다.

(1) 소유자는 채무자(양도담보설정자)이다. 제25회

> ① [기출] 양도담보설정자가 담보물의 소유권자이다.
> ② [기출] 부동산을 채권담보의 목적으로 양도한 경우 부동산에 대한 사용·수익권은 채무자인 양도담보설정자에게 있는 것이므로, '목적부동산을 임대할 권한은 양도담보설정자'에게 있다(대판 2001다40213).
> ③ 양도담보를 설정하려면 양도담보설정자에게 목적물에 대한 소유권이나 처분권 등 양도담보를 설정할 권한이 있어야 한다.
> 양도담보설정자에게 이러한 권한이 없는데도 양도담보설정계약을 체결한 경우에는 특별한 사정이 없는 한 양도담보가 유효하게 성립할 수 없다(대판 2019다295568)
> ④ **신축건물의 양도담보제공**: 채무의 담보를 위하여 채무자가 자기의 비용과 노력으로 신축하는 건물의 건축허가 명의를 채권자 명의로 하였다면 이는 완성될 건물을 양도담보로 제공하기로 하는 담보권 설정의 합의다.
> 완성된 건물에 관하여 자신의 명의로 소유권보존등기를 마친 채권자는 채무자가 이행지체에 빠졌을 때에는 담보계약에 의하여 취득한 목적부동산의 처분권을 행사하기 위한 환가절차의 일환으로서 즉, 담보권의 실행으로서 채무자 또는 채무자로부터 적법하게 건물의 점유를 이전받은 주택임차인 등 제3자에 대하여 명도청구를 할 수 있다(대판 2001다48347).

(2) 양도담보설정 등기비용 제21회

> 기출 양도담보목적으로 경료된 소유권이전등기시 등기비용과 취득세 부담액은 채
> 권자가 담보권을 확보하기 위하여 지급한 것이므로 특약이 없는 한 '채권자'의 부담
> 이다(대판 75다2329).

2. 양도담보권의 효력

> **(1) 목적물의 효력범위**
> 저당권처럼 부합물과 종물에 효력이 미친다.
>
> **(2) 물상대위**
> 양도담보의 목적물이 화재로 소멸한 경우 양도담보권자는 화재보험금청구권을
> 압류하여 물상대위할 수 있다. 제31회
>
> **(3)** 부동산의 양도담보설정자는 그 등기명의 없이도 '실질적인 소유자임을 주장'하
> 여 그 부동산의 불법점유자인 제3자에 대하여 불법점유 상태의 배제권을 행사할
> 수 있다(대판 87다카2696).

3. 양도담보권의 실행(청산절차를 거쳐서 실행!)

> **(1)** 기출 '청산금액이 채무자등에게 지급된 때'에 양도담보권자는 담보목적물의 소
> 유권을 취득한다(제4조 제2항).
>
> **(2)** 이때 양도담보권자가 담보권을 실행하여 청산금을 반환하고 소유권을 취득하면
> 양도담보권자 자신에게 두 개의 권리, 즉 양도담보권과 소유권이 동시에 존재하
> 게 되므로 양도담보권은 혼동으로 등기 없이 소멸한다. 제23·28·29회
>
> **(3)** 기출 임차인에게 인도청구? 양도담보권자는 채무자가 변제기를 도과하여 피담
> 보채무의 이행지체에 빠졌을 때에는 목적부동산의 처분권을 행사하기 위한 환
> 가절차의 일환으로서 즉, '담보권의 실행으로서' 채무자나 채무자로부터 적법하
> 게 목적부동산의 점유를 이전받은 제3자(임차인)에 대하여 그 목적부동산의 인도
> 를 구할 수 있다(대판 91다21770).
>
> **(4)** 채무의 변제기 전이면 담보물의 임차인은 적법한 사용권한을 가지므로 양도담
> 보권자는 그 임차인에게 부당이득반환을 청구할 수 없다.

4. 양도담보권자가 청산절차 없이 선의 3자에게 처분한 경우?

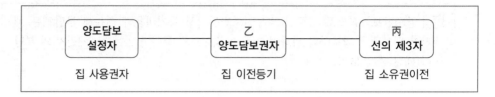

양도담보 설정자	乙 양도담보권자	丙 선의 제3자
집 사용권자	집 이전등기	집 소유권이전

⚡기출

01 양도담보권자가 청산절차 없이 선의 3자에게 처분한 경우, 채무자는 제3자의 소유권이전등기를 말소청구할 수 (   ).
제29회

02 채무자의 (   )와 채권자의 소유권이전등기말소의무는 동시이행관계가 아니다.
제29회

① 채무자는 '청산금을 지급 받을 때까지'는 채무액을 먼저 지급하고 소유권이전등기의 말소를 청구할 수 있다.
② 다만, 채무의 '변제기로부터 10년이 경과'하거나 '선의 제3자가 소유권을 취득'한 경우 채무자는 채무를 변제하여도 선의 제3자의 이전등기말소를 청구할 수 없다 (제11조).
③ 채무자의 변제의무와 채권자의 소유권이전등기말소의무는 동시이행 관계가 아니고 채무의 변제의무가 선이행의무이다.
④ [쟁점] 채권자가 '청산절차 없이' 선의의 제3자에게 처분한 경우
　㉠ 이때 선의의 제3자는 유효하게 소유권을 취득하게 되어 채무자는 선의 제3자 명의등기말소를 청구하지 못한다.
　㉡ 양도담보권자가 청산금의 지급 없이 담보물을 채권자 자신이 인도받은 것은 귀속청산 절차를 위반한 것으로서 무효이다.
　㉢ 제11조 단서의 10년의 기간은 제척기간이다. 10년이 경과하면 채무자의 말소청구권이 소멸하고 이로써 채권자가 소유권을 확정적으로 취득한 때에도 채권자는 청산금을 지급하여야한다(판례).

기출정답

01 없다   02 변제의무

기본서 p.532~547

01 집합건물의 소유부분 〈빈출〉

1. 구분소유권(전유부분)

(1) 구분소유권의 성립 – 구조상 독립성 + 이용상 독립성과 구분행위

① 구분행위는 처분권자의 구분의사가 객관적으로 외부에 표시되면 인정된다. 따라서 구분건물이 물리적으로 완성되기 전에도 건축허가신청이나 분양계약 등을 통하여 장래 신축되는 건물을 구분건물로 하겠다는 구분의사가 객관적으로 표시되면 구분행위의 존재를 인정할 수 있고, 이후 1동의 건물 및 그 구분행위에 상응하는 구분건물이 물리적으로 완성되면 아직 그 건물이 집합건축물대장에 등록되거나 구분건물로서 등기부에 등기되지 않았더라도 그 시점에서 구분소유가 성립한다(대판 2010다71578 전원합의체)(구분소유권의 성립에 대장에 등록이나 등기부에 등기를 요한다는 종전의 대법원 판례는 폐기한다). 제24 · 25회

③ 전유부분인지 공용부분인지 여부는 '건축물대장에 구분건물로 등록된 시점'을 기준으로 판단한다는 폐기된 종전 판례의 입장으로서 현재의 판례와는 저촉되므로 이를 기출지문에서 맞는 것으로 서술하면 틀린 것임이 명백하다.

(2) 처분의 일체성

전유부분과 공용부분, 대지권은 일체불가분성으로 분리처분이 금지된다.

2. 공용부분

(1) **종류:** 구조상 공용부분(등기 불요) + 규약상 공용부분(등기 필요)

(2) **공용부분인지 판단기준은?** 건물 구조의 <u>객관적 용도</u>로 결정한다.

(3) **보존행위**

공용부분에 속하는 건물의 대지 또는 부속시설을 제3자가 불법으로 점유하는 경우 '각 공유자'가 단독으로 지분권에 기한 방해배제청구권으로 철거할 수 있다. 그와 같은 소송은 <u>1차적으로 구분소유자가 각각 또는 전원</u>의 이름으로 할 수 있다(판례).

(4) 주의 **공용부분의 사용: 용도대로!(공유물처럼 지분비율이 아니다).** 제26회

① 구분소유자 중 일부가 정당한 권원 없이 복도 등과 같은 공용부분을 배타적으로 점유사용하여 이익을 얻은 경우, 공용부분을 무단사용한 구분소유자는 <u>공용부분을 점유사용함으로써 얻은 이익을 부당이득으로 반환</u>하여야 한다(대판 2017다220744 전원합의체)[권원 없이 스크린 골프장으로 복도를 독점·사용한 사건].

② 집합건물의 "구분소유자가 아닌 대지공유자"가 대지공유지분권에 기초하여 <u>적정대지지분을 가진 구분소유자</u>를 상대로 대지의 사용수익에 따른 부당이득 반환을 청구할 수 없다(대판 2017다257067 전원합의체)(집합건물의 경우에는 대지사용권인 대지지분이 구분소유권의 목적인 전유부분에 종속되어 일체화되는 관계에 있으므로, 집합건물 대지의 공유관계에서는 「민법」상 공유물에 관한 일반 법리가 그대로 적용될 수 없고 적정 대지지분을 가진 구분소유자는 그 대지 전부를 용도에 따라 사용·수익할 수 있는 적법한 권원을 가지기 때문에 부당이득반환의무가 없다).

주의 구분소유자는 <u>적정대지지분을 가졌는지 여부를 불문하고</u> 구분소유자 아닌 대지공유자에게 「민법」상 공유물에 관한 일반 법리에 따라 전유부분의 면적비율에 따른 부당이득반환의무를 부담한다[폐기된 종전판례 입장].

③ 관리단의 집회결의 없이 구분소유자 1인이 공용부분을 독점사용한 경우, 다른 구분소유자는 공용부분의 <u>보존행위로 인도를 청구할 수 없다(전합)</u>.

주의 공용부분의 <u>변경요건은?</u> 구분소유자 3분의 2 결의가 요건이다.

다만, 건물의 노후화 억제 또는 기능 향상 등을 위한 공용부분의 변경에 관한 사항은 의결권의 5분의 4 이상의 결의로써 결정한다.

(5) **공용부분의 득실변경**

① 감소 구조상 공용부분의 득실변경은 등기를 요하지 않는다. 제19·23·29회

② 기출 공용부분은 법률상 절대로 분할 청구할 수 없다.

(6) 공용부분의 시효취득 불가능

기출 집합건물의 공용부분은 취득시효에 의한 소유권 취득의 대상이 될 수 없다. 공용부분에 대하여 취득시효의 완성을 인정하여 그 부분에 대한 소유권취득을 인정한다면 전유부분과 분리하여 공용부분의 처분을 허용하고 일정 기간의 점유로 인하여 공용부분이 전유부분으로 변경되는 결과가 되어 본 법률의 취지에 어긋나게 된다(대판 2011다78200).

(7) 기출 하자의 추정

전유부분이 속하는 1동의 건물의 설치·보존의 흠으로 인하여 다른 자에게 손해를 입힌 경우, 그 흠은 '공용부분'에 존재하는 것으로 추정한다.

⚡ 기출

01 전유부분이 속하는 1동 건물의 설치보존의 흠으로 인하여 다른 자에게 손해를 입힌 경우, 그 흠은 (　) 에 존재하는 것으로 추정한다.　제27회

3. 대지사용권

(1) 의의
구분소유자가 전유부분을 소유하기 위하여 건물의 대지에 대하여 가지는 권리이다.

(2) 분할금지
집합건물의 대지에 대하여 전원이 동의하여도 분할청구할 수 없다.

(3) 빈출 처분의 일체성
① 규약으로 달리 정함이 없는 한 전유부분과 대지사용권을 분리처분할 수 없다. 법원의 '강제경매' 절차에 의하더라도 전유부분과 대지사용권은 분리처분할 수 없다(대판 2009다26145).

② 전유부분에 대한 저당권, 가압류의 효력은 대지권에도 효력이 미친다. 전유부분만에 설정된 '저당권의 효력'은 나중에 귀속하게 되는 종물 내지 종된 권리인 그 '대지사용권'에까지 미친다(판례).

③ 분리처분금지를 등기하지 아니하면 선의의 제3자에게 대항하지 못한다. 집합건물의 대지로 된 사정을 모른 채 대지사용권의 목적이 된 토지를 취득한 선의의 제3자에게는 분리처분금지의 취지를 등기하지 아니하면 대항하지 못한다. 제22회

④ 분리처분규약이 있으면 전유부분과 대지권을 분리처분을 할 수 있다.

(4) 대지사용권을 가지지 아니한 구분소유자가 있을 때 그 전유부분의 철거를 청구할 권리를 가진 자는 그 구분소유자에 대하여 구분소유권을 시가로 매도할 것을 청구할 수 있다(법 제7조).
1동의 집합건물의 구분소유자들은 그 전유부분을 구분소유하면서 건물의 대지 전체를 공동으로 점유·사용하는 것이므로, 대지 소유자는 대지사용권 없이 전유부분을 소유하면서 대지를 무단 점유하는 구분소유자에 대하여 그 전유부분의 철거를 구할 수 있다(대판 2017다204247).

⚡ 기출

02 전유부분만에 설정된 '저당권의 효력은 특별한 사정이 없는 한 나중에 귀속하게 되는 종된 권리인 그 (　)에까지 미친다.　제27회

기출정답

01 공용부분
02 대지사용권

4. 구분소유자의 권리와 의무

(1) 하자담보책임의 추궁권

① [기출] **담보책임을 물을 수 있는 자**: 최초 분양받은 자가 아니라 **현재의 구분소유자**에 귀속한다.

② [주의] **하자담보책임을 부담하는 자**: 건물을 건축하여 분양한 자(분양자)와 건물을 건축한 '시공자'는 구분소유자에 대하여 담보책임을 진다(종전에는 분양자만 책임을 부담하였음).

③ [빈출] **담보책임의 기산점 문제**

⚡기출

01 전부부분의 담보책임의 기산점은 (   )부터이다.　제30회

⊙ 집합건물의 하자보수에 갈음한 손해배상청구권의 소멸시효기간의 기산점	아파트에 '각 하자 발생시부터'이고 아파트 인도받아 입주한 시점이 아니다(판례).
ⓛ 전유부분의 하자담보책임의 기산점	최초 '인도 받은 때부터' 기산한다.
ⓒ 공용부분의 담보책임의 기산점	사용 승인일로부터

④ **하자담보책임의 내용**

⊙ 목적을 달성할 수 없을 정도의 중대한 하자: 계약 해제할 수 있다. 제25회

ⓛ 목적을 달성할 수 있는 경우: 하자보수청구권, 손해배상청구에 그친다.

(2) 공동의 이익에 반하는 행위금지 의무

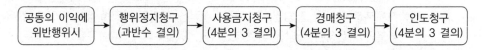

공동의 이익에 위반행위시 → 행위정지청구 (과반수 결의) → 사용금지청구 (4분의 3 결의) → 경매청구 (4분의 3 결의) → 인도청구 (4분의 3 결의)

① [빈출] **공동이익에 반하는 행위를 금지 청구, 사용금지 청구**: '각 구분소유자가 행위정지, 사용금지를 청구할 수 없고' 관리인이 구분소유자의 의결을 얻어서 한다.

② 공유자가 공용부분에 관하여 다른 공유자에 대하여 가지는 채권은 그 '특별승계인'에 대하여도 행사할 수 있다(「집합건물의 소유 및 관리에 관한 법률」 제18조).

③ [빈출] **전 구분소유자의 체납관리비를 특별승계인이 승계범위는?**

⊙ **전유부분 체납관리비**: 특별승계인이 승계하지 않는다.

ⓛ **공용부분 체납관리비**: 특별승계인이 승계한다(전합).

ⓒ **공용부분 관리비에 대한 연체료**: 새 주인이 승계하지 않는다.

기출정답

01 최초 인도시

02 집합건물의 관리부분

1. 관리주체

(1) 관리단

① 빈출 구분소유관계가 성립하면 별도의 조직행위 없이 당연히 성립한다.

집합건물의 분양이 개시되고 입주가 이루어져서 공동관리의 필요가 생긴 때에는 그 당시의 미분양된 전유부분의 구분소유자를 포함한 구분소유자 전원을 구성원으로 하는 관리단이 별도의 조직행위 없이 당연히 설립된다(판례).

② **구성원**: 구분소유자 전원(대금완납 후 등기 전인 미등기입주자도)이 구성원이다. 제20회

③ 빈출 관리규약이 아직 없어도 공용부분 관리비를 본법에 의거 청구할 수 있다.

④ 기출 **효력범위**: 관리단 집회에서 적법한 절차로 의결된 사항은 '결의에 반대한 자'에게도 효력이 생긴다. 제23회

(2) 관리인

① 구분소유자가 <u>10인 이상</u>일 때에는 관리인을 선임하여야 한다.

관리인은 관리단을 대표하고 공용부분의 보존, 관리업무를 수행한다.

② 빈출 관리인은 구분소유자일 필요가 없다. 그 임기는 2년의 범위에서 규약으로 정한다.

비교 관리위원회 위원은 구분소유자 중에서 선출한다.

③ 관리인은 규약이 없는 한 <u>관리위원회위원이 될 수 없다.</u>

④ 관리인은 관리단 집회의 결의로 선임되거나 해임된다.

관리인의 선임결의를 서면결의로도 할 수 있다(대판).

⑤ 관리인에게 부정한 행위나 그 밖에 그 직무를 수행하기에 적합하지 아니한 사정이 있을 때는 각 구분소유자는 관리인의 해임을 법원에 청구할 수 있다.

⑥ 관리인의 대표권은 제한할 수 있다. 다만, 이로써 선의 제3자에게 대항할 수 없다.

(3) 빈출 관리위원회

관리단에는 규약으로 정하는 바에 따라 관리위원회를 둘 수 있다.

① 관리위원회는 이 법 또는 규약으로 정한 관리인의 사무 집행을 감독한다.

② 관리위원회의 위원은 구분소유자 중에서 관리단 집회의 결의로 선출한다.

③ 관리인은 관리위원회 위원이 될 수 없다.

⚡기출

01 관리위원회의 위원은 전유부분을 (점유하는 자/소유하는 자) 중에서 관리단 집회의 결의에 의하여 선출한다. 제24회

기출정답

01 소유하는 자

2. 관리단 집회

(1) 관리단 집회

① 기출 관리단 집회는 구분소유자 전원이 동의하면 소집절차를 거치지 아니하고 소집할 수 있다. 제24·25회

② **임시 관리단 집회**: 구분소유자의 5분의 1 이상이 회의목적 사항을 구체적으로 밝혀 관리단 집회의 소집을 청구하면 관리인은 관리단 집회를 소집하여야 한다.

③ 기출 관리단 집회는 집회소집시 통지한 사항에 관하여만 결의할 수 있다. **전원이 동의하면 소집절차에서 통지되지 않은 사항에도 결의할 수 있다.**

④ 관리단은 규약에 달리 정한 바가 없으면 관리단 집회의 결의에 따라 수선적립금을 징수하여 적립할 수 있다.

(2) 의결권

① 각 구분소유자의 의결권은 지분비율에 따른다. 전유부분을 여러 명이 공유하는 경우에는 공유자는 관리단 집회에서 의결권을 행사할 1인을 정한다.

② 의결권은 서면이나 전자적 방법 또는 대리인을 통하여 행사할 수 있다.

③ 빈출 **서면 또는 전자적 방법의 결의**: 구분소유자의 4분의 3 이상 및 의결권의 4분의 3 이상이 서면이나 전자적 방법으로 합의하면 **관리단 집회에서 결의한 것으로 본다**(종전 4/5에서 법률개정됨).

(3) 관리규약

① 기출 **규약 설정, 변경, 폐지: 4분의 3 이상의 찬성을 요한다.**

② 관리규약에 대한 규정은 강행규정이다. 관리규약으로 변경할 수 없다.

구분소유자 5분의 1 이상	임시 관리단 집회의 소집청구·회계감사요구
구분소유자의 3분의 2 이상	공용부분의 변경(항목별 세분화)
구분소유자 4분의 3 이상	1. 구분소유권의 **사용금지청구·경매청구** 2. 규약의 설정·변경·폐지에 관한 사항 3. 서면에 의한 결의
구분소유자 5분의 4 이상	재건축
구분소유자 전원 동의	소집절차의 생략

3. 회계감사/장부보관 의무

① 관리인은 대통령령으로 정하는 바에 따라 매년 1회 이상 구분소유자 및 그의 승낙을 받아 전유부분을 점유하는 자에게 그 사무에 관한 보고를 하여야 한다.
② 전유부분이 50개 이상인 건물의 관리인은 관리단의 사무 집행을 위한 비용과 분담금 등 금원의 징수, 관리 등 모든 거래행위에 관하여 장부를 월별로 작성하여 그 증빙서류와 함께 해당 회계연도 종료일부터 5년간 보관하여야 한다.
③ 전유부분이 150개 이상으로서 대통령령으로 정하는 건물의 관리인은 감사인의 회계감사를 매년 1회 이상 받아야 한다.

4. 재건축 및 복구

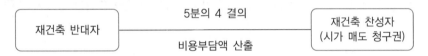

(1) [급소] 요건

① **현저한 효용증가가 있을 때**: 재건축에 있어 구건물과 신건물의 용도가 동일·유사할 것을 요구하고 있지 않으므로, 「집합건물의 소유 및 관리에 관한 법률」상 주거용 집합건물을 철거하고 상가용 집합건물을 신축하는 것과 같이 건물의 용도를 변경하는 형태의 재건축 결의는 허용된다(대판 2006다32217).

② [빈출] **형식요건**: 구분소유자의 **5분의 4 이상의 결의** 제19·24·28회

③ [기출] **내용요건**: 비용 분담액을 정해라!(추가 분담금 물리지 못하게!)
  ㉠ **결의사항**: 새건물 설계개요 / 개괄적 비용 / **비용분담** / 소유권의 귀속
  ㉡ **결의사항 누락시 재건축 결의는 무효이다**(판례). 제20회
  ㉢ 법정결의사항인 **비용분담액 또는 산출기준을 정하지 아니한 재건축 결의는 무효이다.**

④ [기출] 재건축의 반대자에게 반드시 서면으로 촉구할 것(2월 내 확답이 없을 때 참가하지 않는다는 뜻(불참)을 회답한 것으로 본다(제48조).

(2) 재건축 결의의 효과

① 찬성자인 조합에게 반대자의 지분에 대한 <u>시가매도청구권</u>이 발생한다.

② 시가매도청구권은 형성권으로 반대자의 승낙 없이 효력이 발생한다.

(3) 재건축 결의 내용의 변경 제25회

① 재건축 결의 내용도 다시 변경할 수 있는데 그것이 조합원의 이해관계에 중대한 영향을 미치는 점에 비추어 재건축 결의시 의결정족수를 규정한 법 제47조 제2항을 유추 적용하여 조합원 5분의 4 이상의 결의가 필요하다.

② 빈출 재건축 결의는 서면결의로도 가능하며 재건축 내용을 변경하는 것도 서면결의로 할 수 있다(대판 2003다4969 전원합의체).

③ 빈출 서면 결의를 함에는 따로 관리단 집회를 소집·개최할 필요가 없다(판례).

제25회

제5장 | 부동산 실권리자명의 등기에 관한 법률

기본서 p.548~561

01 명의신탁의 의의

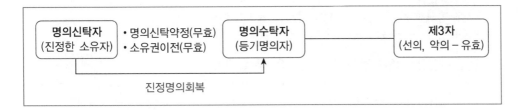

1. 명의신탁의 의의

[기출] 명의신탁약정이란 실권리자가 대내적으로 부동산에 관한 물권을 보유하고 등기는 수탁자에게 하기로 약정하는 것을 말한다.

(1) 소유관계

① 대내적으로 신탁자가 소유자이다. 신탁자는 수탁자에게 소유권을 주장하여 진정명의회복으로 이전등기청구할 수 있다.

② 대외적으로 수탁자가 소유자이다. 제3자가 신탁부동산을 침해하면 신탁자는 직접 물권적 청구권을 행사할 수 없다(판례).

(2) 점유관계

명의수탁자의 점유는 타주점유이다. 그러므로 수탁자는 부동산을 등기부 취득시효를 할 수 없다(판례).

(3) [기출] 명의신탁의 금지대상 - 모든 물권은 명의신탁이 금지된다.

소유권, 전세권, 저당권, 가등기를 타인명의로 하는 것은 금지된다.

2. [급소] 명의신탁의 적용이 배제되는 경우 제18·23·26회

> (1) 채권담보 목적으로 소유권이전등기한 경우(양도담보)
>
> (2) 채권담보 목적으로 가등기한 경우(가등기담보)
>
> (3) 「신탁법」 또는 「자본시장과 금융투자업에 관한 법률」상의 신탁등기
>
> (4) 토지를 구분소유하기로 하고 등기는 공유로 한 경우(상호명의신탁)

제4편 민사특별법

4편

3. 종중, 배우자, 종교단체의 특례(「부동산 실권리자명의 등기에 관한 법률」① 제8조)

(1) 명의신탁의 특례

> 종중, 법률상 배우자, 종교단체간의 명의신탁이 세금포탈 목적이 없는 경우 유효하다(종중이 대표자에게 명의신탁은 탈세목적 없으면 유효하나 종교단체는 대표자에게 명의신탁이 허용되지 않고 <u>종교단체명의로만</u> 허용된다).

(2) 주의 사실혼 배우자간의 명의신탁은 무효이다.

> 본 법률의 규제대상이고 사실혼 배우자간에 혼인하면 소급해서가 아니고 혼인한 때부터 유효한 명의신탁이 된다(판례). 제19 · 24회

(3) 부부, 종중의 유효한 명의신탁의 법률관계②

② 비교
종중, 배우자간의 명의신탁이 탈세목적 있는 경우에는 무효이므로 신탁자는 명의신탁의 해지로 소유권을 회복할 수 없다.

> ① 글소 명의신탁약정이 유효이므로 신탁자는 수탁자에게 명의신탁 약정의 해지를 원인으로 소유권이전등기 청구할 수 있다.
> [비교] 부부간 명의신탁약정이 <u>탈세목적이 있어서 무효인 경우</u> 신탁자는 명의신탁약정의 해지를 원인으로 이전등기를 청구할 수 없다.
> ② 제3자가 불법점유하는 경우 신탁자는 직접 제3자에게 방해배제를 청구하지 못하고 수탁자를 대위해서 방해배제청구할 수 있다.
> ③ 수탁자의 처분행위에 제3자가 적극 가담한 경우 「민법」 제103조 위반으로 무효이다.

⚡기출

01 명의신탁약정의 무효는 악의의 제3자에게 대항할 수 (   ). 제24회

02 명의신탁의 효력

> ① 명의신탁의 약정은 무효이다.
> ② 명의신탁약정에 따른 **물권변동**은 무효이다.
> ③ 빈출 수탁자가 매수인이 되고 매도인은 이를 알지 못한 경우 매도인에서 수탁자로의 소유권이전등기는 유효하다(계약명의신탁).
> ④ 빈출 명의신탁약정의 무효는 선의 · 악의 불문하고 제3자에게 대항하지 못한다.

기출정답

01 없다

1. 2자간 명의신탁

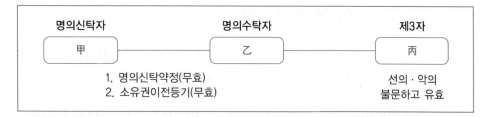

명의신탁자	명의수탁자	제3자
甲	乙	丙

1. 명의신탁약정(무효)
2. 소유권이전등기(무효)

선의 · 악의 불문하고 유효

(1) 명의신탁의 약정은 무효이다.

  [빈출] 신탁자는 명의신탁약정의 '해지'를 원인으로 수탁자에게 소유권이전등기절 차이행을 청구할 수 없다(판례). 왜냐하면 명의신탁약정의 해지는 명의신탁의 약 정이 유효한 것을 전제로 한다. 제19 · 22 · 26회

(2) 부동산의 물권변동(소유권이전등기)은 무효이다.

  ① [빈출] 「농지법」에 따른 제한을 회피하고자 수탁자에게 명의신탁을 한 경우 그것을 반사회적 법률행위라고 할 수 없으므로 명의신탁에 기한 부동산물권 의 변동은 불법원인급여에 해당하지 않는다(전합).

  ② **신탁자의 소유권 회복방법**

    ㉠ [빈출] 진정명의회복으로 이전등기: 신탁자는 수탁자에게서 '진정명의회복 을 원인으로 소유권이전등기'를 청구할 수 있다(판례). 제25 · 26회

    ㉡ 신탁자는 수탁자에게 침해부당이득으로 소유권이전등기절차 이행을 청구 할 수 없다(왜냐하면 명의수탁자 명의로의 소유권이전등기로 인하여 명의 신탁자가 어떠한 '손해'를 입게 되거나 명의수탁자가 어떠한 이익을 얻게 된다고 할 수 없기 때문이다).

(3) 제3자 보호

  ① [빈출] 명의신탁약정의 무효는 악의의 제3자에게 대항할 수 없다.

  ② **제3자**: 수탁자의 물권을 기초로 새로운 이해관계를 맺은 제3자는 명의신탁 사실에 대해 선의 · 악의 관계없이 유효하게 소유권을 취득한다.

  ③ **보호받는 「제3자」에 포함되는 자**: 수탁자명의 부동산을 임차하여 대항력을 갖춘 자, 수탁자의 부동산을 가압류한 명의수탁자의 채권자

  ④ **보호받는 「제3자」에 포함되지 않는 자**

    ㉠ 명의수탁자의 상속인,

    ㉡ 등기명의만을 명의수탁자로부터 경료받은 것과 같은 외관을 갖춘 자,

    ㉢ 학교법인이 명의수탁자로서 기본재산의 등기를 마친 경우에 기본재산의 처분에 허가권을 갖는 관할청(판례).

  ⑤ 甲 · 乙간 명의신탁에서 수탁자 乙이 제3자에게 처분하여 제3자가 소유권을 유효하게 취득하였다가 수탁자 乙이 우연히 다시 취득한 경우, 甲의 乙에 대한 소유권에 기한 물권적 청구권은 인정되지 않는다(신탁자가 소유권을 이 미 상실하였기 때문에 물권적 청구권 자체가 인정되지 않는다)(대판 2010다 89814).

⚡ **기출**

01 명의신탁에 기한 부동산물권의 변동은 불법원인급여에 해당(한다/해당하지 않는다). 제27회

02 양자간 등기명의신탁에서 명의수탁자가 신탁부동산을 처분하였다가 다시 우연히 소유권을 취득한 경우 신탁자의 수탁자에 대한 물권적 청구권은 인정될 수 (있다/없다). 제31회

기출정답

01 해당하지 않는다
02 없다

제4편 민사특별법

4편

2. 3자간 명의신탁

(1) 계약명의신탁과 중간생략형 명의신탁의 구별

명의신탁약정이 3자간 등기명의신탁인지 아니면 계약명의신탁인지의 구별은 계약당사자가 누구인가를 확정하는 문제로 귀결된다.
① 매수자가 수탁자로 인정되는 경우: 계약명의신탁
② 매수인이 신탁자로 인정되는 경우: 3자간 등기명의신탁(중간생략형 명의신탁)이다.
③ 기출 특별한 사정 있는 경우: 계약명의자가 명의수탁자로 되어 있다 하더라도 계약당사자를 명의신탁자로 볼 수 있는 특별한 사정이 있을 때는 이는 3자간 등기명의신탁이 된다.
명의신탁자에게 계약에 따른 법률효과를 직접 귀속시킬 의도로 계약을 체결한 '특별한 사정이 인정'된다면 명의신탁자가 계약당사자라고 할 것이므로, 이 경우의 명의신탁관계는 3자간 등기명의신탁(중간생략형 명의신탁)으로 보아야 한다 (대판 2010다52799).

(2) 계약명의신탁 빈출

📖 사례 I
매도인 丙 소유의 부동산을 신탁자 甲이 친구 乙에게 자금을 대주고 친구가 매수자로서 丙으로부터 乙이 부동산을 매수하여 소유권을 乙에게 이전하는 형태이다.

빈출 계약명의신탁의 유형
1. **매도인이 선의인 경우:** 매도인에서 수탁자로 소유권이전등기는 유효하다.
2. **매도인이 악의인 경우:** 매도인에서 수탁자로 소유권이전등기는 무효이다.
3. **경매로 인한 계약명의신탁:** 매도인의 선의·악의 불문하고 소유권이전등기는 유효하다(전원합의체 판결).

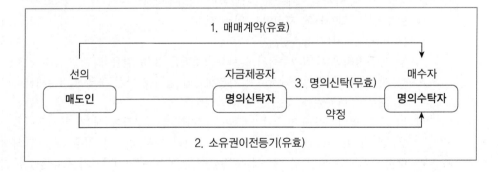

유형 1. 매도인이 선의인 계약명의신탁

사례	2020년, 丙 소유의 부동산을 신탁자(甲)과 수탁자(乙)이 명의신탁약정을 하고 신탁자 甲이 제공한 매수자금으로 <u>수탁자乙이 매수인이 되어</u> 이를 모르는 매도인 丙과 부동산을 매수하고 이전등기를 경료한 경우?	
1. 명의신탁 약정은(무효)	① 신탁자는 신탁약정의 해지를 원인으로 진정명의회복으로 소유권이전등기청구할 수 없다. ② 수탁자가 부동산을 처분하여 처분대금을 신탁자에게 반환하기로 하는 약정은 명의신탁의 일부로 취급하여 무효이다. <div align="right">제23·26회</div>	
2. 매매계약은? (유효)	매매가 유효하므로 매수인은 매도인에게 매매대금을 부당이득으로 돌려받을 수 없다. 제24회	
3. 매도인에서 수탁자로의 소유권이전 등기? (유효)	쟁점 ① 부동산 소유권자는 누구인가? 수탁자 乙이다. 　수탁자 乙은 제3자 관계뿐만 아니라 신탁자에 대한 관계에서도 신탁 부동산의 소유권을 완전히 취득한다 (판례). 쟁점 ② 수탁자의 부당이득반환의무: 수탁자는 부동산 자체가 아니라 매수자금을 부당이득반환의무만을 부담할 뿐이다. 여기서 수탁자가 매매대금 대신에 부동산을 신탁자에게 이전등기하면 이는 대물변제를 한 것으로 유효하다. 쟁점 ③ **신탁자의 유치권 불성립**: 신탁자의 부당이득반환청구권은 부동산 자체로부터 발생한 채권이 아니므로 물건과 채권 사이의 견련관계가 없으므로 점유 중인 부동산에 유치권을 주장할 수 없다(판례). 쟁점 ④ 신탁자의 토지점유는? 권원 없는 무단점유로서 타주점유이다(2024 대판).	

⚡ 기출

01 매도인이 선의인 계약 명의신탁에서 소유권자는 ( )이다. 제26회

유형 2. 매도인이 악의인 계약명의신탁 제23회

① 매매도 무효이고, 소유권이전등기도 무효이고, 명의신탁약정도 무효이다.
② 빈출 <u>매도인에서 수탁자로의 소유권이전등기는 무효</u>이다.
　그러므로 매도인은 무효인 수탁자명의 소유권이전등기를 말소할 수 있다
③ 동시이행관계: 매매가 무효로 되는 결과 매수인은 상대방인 매도인이 매매대금을 반환하지 아니하면 소유권이전등기말소를 거부할 수 있는 동시이행항변권이 인정된다. 제24회

기출정답

01 수탁자

유형 3. 경매로 인한 계약명의신탁

> 빈출 매도인이 선의·악의 관계없이 <u>매도인에서 수탁자로의 소유권이전등기가 유효</u>하다(판례). 이는 경매로 낙찰받은 부동산을 매도인의 선의·악의에 따라 뒤집는 것은 경매절차가 불안정해지기 때문이다. 제27·31회
>
> [주의] 매도인이 선의일 경우에 한하여 매도인에서 낙찰자명의로의 소유권이전등기는 유효하다(틀림).
>
> [주의] 신탁자는 당해 부동산에 대하여 유치권을 주장할 수 없다.
>
> [주의] 신탁자는 수탁자에게 부동산자체가 아니라 매매대금을 부당이득반환청구할 수 있다.
>
> [주의] 신탁자가 수탁자 명의로 된 부동산을 매매계약하는 경우 유효다.

(3) 중간생략형 명의신탁(3자간 등기명의신탁)

> 2020년, 丙 소유 부동산을 <u>신탁자 甲이 매수자가 되고</u> 등기이전은 신탁자가 부탁하여 매도인 丙에서 수탁자 乙로 소유권이전한 경우?

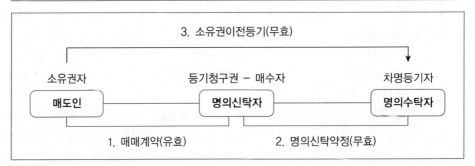

① 명의신탁의 약정은 무효이다.

> 신탁자는 명의신탁해지를 원인으로 이전등기를 청구할 수 있나?
> 명의신탁의 약정이 무효이므로 명의신탁의 해지를 원인으로 한 소유권이전등기를 청구할 수 없다.

② 빈출 <u>매도인 丙에서 수탁자 乙로 소유권이전등기</u>는 무효이다.

> ㉠ 부동산의 소유권자는? 수탁자가 아니라 매도인 丙이다.
> ㉡ 매도인 丙은 소유권에 기해서 수탁자 乙명의 등기말소를 청구할 수 있다. 매도인 丙은 진정명의회복으로 이전등기청구할 수 있다.

③ 매매계약은 유효하다.

> ㉠ [빈출] 매수인은 신탁자 甲이고 매도인 丙에게 소유권이전등기청구권(10년간)을 가지며, 매도인은 소유권등기의무를 부담한다. 제17·23회
> ㉡ 매수인은 자신의 등기청구권을 보전하기 위해 매도인을 대위하여 수탁자 乙 명의로 된 등기말소를 청구할 수 있다(판례). 제20·24회
> ㉢ [빈출] 신탁자는 수탁자에게 부당이득반환으로 부동산의 등기이전을 청구할 수 없다(왜냐하면 신탁자는 소유자가 아니며, 신탁자는 수탁자가 아닌 매도인과 매매계약을 체결함).
> ㉣ 수탁자가 제3자에게 토지를 처분하거나 토지가 제3자에게 수용당한 경우에 신탁자는 수탁자에게 처분대금[보상금, 매매대금]을 부당이득으로 반환청구할 수 있다(전합).

④ **수탁자가 제3자에게 처분한 경우 제3자의 지위는?**

수탁자가 제3자에게 처분한 경우 제3자가 선의, 악의 불문하고 제3자는 유효하게 소유권을 취득한다.

따라서 수탁자가 부동산을 제3자에게 매각, 근저당권을 설정한 경우 제3자는 선의인 경우에 한하여 유효하다(틀림).

⚡ 기출

01 3자간 등기명의신탁에서 신탁자는 수탁자에게 부당이득반환으로 등기이전을 청구할 수 ( ).
제26회

필수 기출문제

01 2022.8.16. 甲은 조세포탈의 목적으로 친구인 乙과 명의신탁약정을 맺고 乙은 이에 따라 甲으로부터 매수자금을 받아 丙 소유의 X토지를 자신의 명의로 매수하여 등기를 이전받았다. 이에 관한 설명으로 틀린 것은? (다툼이 있으면 판례에 따름) 제33회

① 甲과 乙의 명의신탁약정은 무효이다.
② 甲과 乙의 명의신탁약정이 있었다는 사실을 丙이 몰랐다면, 乙은 丙으로부터 X토지의 소유권을 승계취득한다.
③ 乙이 X토지의 소유권을 취득하더라도, 甲은 乙에 대하여 부당이득을 원인으로 X토지의 소유권이전등기를 청구할 수 없다.
④ 甲은 乙에 대해 가지는 매수자금 상당의 부당이득반환청구권에 기하여 X토지에 유치권을 행사할 수 없다.
⑤ 만일 乙이 丁에게 X토지를 양도한 경우, 丁이 명의신탁약정에 대하여 단순히 알고 있었다면 丁은 X토지의 소유권을 취득하지 못한다.

기출정답

01 없다

02 2018.10.26. 甲은 친구 乙과 명의신탁약정을 하였다. 그 후 甲은 丙소유의 X토지를 매수하면서 丙에게 부탁하여 乙명의로 소유권이전등기를 하였고, X토지는 현재 甲이 점유하고 있다. 다음 설명 중 옳은 것은? (다툼이 있으면 판례에 의함) 제25회

① 乙은 甲에게 X토지의 반환을 청구할 수 없다.

② 甲은 丙에게 X토지의 소유권이전을 청구할 수 없다.

③ 丙은 乙에게 X토지의 소유권이전등기말소를 청구할 수 없다.

④ 甲은 乙에게 부당이득반환을 원인으로 소유권이전등기를 청구할 수 있다.

⑤ 甲은 乙에게 부당이득반환청구권을 피담보채권으로 하여 유치권을 주장할 수 있다.

해설

01 수탁자가 처분한 경우 제3자는 선의, 악의를 불문하고 유효하게 취득한다.　　답: ⑤

02 ① 신탁자 甲이 매매당사자이므로 수탁자가 신탁자에게 토지반환을 청구할 수 없다.

② 신탁자가 매매당사자로서 매도인 丙에게 등기청구할 수 있다.

③ 매도인 丙이 진정한 소유자로서 丙은 수탁자의 등기말소나 진정명의회복을 청구할 수 있다.

④ 신탁자는 수탁자가 아니라 매도인에게 등기청구하여야 한다.

⑤ 유치권을 주장할 수 없다.　　답: ①

---

3. 상호명의신탁(구분소유적 공유)

甲 구분소유 [내부관계]	乙 구분소유 [내부관계]

- 내부적으로 – 각자 소유권
- 제3자 관계 – 공유로 등기

(1) 내부관계는?

각자 구분소유하므로 배타적으로 사용할 수 있다. 제25회

① 각 구분소유자는 '다른 구분소유자의 방해행위'에 대하여는 '소유권에 기한' 방해배제를 청구할 수 있다.

② 구분소유적 공유관계에 있는 자는 자기가 구분소유하는 특정부분을 처분함에 있어서 '다른 구분소유자의 동의'를 얻을 필요가 없다. 제23회

(2) 외부관계(제3자 관계)는?

> '제3자의 방해행위가 있는 경우'에는 1필지 전체에 관하여 '공유관계가 성립'되고 '공유자로서의 권리만'을 주장할 수 있는 것이므로 자기의 구분소유 부분만이 아니라 전체토지에 대하여 소유권에 기한 것이 아니라 '공유물의 보존행위'로서 그 배제를 구할 수 있다(대판 93다42986).

(3) 어느 하나를 처분시 법정지상권의 성립여부는?

> ① 甲이 구분소유하는 땅에 甲이 건물 신축하였다가 토지만 처분한 경우?
>   법정지상권 ○
> ② 甲이 구분소유하는 땅에 乙이 건물 신축하였다가 토지만 처분한 경우?
>   법정지상권 ×

(4) 구분소유적 공유관계의 승계여부는?

> 첫째, 특정부분을 지정하여 매수한 때는 구분소유관계는 승계된다.
> 둘째, 전체로서의 공유지분을 매수한 때는 구분소유관계는 소멸하고 공유로 된다.

(5) 빈출 상호명의신탁의 해소방법은?

> ① 공유물의 분할청구로 해소할 수 없고 상호명의신탁을 해지하고 특정매수부분에 대한 소유권확인이나 지분이전등기청구권만 구하면 된다(판례). 제15·24회
> ② 구분소유적 공유관계가 해소되는 경우, 상호간의 지분이전등기의무는 동시이행 관계에 있다. 제24·26회

⚡ 기출

01 상호명의신탁에서 제 3자의 방해가 있는 경우 (공유물보존행위로/소유권을 주장하여) 방해배제를 청구할 수 있다.
제28회

02 상호명의신탁부동산을 전체로서의 공유지분을 매수한 때에는 구분소유권 관계는 (존속/소멸)한다.
제30회

03 상호명의신탁의 경우 구분소유자는 공유물의 분할을 청구할 수 (있다/없다).
제29회

기출정답

01 공유물보존행위로
02 소멸
03 없다

01 甲은 자신의 X토지 중 일부를 특정(Y부분)하여 乙에게 매도하면서 토지를 분할하는 등의 절차를 피하기 위하여 편의상 乙에게 Y부분의 면적 비율에 상응하는 공유지분 등기를 마쳤다. 다음 설명 중 옳은 것은? (다툼이 있으면 판례에 따름) 제29회

① 乙은 甲에 대하여 공유물분할을 청구할 수 없다.

② 乙은 甲의 동의 없이 Y부분을 제3자에게 처분할 수 없다.

③ 乙이 Y부분을 점유하는 것은 권원의 성질상 타주점유이다.

④ 乙이 Y부분이 아닌 甲소유의 부분에 건물을 신축한 경우에 법정지상권이 성립한다.

⑤ 乙은 Y부분을 불법점유하는 丙에 대하여 공유물의 보존행위로 그 배제를 구할 수 없다.

해설

01 ② 乙 자신의 구분소유부분을 동의 없이 처분할 수 있다.

③ 乙 자신이 구분소유하는 부분을 점유하는 것은 자주점유이다.

④ 乙 소유가 아닌 다른 구분소유부분에 건물을 신축한 것은 남의 땅에 신축한 것으로 동일인의 소유가 아니므로 건물을 처분해도 법정지상권은 불성립한다.

⑤ 제3자에게는 소유권이 아니라 공유관계의 보존행위로 배제청구할 수 있다.   답: ①

최후에 웃는 자가 승리자이다.

저자 약력

양민 교수

현 ㅣ 해커스 공인중개사학원 민법 및 민사특별법 대표강사
해커스 공인중개사 민법 및 민사특별법 동영상강의 대표강사

전 ㅣ EBS 민법 및 민사특별법 대표강사
MTN 민법 및 민사특별법 대표강사
고시동네 민법 및 민사특별법 대표강사
랜드프로 민법 및 민사특별법 대표강사

저서 ㅣ 민법 및 민사특별법(기본서·핵심요약집), 랜드프로, 2020~2021
민법 및 민사특별법(기출문제집), 랜드프로, 2020~2021
민법 및 민사특별법(한손노트), 랜드프로, 2021~2022
민법 및 민사특별법(기본서), 해커스패스, 2023~2025
민법 및 민사특별법(급소지문특강), 해커스패스, 2022
민법 및 민사특별법(한손노트), 해커스패스, 2023~2025
민법 및 민사특별법(핵심요약집), 해커스패스, 2024
민법 및 민사특별법(출제예상문제집), 해커스패스, 2023~2024
공인중개사 1차(기초입문서), 2023~2025
공인중개사 1차(핵심요약집), 해커스패스, 2023
공인중개사 1차(단원별 기출문제집), 해커스패스, 2023~2024

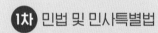

해커스 공인중개사

7일완성 핵심요약집

+ 7개년 기출분석

1차 민법 및 민사특별법

개정2판 1쇄 발행 2025년 1월 31일

지은이	양민, 해커스 공인중개사시험 연구소 공편저
펴낸곳	해커스패스
펴낸이	해커스 공인중개사 출판팀

주소	서울시 강남구 강남대로 428 해커스 공인중개사
고객센터	1588-2332
교재 관련 문의	land@pass.com
	해커스 공인중개사 사이트(land.Hackers.com) 1:1 무료상담
	카카오톡 플러스 친구 [해커스 공인중개사]
학원 강의 및 동영상강의	land.Hackers.com

ISBN	979-11-7244-767-0 (13360)
Serial Number	02-01-01

공인중개사 시험 전문,
해커스 공인중개사 land.Hackers.com

해커스 공인중개사

• 해커스 공인중개사학원 및 동영상강의
• 해커스 공인중개사 온라인 전국 실전모의고사
• 해커스 공인중개사 무료 학습자료 및 필수 합격정보 제공

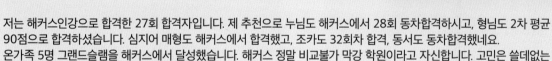